[illegible]LI
[illegible]JTH
A
LLYFR Y PREGETHWR:

CYFROL O ASTUDIAETHAU BEIBLAIDD

GAN

GARETH LLOYD JONES

CYHOEDDIADAU'R GAIR

Cyflwynedig
er cof am yr awdur,
Gareth Lloyd Jones,
a fu farw Ionawr 31, 2024.

Coffa da amdano.

Testun gwreiddiol: Gareth Lloyd Jones

Dymuna'r cyhoeddwyr gydnabod cymorth
Adran Grantiau Cyngor Llyfrau Cymru.

Golygydd Testun: John Pritchard
Golygydd Cyffredinol: Aled Davies
Cynllun y clawr: Rhys Llwyd

Argraffwyd oddi fewn i'r Undeb Ewropeaidd

Cyhoeddwyd gan
Cyhoeddiadau'r Gair, Cyngor Ysgolion Sul Cymru,
Ael y Bryn, Chwilog, Pwllheli, Gwynedd LL53 6SH.
www.ysgolsul.com

CYNNWYS

RHAGAIR

Ein maes llafur y tro hwn yw dau lyfr gwahanol iawn i'w gilydd. Nofel hanesyddol yw un: stori gweddw ifanc o'r enw Ruth a ddaeth i fyw i Fethlehem o wlad Moab. Daeth i gredu mai Arglwydd Dduw Israel oedd yr unig Dduw, a phriododd ag Israeliad a magu teulu. Gan ei bod yn hen nain i'r brenin Dafydd, caiff ei chynnwys yn rhestr achau Iesu Grist yn efengyl Mathew. Stori Ruth yw un o hoff storïau'r Beibl. O'r ganrif gyntaf Oed Crist ymlaen, cafodd ei gwerthfawrogi, ei mwynhau a'i hastudio'n fanwl gan Iddewon a Christnogion. Caiff yr awdur ganmoliaeth gan esbonwyr am gyfansoddi campwaith.

Cymysgedd o ddiarhebion, hunangofiant, ffrwyth myfyrdod ac argymhellion i gredinwyr sut i ymdopi â bywyd yw'r llyfr arall. Siarad o brofiad a wna'r Pregethwr. Ond mae ei brofiad o fywyd yn ei arwain i anghytuno'n sylfaenol â rhai o gredoau'r traddodiad y magwyd ef ynddo. Er bod i'r llyfr thema ganolog, yr argraff a geir o'i ddarllen yw mai cyfres o nodiadau digyswllt yw'r cynnwys yn hytrach na thraethawd neu ysgrif daclus sy'n delio â gwahanol bynciau. Un nodwedd amlwg yw tuedd yr awdur i'w wrth-ddweud a'i ail-ddweud ei hun droeon. Gresyn na fyddai wedi elwa ar gymorth golygydd profiadol cyn gollwng y llawysgrif o'i law!

Yn y gyfrol hon, gwneir ymgais i esbonio'r ddau lyfr trwy eu gosod yn eu cyd-destun hanesyddol; rhoi sylw i agwedd y rabiniaid a'r traddodiad Cristnogol tuag atynt; ystyried safbwynt diwinyddol yr awduron; a cheisio darganfod perthnasedd eu neges i ni. Wrth drafod y testun, yn ogystal â sylwi ar draddodiad esboniadol y rabiniaid byddaf yn cyflwyno safbwyntiau ac yn crynhoi casgliadau ysgolheigion Beiblaidd o gyfnod cynnar yr Eglwys Gristnogol hyd ein cyfnod ni.

Fel yn achos tair cyfrol flaenorol y gyfres hon, y testun a ddefnyddir ar gyfer ein hastudiaeth yw'r *Beibl Cymraeg Newydd Diwygiedig,* 2004 *(BCND)*. Ond pan fo ystyr gair Hebraeg yn amwys neu pan fo perthynas cymal â'i gyd-destun yn aneglur, fel sy'n digwydd droeon yn Llyfr y Pregethwr, rwyf wedi troi am gymorth at gyfieithiad *William Morgan (BWM), Y Beibl Cymraeg Newydd*

(BCN) a chyfieithiadau Saesneg megis, *The New English Bible (NEB), The Revised English Bible (REB), Good News Bible (GNB), New International Version (NIV) a New Revised Standard Version (NRSV).*

Diolch unwaith eto am y gwahoddiad i gyfrannu cyfrol arall at y gyfres *Dehongli* gan Gyhoeddiadau'r Gair, ac i'r golygyddion John Pritchard ac Aled Davies am bob cymorth a chyfarwyddyd wrth baratoi'r llawysgrif. Rwyf yn ddiolchgar hefyd i'm hŵyr, Rhys Leighton, am dynnu fy llun ar gyfer y clawr.

Gareth Lloyd Jones

LLYFR RUTH - Rhagarweiniad

Stori fer, debyg o ran cyfansoddiad i lyfrau Esther a Jona, yw ein maes llafur. Ond er gwaethaf ei maint, dyma un o storïau mwyaf cyfarwydd, poblogaidd ac adnabyddus y Beibl. Fel pob stori arall o'r hen fyd, adroddwyd hon yn wreiddiol gan storïwyr proffesiynol. Ei diben oedd cyflwyno neges amserol i'r gwrandawyr, a'u diddanu ar yr un pryd. Maes o law, fe'i rhoddwyd ar gof a chadw, ac yn ei diwyg ysgrifenedig cafodd le yn y Beibl.

Gellir meddwl am y llyfr nid yn unig fel stori fer yn cynnwys pedair pennod ond hefyd fel drama pedair act. Pa ddisgrifiad bynnag a ddewiswn, 'perl llenyddol' yw disgrifiad un esboniwr ohoni wrth ganmol yr awdur am gyfansoddi campwaith. Mae ynddi amryw o bynciau neu themâu sydd o ddiddordeb cyfoes: helyntion ffoaduriaid, anoddefgarwch at estroniaid, siom yn sgil cyni a thrallod, ymdrech feunyddiol y tlawd i gael dau ben llinyn ynghyd, haelioni'r cyfoethog, a phwyslais cyson ar garedigrwydd a theyrngarwch.

Yn wahanol iawn i batrwm y llyfrau proffwydol, nid yw Duw yn cyfarch y cymeriadau nac yn rhoi unrhyw gyfarwyddyd iddynt. Dim ond yn anuniongyrchol y daw'r darllenydd yn ymwybodol o bresenoldeb Duw a chael ei atgoffa o'i ddyletswydd tuag ato a thuag at ei gyd-ddyn. Yr unig gyfeiriad at eiriau Duw yng Nghyfraith Moses, sef y Pumllyfr, yw esboniad o'r seremoni gwneud cytundeb wrth brynu'n ôl neu gyfnewid eiddo (4:7). Ar wahân i ddau achlysur, mae Duw'n gweithredu y tu ôl i'r llenni yn stori Ruth. Ef yw'r burum yn y toes.

O safbwynt llenyddol, mae'r gwaith gorffenedig yn anarferol o'i gymharu â llyfrau Beiblaidd eraill. Dull yr awdur o symud y stori yn ei blaen a chadw'r darllenydd yn effro, yw gwneud defnydd helaeth o ymgom neu sgwrs rhwng dau o'r cymeriadau. Deialog yw dwy ran o dair o'r llyfr: nodwedd sy'n gwneud y stori'n addas ar gyfer creu drama ohoni.

Cafodd stori Ruth le amlwg yn y traddodiad Iddewig cynnar er ei bod yn gwyntyllu dau o bynciau llosg y dydd. Y cyntaf oedd diffyg goddefgarwch

Israel tuag at y Cenhedloedd. Roedd y gred yn rhagorfraint Israel fel cenedl etholedig wedi meithrin agwedd gyfyngedig, senoffobig a oedd yn difrïo cenhedloedd eraill ac yn gwadu iddynt le yn arfaeth Duw. Yr ail oedd safle israddol merch, yn enwedig gwraig weddw, o fewn y gymdeithas. Mewn cymdeithas batriarchaidd, cyfrifid gwraig fel eiddo ei gŵr, ar yr un lefel â'i dŷ a'i weision a'i forynion. Dim ond fel 'gwraig rhywun' neu 'merch rhywun' neu 'chwaer rhywun' yr adnabyddid merch. Dibynnai ei hunaniaeth ar ei pherthynas â dyn.

Er mwyn ymladd rhagfarnau ei gyfnod, dewisodd yr awdur adrodd sut y daeth un o ferched Moab i fyw ym Methlehem Jwda, priodi Israeliad, cael ei derbyn gan y gymuned a'i chynnwys yn achau Dafydd, brenin cyntaf Israel. Merched yw'r cymeriadau llywodraethol trwy'r stori gyfan. Mae clywed lleisiau benywaidd mewn byd patriarchaidd yn nodwedd anarferol mewn llyfr Beiblaidd. Mae pregethau ac esboniadau ar y stori yn tueddu i ganolbwyntio ar haelioni a charedigrwydd Boas, un o hoelion wyth Bethlehem, ond merch yw'r prif gymeriad a'i henw hi sydd ar y llyfr. Tybed mai merch oedd yr awdur?

Wrth gyfeirio at yr esboniadaeth Iddewig ar ambell adnod, gwneir defnydd o ddwy brif ffynhonnell:

Y Targwm

Dyma enw swyddogol cyfieithiad o'r Beibl Hebraeg i Aramaeg, iaith lafar Iddewon Palestina yn y canrifoedd cynnar OC. Ystyr wreiddiol y gair yw 'esboniad' neu 'ddehongliad' am fod y rabiniaid yn barod i ddefnyddio'u dychymyg wrth gyfieithu ac yn gallu cyfiawnhau helaethu ar y testun gwreiddiol fel y mynnont. Mae eu sylwadau o gymorth i esbonio ambell broblem destunol.

Y Midrash

Defnyddir y gair mewn dwy ffordd. Yn gyntaf, i ddynodi *math* o lenyddiaeth, sef dull ysgolheigion Iddewig rhwng OC 400 ac OC 1200 o drin a thrafod y Beibl. Eu cyfraniad mawr oedd hyrwyddo defnydd buddiol o'r Beibl yn y pulpud a'r dosbarth trwy ddefnyddio dychymyg i lenwi bylchau yn y testun gwreiddiol, a dangos fod iddo ystyr ddyfnach na'r arwynebol, ystyr ysbrydol yn ogystal â llythrennol. Yn ail, i ddynodi *cyfrol*, sef casgliad o esboniadau'r rabiniaid cynnar ac ychwanegiadau atynt. Y mae i rai o lyfrau Moses yn y Pumllyfr ac amryw o lyfrau eraill yn y Beibl, gan gynnwys Ruth, gyfrol gyfan o'r Midrash iddynt eu hunain.

Y mae stori Ruth yn cynnwys tri phwnc cyffredinol sy'n haeddu sylw: neges yr awdur i'w gyfoedion, diwinyddiaeth y llyfr, a'r her i ni o'i ddarllen. Ond yn lle trafod y pynciau hyn yn y Rhagymadrodd, gwnawn hynny wedi mynd trwy'r testun yn weddol ofalus. Manteisiol fydd bod yn gyfarwydd â chynnwys y llyfr cyn ymdrin â phynciau sy'n berthnasol i unrhyw ddehongliad ohono.

1. Croesi'r Ffin

Ruth 1:1–5

Fel aml i stori arall yn y Beibl, mae stori Ruth yn dechrau gydag argyfwng. Yn ôl yr adnod agoriadol, y cefndir hanesyddol yw'r ganrif yn dilyn concwest Canaan 'pan oedd y barnwyr yn llywodraethu' ar Israel â dwrn dur. Ym mha gyfnod bynnag yr oedd ef ei hun yn byw, mae'r awdur yn edrych yn ôl i'r blynyddoedd rhwng marwolaeth Josua ac eneinio Saul fel y brenin cyntaf, hynny yw tua 1200–1020 CC.

Oes gythryblus, ddigyfraith oedd hon yn hanes y genedl. Dan arweinwyr rhyfelgar a diegwyddor aeth cymdeithas ar ddisberod, â phawb yn gwneud fel y mynnai: 'Yn y dyddiau hynny nid oedd brenin yn Israel; yr oedd pob un yn gwneud yr hyn oedd yn iawn yn ei olwg ei hun' (Barn. 17:6; 21:25). Oherwydd y bygythiad parhaus o ryfel cartrefol rhwng y llwythau, ansefydlogrwydd oedd un o brif nodweddion yr oes. Roedd dyfodol y genedl yn y fantol.

O safbwynt crefydd, trosedd mwyaf y cyfnod oedd anffyddlondeb. Aeth yr Israeliaid 'ar ôl duwiau estron o blith duwiau'r cenhedloedd oedd o'u cwmpas, ac ymgrymu iddynt hwy' (Barn. 2:12). Anwybyddwyd y cyfamod a wnaeth Moses yn enw'r genedl ar Sinai. Aeth y Duw a waredodd ei bobl o gaethiwed yn angof. Cenhedlaeth 'nad oedd yn adnabod yr ARGLWYDD na chwaith yn gwybod am yr hyn a wnaeth dros Israel' (Barn. 2:10) a ddilynodd Josua.

Dewisodd yr awdur osod y stori yn y cyfnod hwn. Ond nid cyflwr helbulus y gymdeithas yn wleidyddol ac yn grefyddol oedd yr unig argyfwng. I wneud pethau'n waeth, roedd hefyd 'newyn yn y wlad' (Ruth 1:1).

Newyn yn Jwda

O gofio mai ystyr 'Bethlehem' yw 'Tŷ Bara', mae'r cyfeiriad at Elimelech a'i wraig Naomi a'u dau fab Mahlon a Chilion yn gadael eu cartref ym Methlehem oherwydd newyn yn sylw eironig. Ond efallai fod y dewis o'r cefndir daearyddol yn fwriadol. Wrth sôn am newyn a Bethlehem yn yr un gwynt yn yr adnod gyntaf, mae'r awdur yn arwain y darllenydd i ddisgwyl y bydd rhywbeth anarferol yn digwydd yn fuan. Os yw trigolion y Tŷ Bara yn brin o fwyd, pa obaith sydd i neb arall?

Ni fyddai newyn ynddo'i hun yn debygol o ennyn chwilfrydedd y sawl a glywai neu a fyddai'n darllen y stori gan fod newyn yn beth digon cyffredin yn yr Hen Destament. Yng nghyfnod y patriarchiaid bu 'newyn yn drwm drwy'r byd i gyd' (Gen. 41:57). Parhaodd newyn 'am dair blynedd yn olynol' yn ystod teyrnasiad Dafydd (2 Sam. 21:1). Droeon defnyddir prinder bwyd fel thema gan yr awduron Beiblaidd i ddibenion arbennig.

Ar sawl achlysur cosb ddwyfol ydyw am anffyddlondeb y genedl i'r Arglwydd. Ond er ei fod yn creu argyfwng, caiff newyn ei enwi hefyd yng nghronicl hanes Israel fel dull Duw o hyrwyddo'i fwriad grasol ar gyfer ei bobl. Nid oedd gan Abraham ddewis ond mynd i'r Aifft i chwilio am fwyd. Felly hefyd Isaac i Philistia. Serch hynny, yr oedd y ddau o ganlyniad ar eu hennill yn faterol ac yn ysbrydol (gw. Gen. 12:10; 26:1). I osgoi newyn, ymfudodd Jacob a'i feibion o Ganaan i'r Aifft (gw. Gen. 41-50). Ond er gwaethaf eu statws israddol fel caethweision y brenin, ffynnodd eu disgynyddion a thyfu 'mor gryf a niferus nes bod y wlad yn llawn ohonynt' (Ex. 1:7). Wedi dianc o afael Pharo a chyrraedd Mynydd Sinai, cawsant eu dewis fel cenedl etholedig y Duw a'u harweiniodd o'r Aifft i wlad yn llifeirio o laeth a mêl.

O gofio'r cefndir, mae'r newyn yn gosod Elimelech a'i deulu mewn cwmni dethol. Ond beth tybed yw'r dynged sy'n eu haros hwy? Os am oroesi, rhaid iddynt ddygymod â byw fel ffoaduriaid mewn gwlad estron a dibynnu ar haelioni'r brodorion, oherwydd mewn argyfwng disgwylir i bawb fod yn gymdogion i'w gilydd. Dewis y penteulu oedd Moab, gwlad fechan, fynyddig, tua hanner can milltir i'r de-ddwyrain o Fethlehem ac ar y ffin â Jwda. Roedd ei bryniau i'w gweld o Jerwsalem ar ddiwrnod clir. Mae'n bosibl bod Elimelech wedi dewis gwlad Moab, yn hytrach na'r Aifft neu Philistia, am ei bod mor agos, neu efallai oherwydd y cysylltiad teuluol a fodolai rhwng Israeliaid a Moabiaid ers cyfnod Abraham. Cyndad y deyrnas oedd mab a anwyd i ferch Lot, nai Abraham, wedi iddi gael cyfathrach rywiol â'i thad. 'Gan fy nhad' yw ystyr yr enw 'Moab'.

Ond er gwaetha'r berthynas, nid oedd gronyn o gariad rhwng Israel a Moab. Tarddai'r gwaed drwg rhyngddynt o gyfnod Moses. Gwrthododd y Moabiaid fwyd a diod i'r Israeliaid lluddedig yn ystod y daith trwy'r anialwch wedi iddynt ffoi o'r Aifft. Gwnaethant bethau'n waeth trwy logi'r proffwyd Balaam i'w melltithio (gw. Deut. 23:3 a Num. 22–24). Ond nid dyna'r unig faen tramgwydd.

Gwersyllodd yr Israeliaid am y tro olaf cyn mynd i Ganaan yn rhosydd Moab, nid nepell o'r Iorddonen. Dim ond yr afon oedd rhyngddynt a Gwlad yr Addewid. Ni fu merched Moab fawr o dro'n hudo'r mewnfudwyr, nid yn unig i odinebu ond hefyd i addoli duwiau paganaidd trwy gyfranogi o'r gwleddoedd a oedd yn rhan o'r addoliad. 'Dyma sut y daeth Israel i gyfathrach â Baal-peor' (Num. 25:3). Peor oedd un o gysegrfeydd Baal, duw ffrwythlondeb y tir a'r ddiadell ym mhantheon y Canaaneaid. Tybir fod elfen rywiol i'w addoliad.

Pa ryfedd fod yr Ysgrythur yn diarddel y Moabiaid, a neb llai na Moses yn deddfu'n llym yn eu herbyn: 'Nid yw Ammoniad na Moabiad, na neb o'u disgynyddion hyd y ddegfed genhedlaeth, i fynychu cynulleidfa'r ARGLWYDD' (Deut. 23:3). Cymharer hyn â'r gwaharddiad rhag cenhedloedd eraill: 'Nid wyt i ffieiddio Edomiad, oherwydd y mae'n frawd iti; nid wyt i ffieiddio Eifftiwr, oherwydd buost yn alltud yn ei wlad. Caiff eu disgynyddion ar ôl y drydedd genhedlaeth fynychu cynulleidfa'r ARGLWYDD' (23:7). Mae'r gwaharddiad rhag dod yn aelod o gynulleidfa Israel yn parhau yn hirach o lawer yn achos y Moabiaid. Serch hynny, er gwaethaf enw drwg Moab, yno yr aeth Elimelech.

Felly, o gofio'r cefndir, roedd ymateb y darllenwyr gwreiddiol i deulu'n dewis mynd i Moab i osgoi newyn yn rhagweladwy. Gwyddai'r awdur y deuai casineb cynhennid yr Israeliaid at eu cymdogion, a'r cof am frwydrau ffyrnig y gorffennol, i'r wyneb ar unwaith, hyd yn oed mewn cyfnod sefydlog megis teyrnasiad Solomon. Yng ngoleuni'r stereoteip o Foabiaid didrugaredd, digymwynas a thwyllodrus, tybiai pawb eu bod yn gwybod pa ffordd y byddai'r gwynt yn chwythu. Trybini fyddai tynged y teulu am dybio, fel y gwna pob ffoadur, y caent help mewn cyfyngder dros y ffin. Daw'r fenter â theitl llyfr bach ysmala i'r meddwl: *The Grass is always Greener over the Septic Tank!* Dim ond ffŵl a fyddai'n ymfudo o Jwda i Moab yn y gobaith o brofi hawddfyd.

Cymeriad Elimelech

Y datganiad pendant yn y Gyfraith na fyddai byth groeso i Foabiad ymuno â chynulleidfa Israel ac addoli'r Arglwydd sy'n arwain esbonwyr cynnar yr Iddewon i weld bai ar Elimelech am fynd i Moab. Ond nid pen y daith yn unig sy'n cythruddo'r rabiniaid. Er na ddywed y Beibl ddim am ei gymeriad, defnyddiant hwy eu dychymyg i gollfarnu'r penteulu'n chwerw am resymau eraill.

Un cyhuddiad yn ei erbyn yw ei fod yn *arweinydd diffaith.* Disgrifir y teulu yn y testun Beiblaidd fel Effrateaid. Mae'r cyfeiriad yn Genesis at farwolaeth Rachel yn dweud iddi gael ei chladdu 'ar y ffordd i Effrath, hynny yw Bethlehem' (Gen. 35:19). Y sylw hwn yw sail y ddamcaniaeth mai Effrath oedd enw cynnar Bethlehem. Credir mai Effrateaid oedd y trigolion gwreiddiol, ac mai hwy a gynrychiolai'r haen uchaf yn y gymdeithas. Os felly, roedd Elimelech yn berson o bwys: dyn â chanddo ddylanwad ac awdurdod, uchelwr y byddai eraill yn ei barchu oherwydd ei dras ac yn troi ato am arweiniad a chymorth mewn cyfyngder. Mae'r cyfeiriad at achau'r teulu'n tanlinellu'r trybini a ddaeth i'w ran: aristocratiaid yn troi'n ffoaduriaid ac yn gorfod dibynnu ar haelioni eraill.

Mae'r rabiniaid yn cysylltu'r newyn yn Jwda, fel llawer trychineb arall yn hanes Israel, gyda chosb haeddiannol am drosedd. Canlyniad anffyddlondeb y genedl i'r cyfamod, effaith y diffyg cyfiawnder a moes, a'r penrhyddid i bob un wneud fel y mynnai oedd cosb: 'Cyneuodd llid yr ARGLWYDD yn erbyn Israel' (Barn. 2:14). Caiff Elimelech ei farnu am beidio â defnyddio ei awdurdod a'i statws i gael trefn ar ei gyfoedion a'u cadw ar y llwybr cul. Oni fyddai arweinydd duwiol a chydwybodol wedi gwneud ei orau i'w darbwyllo i droi oddi wrth eu pechodau ac osgoi cyflafan? Ond ni wnaeth Elimelech ddim byd o'r fath. Mewn cyfnod tyngedfennol yn hanes y genedl, ni roddodd unrhyw arweiniad. Y canlyniad fu newyn.

Cyhuddiad arall yw ei fod yn gymeriad *hunanol a digariad.* Un esboniad ar yr enw Elimelech yw 'Fy Nuw sydd Frenin'. Os felly, caiff ei gyflwyno fel un sy'n ofni Duw ac yn cadw ei orchmynion. Ond esboniad arall yw 'I mi y daw Brenhiniaeth'. Yr ystyr hwn yw dewis y rabiniaid. Iddynt hwy, mae'r enw'n awgrymu egoistiaeth a hunanbwysigrwydd. Yn lle aros i gefnogi ei gymdogion mewn argyfwng, mae dinesydd blaenllaw yn troi cefn arnynt ac yn gadael Jwda er mwyn chwilio am fwyd. Dyn yw Elimelech sy'n meddwl ond am ei les ei hun; dyn yn ffoi o'i gynefin pan ddylai fod wedi aros.

Tair profedigaeth

Gwireddwyd gobaith y teulu y caent gynhaliaeth yn rhosydd ffrwythlon Moab. Yn ôl yr adnod agoriadol, y bwriad gwreiddiol oedd mynd yno 'i fyw dros dro' (Ruth 1:1), a dychwelyd i Jwda pan fyddai'r newyn drosodd. Ond yn groes i bob disgwyl, cawsant groeso fel mewnfudwyr gan y Moabiaid, ac o ganlyniad penderfynu aros yn eu cartref newydd. Trodd yr ymweliad o fod yn dymhorol i fod yn arhosol.

Ond buan iawn y chwalwyd gobeithion y teulu o fwynhau bywyd digwmwl mewn gwlad estron. Yn gwbl ddirybudd 'bu farw Elimelech, gŵr Naomi' (1:3). Datganiad moel, oeraidd, sydd yn y testun. Ni wneir unrhyw ymdrech gan yr awdur i leddfu poen y teulu trwy gydymdeimlo neu gynnig esboniad. Ond er nad yw'r testun yn ymhelaethu ar y trasiedi, ni allai'r rabiniaid anwybyddu digwyddiad mor annisgwyl; rhaid cael eglurhad. Llenwant hwy'r bwlch trwy honni fod Elimelech yn gyfrifol am ei dynged ei hun. Cosb oddi wrth Dduw oedd ei farwolaeth ddisyfyd am iddo esgeuluso'i gyfrifoldebau fel arweinydd yn ei gymuned mewn cyfnod tywyll a throi cefn arni yn ei hangen.

Wedi marw'r penteulu, daw Naomi i'r brig fel y prif gymeriad. Disgrifir Elimelech fel 'gŵr Naomi' sylwer, a'r ddau fachgen fel ei meibion *hi,* nid meibion eu tad. Mae'r dull hwn o ddisgrifio'r berthynas rhwng gŵr a gwraig a rhwng plant a'u rhieni'n anarferol yn yr Hen Destament. Efallai mai awgrym cynnil sydd yma o'r rôl flaenllaw fydd gan ferched yn y stori o hyn ymlaen. Dim ond yn y bedwaredd bennod y caiff dynion ran allweddol yn yr hanes.

Dros nos newidiodd statws Naomi o fod yn wraig i fod yn weddw ddiamddiffyn mewn gwlad estron. Mewn cymdeithas batriarchaidd megis Israel gynnar, bywyd bregus oedd yn wynebu gweddwon, plant amddifad ac estroniaid. Dyna pam y mae'r Gyfraith yn deddfu o'u plaid droeon. Er enghraifft: 'Paid â gwneud cam â'r estron, na'i orthrymu ... Peidiwch â cham-drin y weddw na'r amddifad. Os byddwch yn eu cam-drin a hwythau'n galw arnaf, byddaf yn sicr o glywed eu cri. Bydd fy nicter yn cael ei gyffroi, ac fe'ch lladdaf â'r cleddyf'" (Ex. 22:21–24. Gw. hefyd Deut. 14:29; 24:17; 26:12).

Am fod y weddw a'r amddifad mor ddiamddiffyn wedi colli'r penteulu, rhaid i Dduw ei hun ofalu amdanynt a bygwth y gosb eithaf i droseddwyr. Ond mae'n amlwg fod Cyfraith Moses yn cael ei hanwybyddu, oherwydd yn yr wythfed ganrif mae'r proffwyd Eseia, wrth alw am gyfiawnder a barn, yn condemnio arweinwyr y genedl am nad 'ydynt yn amddiffyn yr amddifad' ac am eu bod yn gwrthod rhoi 'sylw i gŵyn y weddw' (Eseia 1:23).

Gan na fedrai'r darllenydd gwreiddiol ddychmygu y byddai amgylchiadau gweddwon ac estroniaid yn wahanol yn Moab i'r hyn oeddent yn Israel, deuai i'r casgliad anochel fod y dyfodol yn ansicr iawn i Naomi. Ond nid felly y bu; ac wedi'r galar daw gobaith. Priododd y ddau fab, Mahlon a Chilion 'gyda merched o Moab', Orpa a Ruth (Ruth 1:4).

Byddai rhagfarn oesol Israeliaid yn erbyn Moabiaid yn golygu y byddai dychwelyd i Fethlehem a chael croeso gan y trigolion yn broblem i'r teulu, ond daw'r ddwy briodas â boddhad a chysur i Naomi. O hyn ymlaen caiff ei theulu le cydnabyddedig mewn gwlad estron. Gall hithau edrych ymlaen yn hyderus at weld parhad ei thylwyth yn ei hwyrion a'i hwyresau.

Ond unwaith eto daeth trychineb dirybudd i'w rhan: 'Wedi iddynt fod yno tua deng mlynedd, bu farw Mahlon a Chilion ill dau' (1:4-5) heb ddisgynyddion. Yn y cyd-destun hwn, nid amherthnasol yw'r ffaith mai am iddi hi ei hun fod yn ddi-blant am ddeng mlynedd y rhoddodd Sara ei morwyn i Abraham fel gwraig gyda'r neges: 'Dos at fy morwyn; efallai y caf blant ohoni hi' (Gen. 16:2). A chymryd fod y darllenydd yn tybio mai deg yw'r nifer arferol o flynyddoedd i gwpwl gael plant cyn gorfod gwneud trefniadau amgen, fel y gwnaeth Sara, mae nodi'r cyfnod yn ychwanegu'n fwriadol at y tensiwn yn y stori. Ganrifoedd yn ddiweddarach, aeth y rabiniaid mor bell â deddfu bod deng mlynedd o briodas heb blant yn sail ddigonol dros gael ysgariad.

Felly, nid manylyn dibwys yw nifer penodol y blynyddoedd. Diben cyfeirio at ddeg yw pwysleisio'r ffaith na fu gan yr un o'r meibion blant, er aros mor hir amdanynt. Mae hyn yn ei dro'n tynnu sylw at un o brif themâu'r llyfr, sef pwysigrwydd cael etifedd – pwnc a ddaw i'r brig ymhellach ymlaen. Gan mai'r unig gymeriadau sydd ar ôl erbyn hyn yw tair gweddw ddi-blant, prin fod gobaith i linach Elimelech barhau.

I gloi

Dyhead pob awdur yw medru dal gafael ar y darllenwyr. Beth bynnag fo'r pwnc dan sylw, pa wers bynnag sydd i'w dysgu, rhaid iddo sicrhau yn y paragraff cyntaf ei fod yn creu'r awydd i ddarllen ymhellach. Mewn cyflwyniad byr, moel a didaro o bum adnod, mae awdur Llyfr Ruth yn llwyddo i wneud hynny. Er na ddywed ddim am deimladau'r un o'r cymeriadau, defnyddia'i ddychymyg i ddisgrifio'r cefndir ac i greu digwyddiadau a fydd yn sicr o greu tensiwn yn y stori.

Byddai llawer o'r hyn a ddisgrifir yn y rhagarweiniad yn sicr o gadw'r darllenwyr gwreiddiol ar bigau'r drain: cyfnod ansefydlog yn hanes Israel; newyn hyd yn oed ym Methlehem; dewis Elimelech i ymfudo i Moab o bobman; tair marwolaeth ddirybudd yn yr un teulu; llinach deuluol yn darfod wedi aros deng mlynedd am etifedd; tynged gweddw oedrannus mewn gwlad estron; dyfodol dwy Foabes a briododd â dieithriaid ond sydd bellach yn weddwon. Heb fynd dim pellach na'r adnodau agoriadol, mae'r awdur yn cyflwyno pynciau a fyddai'n codi amryw o gwestiynau ym meddwl y sawl a glywai neu a ddarllenai'r stori am y tro cyntaf, ac yn eu hannog i ddyfalbarhau.

❖ Cwestiynau i'w trafod

1. Beth yw eich agwedd tuag at y rhai sy'n ymfudo heb ganiatâd i Brydain oherwydd tlodi a phrinder bwyd?

2. Pam fod anwybyddu hil a chred wrth briodi, fel y gwnaeth meibion Naomi, yn anathema yng ngolwg rhai crefyddau, enwadau a diwylliannau?

2. Troi am Adref

Ruth 1:6–18

Wedi'r cyflwyniad, mae act gyntaf y ddrama'n cychwyn. Yn hollol ddirybudd mae'r cefndir yn newid, o Moab i Jwda, gan fod Naomi wedi clywed 'i'r ARGLWYDD ymweld â'i bobl a rhoi bwyd iddynt' (Ruth 1:6).

Gofal Duw

Er mwyn cyfleu'r newydd da fod y newyn drosodd, mae'r awdur yn dewis ei eiriau'n ofalus gan fod i'r gair Hebraeg *pâkad,* a gyfieithir 'ymweld', arwyddocâd diwinyddol. Golyga lawer mwy na thalu ymweliad sydyn. Mewn testunau sy'n enwi'r Arglwydd fel y goddrych, gair cyfamodol ydyw sy'n cyfeirio at y berthynas rhyngddo Ef a'i genedl etholedig. Defnyddir y gair i gyfleu'r syniad o Dduw'n cloriannu ymddygiad ei bobl wedi iddynt hwy addo bod yn deyrngar iddo Ef, ac iddo yntau addo gofalu amdanynt hwy yn ôl amodau'r cyfamod. Dibynna'r ymateb dwyfol ar yr hyn a ddaw i'r golwg yn ystod yr ymweliad: caiff Israel un ai ei chosbi am ei phechodau (gw. Hos. 1:4; Am. 3:2), neu ei gwobrwyo am ei ffyddlondeb (gw. Ex. 3:16; Jer. 29:10).

Weithiau, mae cyfieithiadau cyfoes yn adlewyrchu ystyr diwinyddol y gair yn hytrach na rhoi cyfieithiad llythrennol ohono. Yn y cyd-destun hwn yn Ruth 1:6, *'The LORD had shown his care for his people'* sydd yn y *REB*. *'The LORD had blessed his people'* yw dewis y *GNB*. *'The LORD had considered his people'* sydd gan y *NRSV.* Felly, gwobr yn hytrach na chosb yw canlyniad yr ymweliad yn y cyd-destun hwn. Diolch i weithred rasol Duw'n maddau camwri'r gorffennol, roedd y Tŷ Bara'n llawn unwaith eto. Nid dyma'r unig enghraifft o bell ffordd yn hanes Israel o Dduw yn trefnu bwyd i'r newynog (gw. Gen. 45:5–8; Ex. 16:8; Neh. 9:15; Esec.16:19). 'Ef', meddai'r Salmydd, 'sy'n rhoi bwyd i bob creadur, oherwydd mae ei gariad hyd byth' (Salm. 136:25; gw. hefyd Salm. 104:25–28). Ond y tro hwn mae ei ofal tadol am ei bobl yn drobwynt tyngedfennol ym mywyd helbulus Naomi.

Penderfyniad Naomi

Dim ond wedi iddi golli ei gŵr y daw Naomi i amlygrwydd fel un o brif gymeriadau'r stori. Ni wyddom a oedd wedi cytuno ag Elimelech i adael ei chartref a mentro mynd i fyw dros dro ym Moab; mewn cymdeithas batriarchaidd, mae'n debyg nad oedd ganddi ddewis. Ond er iddi ymgartrefu ym Moab, creodd yr ergyd o golli ei gŵr a'i meibion wacter mawr yn ei bywyd. Rhaid oedd iddi ymdopi nid yn unig â byw fel gweddw, ond hefyd ysgwyddo'r cyfrifoldeb o ofalu am ei merched-yng-nghyfraith, a hithau heb gefn na chymorth mewn gwlad ddieithr. Pa ryfedd iddi roi ei bryd ar ddychwelyd i Jwda, a mynd â Ruth ac Orpa gyda hi, pan glywodd fod y newyn wedi cilio? Ond rhywbryd yn ystod y daith, newidiodd ei meddwl. Penderfynodd fynd ar ei phen ei hun, a gadael y merched ym Moab.

Caiff y ffarwelio gryn dipyn o ofod mewn sgwrs hir rhwng y tair ohonynt. Ynddi daw cymeriad anhunanol Naomi, a'i chariad at ei merched-yng-nghyfraith, i'r amlwg. Tosturiodd wrth y ddwy am eu bod yn ddi-blant, ac erfyniodd yn daer arnynt i fynd 'yn ôl adref, bob un at ei mam' (Ruth 1:8). Gwyddai o brofiad beth oedd gadael cartref a mynd i fyw mewn gwlad ddieithr yn ei olygu, yn enwedig i weddwon.

Ond o ystyried y diwylliant, mae'r apêl ar iddynt ddychwelyd at eu *mam* (yn llythrennol, 'bob un i dŷ ei mam') yn annisgwyl. Dim ond tri chyfeiriad arall at 'dŷ mam' sydd yn yr Hen Destament. Yn ôl y Gyfraith, disgwylid i weddw ddi-blant fynd yn ôl i dŷ ei thad (gw. Lef. 22:13). Efallai mai er mwyn cydymffurfio â'r drefn y newidiwyd y testun gwreiddiol i 'bob un at ei thad' mewn rhai cyfieithiadau Groeg cynnar o'r adnod hon.

Wrth gwrs, mae'n bosibl fod y ddwy ferch wedi colli eu tad, er bod hyn yn annhebygol yn ôl adnod arall, o leiaf yn achos Ruth (gw. Ruth 2:11). Ond heb wybodaeth benodol, rhaid esbonio'r testun fel y mae. Ai'r eglurhad yw bod mam yn fwy tebygol na thad i gynghori ac i gydymdeimlo mewn awr dywyll? Ynteu ai tŷ ei mam oedd y lle gorau i ferch fod, boed weddw neu beidio, er mwyn cael cyfle i ddod i adnabod darpar ŵr? Dyna'r awgrym mewn dau o lyfrau eraill yr Hen Destament. Yn y stori serch adnabyddus, Caniad Solomon, wedi dod o hyd i'w chariad mae'r ferch yn dal gafael ynddo 'a gwrthod ei ollwng nes ei ddwyn i dŷ fy mam' (Can. 3:4; gw. hefyd 8:2). Ym mhabell ei fam, Sara, y cyflawnodd Isaac ei briodas â Rebeca (Gen. 24:67). Ond efallai fod awdur Ruth yn gwneud pwynt mwy sylfaenol ac yn cydnabod lle canolog y fam ym mywyd beunyddiol y llwyth neu hyd yn oed fodolaeth cymdeithas fatriarchaidd ym Moab.

Ar ôl diolch i'r ddwy am eu caredigrwydd i'w meibion a'u ffyddlondeb iddi wedi colli ei gŵr; ac am na allai hi ei hun fod o help mwyach, gweddïodd Naomi y byddai Arglwydd Dduw Israel yn garedig wrthynt. Mae'n cymryd yn ganiataol mai ei Duw hi yw'r unig dduw a'i fod yn bresennol ac yn weithredol mewn gwlad estron, fel y bu yn ystod cyfnod caethwasanaeth ei chyndadau yn yr Aifft. Gan fod agwedd ymarferol i'r cariad dwyfol, sef gofalu y cai'r gweddwon 'orffwysfa mewn cartref gyda gŵr' (Ruth 1:9), nid oedd angen gofyn am gymorth Chemosh, duw Moab.

Roedd ei gobaith y byddai ei merched-yng-nghyfraith yn ailbriodi'n hollbwysig i Naomi am fod tynged gweddw'n destun pryder. Yn amddifad o'i gŵr, ac felly heb neb i'w hamddiffyn a'i chynnal, lle israddol iawn oedd i weddw o fewn y gymdeithas. Dim ond trwy briodas y cai Ruth ac Orpa yr 'orffwysfa' a haeddent, sef y sicrwydd o gael bara beunyddiol, cenhedlu plant i ofalu amdanynt yn eu henaint, a phrofi bywyd sefydlog, digwmwl. Rhaid aros i weld a ddaw ateb i'r weddi.

Ni ddychmygodd Naomi y byddai mor anodd darbwyllo'r ddwy i aros gartref. Gan iddynt wrthod ei gadael, ailadroddodd ei gorchymyn ac ymhelaethu ar y rheswm dros ddychwelyd i Jwda ar ei phen ei hun. Mae'n dadlau ei bod hi'n rhy hen i briodi a phlanta. A hyd yn oed pe llwyddai i eni rhagor o feibion, heriodd y merched gyda dau gwestiwn rhethregol: 'A fyddech chwi'n disgwyl nes iddynt dyfu? A fyddech yn ymgadw rhag priodi?' (1:13). Na fyddent. Gan fod y ddwy'n ddigon ieuanc i ailbriodi a chael teulu, aros yn eu cynefin fyddai orau iddynt. Mae Ruth eisiau iddynt sylweddoli fod bywyd yn 'llawer chwerwach' iddi hi nag iddynt hwy, nid yn unig oherwydd ei hoedran ond am fod yr Arglwydd wedi cymryd yn ei herbyn (1:13). Mae ei chŵyn yn greiddiol i'w dadl. Os nad oedd Duw o'i phlaid, dim ond trybini fyddai'n aros y sawl a âi gyda hi i Fethlehem. Yn ei thyb hi, ni allai hyn ond gwneud aros ym Moab yn ddeniadol.

Dewis Orpa

Gwrthod ufuddhau oedd ymateb unfryd y merched i orchymyn cyntaf Naomi. Datganodd y ddwy eu penderfyniad i ddychwelyd gyda hi at ei phobl (1:10). Ond ar wahân i wylo'n uchel unwaith eto i fynegi galar yn unol ag arferion y dwyrain, mae'r ddwy'n ymateb yn wahanol yr eildro. Tra bo Ruth yn benderfynol o fynd gyda'i mam-yng-nghyfraith, roedd Orpa wedi clywed digon am yr anfanteision o fyw yn Jwda. Dewisodd hi aros ym Moab yn y gobaith o gael hawddfyd ymhlith ei phobl. Gwell aros gartref na mentro mudo i wlad estron.

Nid yw'r awdur yn mynegi barn ynghylch y dewis. Ond mae esbonwyr Iddewig cyfnod diweddarach yn barod iawn i weld bai ar Orpa. Yn eu hesboniad ar y llyfr yn y Midrash, gwelant gysylltiad rhwng ei henw a'r gair Hebraeg *orep* sy'n golygu 'gwar' neu 'gwegil', rhan ôl ac uchaf y gwddf. Felly, cymerant yn ganiataol mai arwyddocâd yr enw yw mai un a oedd yn barod i droi cefn ar ei chyd-deithwyr oedd Orpa, a'i bod yn haeddu ei chondemnio am hynny. Yn eu barn hwy, ei hunig gyfraniad i'r stori yw cynnig cyferbyniad i deyrngarwch Ruth i'w mam-yng-nghyfraith. Pa ryfedd iddi ddiflannu'n gynnar o'r stori? Ni cheir sôn pellach amdani yn y Beibl. Serch hynny, mae'n haeddu sylw. Yn null y rabiniaid, defnyddiwn ein dychymyg i ystyried beth y gellir ei ddweud o'i phlaid. Trwy wneud tri sylw perthnasol, ceisiwn weld ochr gadarnhaol i'w chymeriad ac i'w dewis i beidio â mynd gyda Naomi.

Yn gyntaf, mae Orpa'n ferch *synhwyrol, resymegol.* Yn wahanol iawn i Ruth, mae'n ufuddhau i Naomi. Nid yw'n anwybyddu ei dymuniad a'i chyngor trwy fynnu mynd gyda hi. Mae'n derbyn safbwynt ei mam-yng-nghyfraith y byddai bywyd yn galetach o lawer iddi yn Jwda nag ym Moab. Wrth aros yn ei chynefin, byddai gobaith iddi ailbriodi a chael plant i ofalu amdani yn ei henaint. Byddai cyfle iddi gael yr hyn yr oedd wedi dyheu amdano ers colli ei gŵr: bywyd teuluol sefydlog.

Yn ail, yn ogystal â bod yn synhwyrol mae Orpa'n *eangfrydig.* Mae lle i gredu iddi gael ei magu ar aelwyd ryddfrydol, oddefgar. O gofio'r casineb parhaol rhwng Moab ac Israel, byddai ei phriodas â ffoadur o Jwda wedi bod yn gwbl groes i'r graen. Prin y byddai Moabiad cul ei feddwl wedi caniatáu i'w ferch wneud y fath beth. Mae'r un meddylfryd yn bod heddiw. Mewn llawer diwylliant mae allbriodi *(exogamy)*, sef priodi y tu allan i'r grefydd neu'r gymdeithas, yn anathema. Gall arwain at dorri troseddwyr allan o'r teulu am byth, a hyd yn oed eu llofruddio, er mwyn gwarchod enw da'r teulu. Ond drylliodd Orpa'r rhagfarn gymdeithasol, y tabŵ crefyddol, a'r gwaed drwg rhwng y ddwy wlad. Dewisodd anwybyddu confensiwn wrth ymuno trwy briodas â theulu o Israeliaid.

Ond yn drydydd, nodwedd amlycaf ei chymeriad yw *caredigrwydd.* Nid oes amheuaeth fod Orpa'n caru ei mam-yng-nghyfraith estron. Daw hyn yn amlwg wrth iddi ymadael â hi. 'Yna ffarweliodd Orpa â'i mam-yng-nghyfraith'(1:14) sydd yn y *BCND*. Ond 'Orpa a gusanodd ei chwegr' sydd yn *BWM. 'Oprah kissed her mother-in-law goodbye'* yw cyfieithiad y *GNB* a'r *NEB.* Mae hyn yn nes at ystyr gwreiddiol y gair Hebraeg *nâshaq,* sy'n golygu mwy na ffarwél dideimlad. (Yr un gair sydd yn adnod 9: yno, 'cusanodd' yw cyfieithiad y *BCND*.) Er i gusan ddangos bod y berthynas rhwng Naomi a'i merched-yng-nghyfraith drosodd, gall hefyd fod yn arwydd o gariad angerddol. Nid amherthnasol yn y cyd-destun yw'r ffaith mai Orpa sy'n cymryd y cam cyntaf. Pa ryfedd bod Naomi'n diolch iddi am fod mor garedig wrth ei gŵr a'i mam-yng-nghyfraith, a'i bod yn ei chyfarch yn serchog fel 'merch' (gw. 1:11,13)?

Mae dewis Orpa i aros yn ei chynefin yn gwneud synnwyr. Fe gaiff ym Moab yr hyn y mae'n ei haeddu: gŵr, cartref a theulu. Yn hytrach na'i chymharu â Ruth a gweld bai arni am droi'n ôl, efallai y dylid ei chymeradwyo am fod yn synhwyrol, eangfrydig a thwymgalon.

Teyrngarwch Ruth

Nid yw'r awdur yn gweld bai ar Orpa am fynd yn ôl at ei theulu, ond rhaid cyfaddef fod ei pharodrwydd i ufuddhau i orchymyn Naomi'n gwrthgyferbynnu'n gryf â theyrngarwch Ruth. Er i Ruth hefyd wylo unwaith eto, 'glynodd' hi wrth ei mam-yng-nghyfraith a gwrthod ei gadael. Mae'r gair Hebraeg am 'glynu' *(dâbaq)* yn cyfleu ffyddlondeb a chariad mynwesol, megis yn stori Adda ac Efa: 'Dyna pam y bydd dyn yn gadael ei dad a'i fam, ac yn glynu wrth ei wraig, a byddant yn un cnawd' (Gen. 2:24). O weld y gair mewn cyd-destun ehangach, mae penderfyniad Ruth i aros gyda Naomi yn hynod arwyddocaol. Bwriad yr awdur yw gwneud i'r darllenydd sylweddoli pa mor glos oedd y berthynas rhwng y ddwy wraig.

Crefodd Naomi ar Ruth unwaith eto i ddilyn esiampl ei chwaer-yng-nghyfraith a oedd 'wedi mynd yn ôl at ei phobl a'i duw' (Ruth 1:15). Yn lle ufuddhau, defnyddiodd Ruth gais taer Naomi trwy ymateb yn benodol iddo. Meddai: 'I ble bynnag yr ei di, fe af innau; ac ym mhle bynnag y byddi di'n aros, fe arhosaf innau; dy bobl di fydd fy mhobl i, a'th Dduw di fy Nuw innau. Lle y byddi di farw, y byddaf finnau farw ac yno y'm cleddir' (1:16-17). Trwy wneud addewid a fyddai'n ddilys am oes, dewisodd roi ei hunan yng ngofal gweddw ganol oed mewn byd lle'r oedd ffyniant merched yn dibynnu ar ddynion.

Yna, er mwyn tynnu'r gwynt o hwyliau Naomi a dangos ei bod o ddifri, cymerodd Ruth lw yn enw Duw Israel, y Duw y bu Naomi'n taranu yn ei erbyn am iddo fod mor ddi-hid ohoni: 'Fel hyn y gwnelo'r ARGLWYDD i mi, a rhagor, os bydd unrhyw beth ond angau yn ein gwahanu ni' (1:16–17). Beth tybed yw ystyr 'Fel hyn ... a rhagor'? A ydym i ddychmygu Ruth yn tynnu ei llaw ar draws ei gwddf, fel pe bai'n dweud, 'Bydded i Dduw wneud "hyn" i mi os torraf fy adduned'?

Dyma'r tro cyntaf, ond nid yr olaf, i Ruth anwybyddu defod gymdeithasol trwy anufuddhau i Naomi. Ond mae'r geiriau a ddewisodd i fynegi ei theyrngarwch i'w mam-yng-nghyfraith wedi atsain dros y canrifoedd. *'The volcanic heart of the story'* yw disgrifiad un esboniwr ohonynt. Pa ryfedd iddynt gael eu dewis yn aml fel darlleniad addas mewn priodas Gristnogol i fynegi'r ymrwymiad rhwng gŵr a gwraig?

Ond nid ffyddlondeb Ruth i Naomi yw'r unig beth a sicrhaodd i'w stori le yn y Beibl. Mae'r ffaith fod Moabes yn cydnabod Duw Israel fel ei Duw hi trwy ddefnyddio ei enw priod Yahweh (Arglwydd), ac yn cymryd llw yn ei enw, hefyd yn greiddiol. Yn ôl y traddodiad Iddewig, mae'r hyn a ddywedodd Ruth wrth Naomi'n golygu ei bod wedi gweld y goleuni ac wedi cefnu nid yn unig ar ei chynefin ond hefyd ar ei thraddodiad crefyddol. Trwy ddewis dilyn y gwir Dduw, yn unig o argyhoeddiad, mae'n diarddel Chemosh, duw Moab. Yn yr hen fyd roedd newid gwlad yn golygu newid duw, yn union fel y caiff estron heddiw basbort newydd yng ngwlad ei fabwysiad.

Yn hanes crefydd Israel, Abraham yw'r enghraifft amlwg arall o un a drodd ei gefn ar ei ddiwylliant a'i dduwiau i addoli Duw Israel. Ymfudodd o Fesopotamia i Ganaan mewn ufudd-dod i'r gorchymyn dwyfol: 'Dos o'th wlad, ac oddi wrth dy dylwyth a'th deulu i'r wlad a ddangosaf i ti' (Gen. 12:1). Fel y dywed y Llythyr at yr Hebreaid amdano, 'Aeth allan heb wybod i ble'r oedd yn mynd' (Heb. 11:8). Caiff ei ganmol am ei ffydd yn y Duw a'i galwodd. Mae'n wir iddo fynd gyda'i 'wraig Sarai, a Lot mab ei frawd, a'r holl feddiannau a gasglwyd ganddynt, a'r tylwyth a gawsant yn Haran' (Gen. 12:5). Ond ei gysur pennaf oedd y byddai Duw, yn ôl ei addewid, yn mynd gydag ef ac yn ei fendithio ef a'i ddisgynyddion.

Fel Abraham, gadawodd Ruth hefyd ei gwlad heb wybod beth oedd o'i blaen. Cyfeirir ati mewn un esboniad Iddewig fel yr ail Abraham; anrhydedd sy'n rhoi lle arbennig iddi yn hanes Israel. Ond nid ar orchymyn Duw y cefnodd *hi* ar ei chynefin. Ni chafodd *hi* air yn ei chlust yn addo y byddai Duw gyda hi i'w gwarchod. Ni chlywodd *hi* sôn am fendith arni hi a'i thylwyth. Nid oedd ganddi *hi* fintai'n gwmni ac yn nodded iddi ar y daith: ei hunig gydymaith oedd gweddw ganol oed a grefodd arni deirgwaith i aros gartref.

Heb ŵr na theulu na meddiannau, mentrodd Ruth wynebu dyfodol ansicr mewn gwlad estron lle na fyddai'n adnabod neb. Gwyddai mai ei thynged, fel merch a gweddw ac yn arbennig fel Moabes, fyddai byw ar gyrion cymdeithas heb fawr ddim hawliau cyfreithiol. Serch hynny, roedd yn barod nid yn unig i deithio gyda'i mam-yng-nghyfraith, ond i aros gyda hi hefyd weddill ei hoes heb ddisgwyl dim yn ôl. Gwrthododd yn bendant â'i gadael ar y clwt.

Ni allwn ond dyfalu beth a'i cymhellodd i wneud y fath ddewis. Nid digwyddiad dramatig fel Moses yn gweld y berth yn llosgi neu Saul o Tarsis yn cael gweledigaeth ar y ffordd i Ddamascus. Efallai fod yr ateb i'w gael yn y deng mlynedd a dreuliodd ar aelwyd Naomi wedi gadael ei chefndir paganaidd ac ymuno â theulu o Israeliaid crediniol. Mae'n bosibl mai'r sbardun i dröedigaeth oedd clywed eu hanes, dod i werthfawrogi eu cred, sylwi ar eu ffordd o fyw, a gweld eu hymddygiad tuag at ei gilydd ac at eu cymdogion.

Pan welodd Naomi nad oedd troi ar Ruth, 'fe beidiodd â'i hannog rhagor' (Ruth 1:18). Serch hynny, ni ddangosodd y gronyn lleiaf o werthfawrogiad iddi am ei chariad a'i theyrngarwch. Aeth y ddwy ymlaen gyda'i gilydd ar y daith i Jwda heb dorri gair arall. Mae'r mudandod yn creu tensiwn yn y stori. Ni allai'r darllenydd ond dyfalu a oedd gobaith i'r berthynas barhau.

❖ Cwestiynau i'w trafod

1. Canmolir Ruth yn y traddodiad Cristnogol am wrthod ufuddhau i orchymyn Naomi. A ddylid beio Orpa am ddewis aros gartref?

2. Clywodd Naomi fod Duw wedi trugarhau wrth ei bobl trwy ymweld â hwy a rhoi bwyd iddynt. A ydych yn credu mai cosb ddwyfol am ddrygioni'r ddynoliaeth yw'r newyn neu'r dilyw sy'n difrodi rhai gwledydd yn gyson?

3. Cyrraedd Bethlehem
Ruth 1:19–22

Un nodwedd amlwg o fywyd modern yn y Gorllewin yw cymdeithas symudol. O ganlyniad, bregus yw'r cysylltiad rhwng yr unigolyn a'i deulu a'i gynefin. Nid felly yn yr hen fyd. Mewn cymdeithas batriarchaidd lle'r oedd gan bob teulu wreiddiau dwfn yn y gymuned leol, eithriad fyddai i neb adael eu milltir sgwâr a mynd i fyw i ran arall o'r wlad, heb sôn am fynd i wlad estron. Mewn arysgrif sy'n dyddio o'r bymthegfed ganrif CC a ddarganfuwyd yn y Dwyrain Canol, ceir hanes tad yn dietifeddu dau o'i feibion am iddynt symud i fyw i dref arall! Yn groes i gonfensiwn, croesodd Ruth y ffin i Jwda yng nghwmni ei mam-yng-nghyfraith.

Newid enw

Mae'r stori'n symud ymlaen yn sydyn. Ni chawn unrhyw fanylion am weddill y daith i Fethlehem trwy rosydd Moab, dros yr Iorddonen a thrwy fynyddir Jwda. Ond nid oes angen llawer o ddychymyg i sylweddoli pa mor beryglus i ddwy wraig heb gwmni dyn oedd teithio am sawl diwrnod trwy ardaloedd prin eu poblogaeth. Daw hanes y teithiwr a syrthiodd i blith lladron ar ei ffordd o Jerwsalem i Jericho i'r meddwl (Luc 10:30–37).

Ond cyrhaeddodd y ddwy Bethlehem yn ddiogel lle 'bu cyffro trwy'r holl dref o'u plegid' (Ruth 1:19). O bosibl bod teithwyr o bell yn dod yn rheolaidd i Fethlehem, ond roedd dwy ferch a deithiai heb gydymaith i'w gwarchod yn destun siarad. Merched y dref a roddodd lais i'r cyffro – arwydd pellach o'r lle amlwg sydd gan fenywod yn y stori. Gofynasant i'w gilydd, 'Ai Naomi yw hon?' (1:19). Sylwer mai Naomi yn unig sy'n dwyn eu sylw; nid oes neb yn holi pwy yw ei chydymaith, ac nid yw Naomi yn ei chyflwyno.

Mae'r cwestiwn yn awgrymu syndod. *'Is this really Naomi?'* sydd gan y *GNB*. Gellir dehongli'r syndod mewn dwy ffordd: un ai fel mynegiant o sioc o weld yr un a adawodd Jwda ddegawd yn ôl yn dychwelyd heb ŵr na phlant, ac wedi torri i'r fath raddau nes ei bod bron yn amhosibl ei hadnabod, neu fel mynegiant o falchder fod hen ffrind wedi dod adref yn fyw ac iach.

A chymryd mai mynegi eu llawenydd a wnâi'r merched, mae ymateb swta Naomi i'r croeso'n annisgwyl. Cyfarchodd drigolion Bethlehem, cyfeillion a chymdogion nad oedd wedi eu gweld ers deng mlynedd, trwy fynnu eu bod yn rhoi iddi enw newydd: 'Peidiwch â'm galw'n Naomi, galwch fi'n Mara' (1:20).

Yn Israel, yr oedd i enw lawer mwy na modd i adnabod rhywun. Fe'i defnyddid i ddisgrifio nodwedd yng nghymeriad yr unigolyn a oedd yn amlwg yn ei ymddygiad. Er enghraifft, ystyr yr enw 'Jacob' yw 'cyfrwys, dichellgar', am iddo dwyllo'i dad Isaac a dwyn yr enedigaeth-fraint oddi ar ei frawd Esau (Gen. 27:36). Ystyr yr enw priod 'Nabal' yw 'ffŵl, ynfytyn' – y cymeriad digymwynas a wrthododd gynhaliaeth i Dafydd pan oedd yn llochesu rhag Saul yn y diffeithwch (1 Sam. 25:25). Ystyr 'Iesu' yw 'gwaredwr' (Math. 1:21). Ceir enghreifftiau hefyd o unigolyn yn cael enw newydd gyda'r bwriad o ddangos newid yn ei gymeriad a rhoi pwrpas gwahanol i'w fywyd. Newidir 'Abram', sydd o bosibl yn golygu 'y tad dyrchafedig', i 'Abraham' am i Dduw ei wneud yn 'dad i lu o genhedloedd' (Gen.17:5). 'Israel' yw enw newydd Jacob am iddo 'ymdrechu â Duw a dynion' ym Mhenuel, a gorchfygu (Gen. 32:28).

Ystyr 'Naomi' yw 'yr un hyfryd' neu 'f'anwylyd'; enw eironig yng nghyd-destun newyn, tair profedigaeth a goroesi am flynyddoedd fel gweddw mewn gwlad estron. Yn ei meddwl hi, testun gwawd yw'r gwrthgyferbyniad rhwng ei henw a'i thynged. Mae'n gofyn i'r merched am gael ei hadnabod wrth enw mwy cymwys i'w chyflwr meddwl, sef Mara, gair sy'n golygu 'chwerw'.

Duw yn y doc

Dywedodd Naomi eisoes wrth ei merched-yng-nghyfraith ei bod yn argyhoeddedig mai Duw ei hun oedd yn gyfrifol am yr holl drallod a ddaeth i'w rhan. Mae'n gwbl sicr 'fod llaw yr ARGLWYDD' yn ei herbyn (1:13). Cyfeirio y mae'r mynd allan 'yn llawn' (1:21) at ei bywyd pan adawodd Jwda yn hyderus a gobeithiol fel gwraig a mam; ni wnaeth y newyn na'r mudo'r tolc lleiaf yn y llawnder. Er bod ei chwpwrdd yn wag, roedd ei theulu'n gyflawn. Ond yn gwbl ddirybudd trowyd ei bywyd wyneb i waered. Heb ŵr, heb blant, heb eiddo, bu raid iddi ddibynnu ar gardod mewn gwlad estron. Pe bai wedi cael ei holi ymhellach gan y merched, efallai y byddai wedi dweud mwy am ei threialon.

Cyfeiria at Dduw ddwywaith yn ei chwyn fel 'Yr Hollalluog', sef enw hynafol ar Dduw Israel sy'n tarddu o gyfnod y patriarchiaid (gw. Gen. 17:1; 28:3). Efallai mai'r hyn sy'n ei wneud yn enw addas ar ei gwefusau yw'r defnydd a wneir ohono gan awduron y Pumllyfr i danlinellu arglwyddiaeth fyd-eang yr Arglwydd. Duw sy'n bendithio ac yn melltithio, yn cosbi'r drwg a gwobrwyo'r da, yn amddiffyn y gwan a barnu'r gormeswr yw'r Hollalluog (gw. ee. Gen. 49:25; Num. 24:4).

Ym meddwl Naomi, neb ond Duw ei chyndadau, y Duw trosgynnol, Crëwr y byd, oedd yn gyfrifol am ei thrallod am mai Ef oedd yr unig rym yn y bydysawd. Yn ei hymateb i'r croeso gan ferched Bethlehem, ymhelaethodd ar ei hargyhoeddiad trwy ymddwyn fel achwynydd mewn achos cyfreithiol gan bentyrru cyhuddiadau yn erbyn Duw: bu'n chwerw iawn wrthi, tystiodd i'w herbyn, daeth â drwg arni, aeth allan yn llawn ond daeth Ef â hi'n ôl adref yn wag (1:20–21). Hynny yw, fe'i cyfrifwyd gan Dduw fel diffynnydd mewn llys barn a ddyfarnwyd yn euog, ac felly'n haeddu cosb.

Er na holodd pam ei bod yn cael ei chosbi, roedd yn hollol sicr nad ar hap a damwain y daeth yr holl helynt i'w rhan. Ar Dduw oedd y bai. Ond o gofio'r disgrifiad yn yr Ysgrythur o'i Duw fel un sy'n amddiffyn a chynnal y weddw a'r amddifad (gw. Ex. 22:22-24; Deut. 27:19; Salm 146:9), onid oedd yn naturiol i Naomi ddisgwyl gwell ganddo? O bosib ei bod yn haeddu canmoliaeth am ei gonestrwydd.

Mae ei chyhuddiadau'n dwyn i'r cof brofiad ac ymddygiad cymeriadau eraill yn yr Hen Destament a gaiff eu siomi gan Dduw. O ganlyniad, maent yn barod iawn i fynegi eu teimladau tuag ato mewn cwyn ac ymryson. Asgwrn y gynnen yw llwyddiant y drwg a dioddefaint y da. Mae cyfiawnder Duw *(theodicy)* yn broblem foesol sy'n codi dro ar ôl tro yn y Beibl; a chafodd lawer o sylw gan esbonwyr. (Mewn astudiaeth drylwyr mae'r awdur toreithiog Philip Yancey yn mynd i'r afael â hi yn ei lyfr *Disappointment with God.)* Haedda'r pwnc rywfaint o ofod cyn mynd ymlaen gyda stori Ruth.

Mae Job yn melltithio dydd ei eni am nad yw'n deall pam fod y drygionus yn ffynnu a'r diniwed yn dioddef. Wedi byw am flynyddoedd yn gywir 'ac uniawn, yn ofni Duw ac yn cefnu ar ddrwg' (Job 1:1), daw trychinebau dirifedi i'w ran. Gan ddefnyddio'r enw 'Hollalluog' i ddynodi ei wrthwynebwr, mae'n cyhuddo Duw o anghyfiawnder ac yn ei feio'n ddi-flewyn ar dafod am ei boen a'i golled trwy gyfeirio ato fel 'yr Hollalluog, a wnaeth fy einioes yn chwerw' (27:2). Meddai hefyd, gan roi llais i'w rwystredigaeth, 'O na wyddwn ble y cawn ef, a pha fodd i ddod at ei drigfan! Yna gosodwn fy achos o'i flaen, a llenwi fy ngenau â dadleuon' (23:3–4). Yn wahanol i'r mwyafrif o ddioddefwyr, cafodd Job gyfle yn y diwedd i groesholi Duw ei hun. Ond bu'n rhaid iddo fodloni ar yr ateb: wnei di byth ddeall. Mae nifer o ddiwinyddion wedi cyhoeddi cyfrolau trwchus yn mynd i'r afael â'r un cwestiwn, ond yn y diwedd yn gorfod cytuno â Duw.

Anfonwyd Jona gan Dduw i broffwydo barn ar Ninefe, prifddinas Asyria, gelyn pennaf Israel. Wedi clywed ei genadwri, edifarhaodd y trigolion a thrugarhaodd Duw wrthynt. Arbedwyd y ddinas rhag dinistr. Mewn tymer wyllt, dywed Jona ei fod wedi amau mai felly y byddai. Barn oedd haeddiant Ninefe, ond gŵyr y byddai Duw yn maddau pe bai'r bobl yn edifarhau; trugaredd nid cyfiawnder fyddai'n ennill y dydd. Dymuniad Jona oedd gweld cyfiawnder yn cael ei weithredu, heb i drugaredd ymyrryd. Wedi'r cwbl, fe'i gorchmynnwyd ef i ddarogan dinistr, nid i sôn am drugaredd. Os oedd Duw'n barod i dosturio wrth yr edifeiriol, pam na fyddai wedi dweud hynny wrth ei gennad, er mwyn iddo fedru cynnwys y newydd da yn ei bregeth? Teimla fod Duw wedi gwneud ffŵl ohono trwy faddau i Ninefe. Am na wireddwyd ei eiriau, mae'n argyhoeddedig y deuai pawb i'r casgliad mai anwir oedd ei broffwydoliaeth o farn a dinistr. Ni fyddai neb yn barod i wrando arno bellach. O ganlyniad, deuai ei fywyd proffesiynol i ben wrth iddo gael ei gyfrif yn un o'r gau broffwydi. Gwell ganddo farw na byw am fod Duw wedi gwneud tro mor wael ag ef, ac y mae am i Dduw wybod hynny (Jona 4:1-9).

Mae'r Salmydd 'yn cenfigennu wrth y trahaus ac yn eiddigeddus o lwyddiant y drygionus. Oherwydd nid oes ganddynt hwy ofidiau' (Salm. 73:3-4). Yn ei benbleth, mae'n cyhuddo Duw o fod yn fyddar i'w riddfan ac o gefnu arno yn ei gyfyngder. Enghraifft amlwg yw'r gri o'r galon ar ffurf cwestiwn sy'n ymylu ar fod yn brotest ar ddechrau Salm 22: 'Fy Nuw, fy Nuw, pam yr wyt wedi fy ngadael, ac yn cadw draw rhag fy ngwaredu?' Ni all unrhyw beth leddfu galar y Salmydd. Cyhuddiad tebyg sydd yn Salm 13: 'Am ba hyd, ARGLWYDD, yr anghofi fi'n llwyr? Am ba hyd y cuddi dy wyneb oddi wrthyf?' Galar y genedl sydd yn y geiriau, 'Pam, Dduw, y bwriaist ni ymaith am byth? Pam y myga dy ddigofaint yn erbyn defaid dy borfa?' (Salm. 74:1). Diau mai cwestiynau tebyg a fu'n corddi ym meddwl Naomi gan ei harwain i feio Duw am ei thynged.

Efallai mai'r cymeriad Beiblaidd agosaf at Naomi yn ei galar yw Jeremeia, 'y proffwyd gofidiau' sy'n barod iawn i alw Duw i gyfrif am ei drallod. Droeon, mae'n mynegi'r hyn sydd ar ei galon ac yn llyfu ei glwyfau wrth leisio'i amheuon ynglŷn â'i alwedigaeth. Daw'r un thema i'r brig yn barhaus: digalondid, dadrithiad, unigrwydd. Mae ei genadwri'n peri i'w gyfeillion droi cefn arno ac i'w elynion ei wawdio (Jer. 15:17; 20:7). Ond nid ei gyfeillion yn unig a'i gadawodd; mae'n teimlo fod Duw hefyd yn anwadal a dichellgar. Arno ef y mae'r bai am y trybini. Y mae'r un a adwaenai unwaith fel 'ffynnon y dyfroedd byw' (2:13) bellach 'fel nant dwyllodrus, neu fel dyfroedd yn pallu' (15:18). Mae'n cymharu Duw â ffrwd yn y diffeithwch sy'n fwrlwm yn y gaeaf, ond sydd yn yr haf, pan fo'r teithiwr sychedig yn chwilio am ddŵr, yn gwbl wag. Hyn sy'n ei arwain i osod ei achos o'i flaen, er y gŵyr na wnaiff ennill y ddadl am mai Duw cyfiawn yw'r Arglwydd (12:1).

Job, Jona, Jeremeia a'r Salmydd: yn ei hymryson â Duw, felly, saif Naomi mewn cwmni dethol. Yr unig wahaniaeth rhyngddi a hwy yw nad yw hi'n gofyn 'pam'. Ym mhob achos, mae Duw'n gwrando ar y cwynion ac yn caniatáu'r ymryson. Tybed mai'r neges yw mai dyma'r ymateb cywir gan unrhyw un sy'n cymryd Duw o ddifri? Rhaid i'r sawl sy'n credu yn arglwyddiaeth Duw cyfiawn a thrugarog ddisgwyl gorfod ymgodymu â'r broblem o ddioddefaint y dieuog. Ond er gwaethaf ei ymgais i roi Duw yn y doc, nid pechu a wna'r ymgodymwr. Nid yw awdur Llyfr Ruth yn condemnio Naomi. Mae'n cymryd ei phrotest o ddifri, ac yn disgwyl i ninnau wneud yr un peth.

Crynodeb

Daw act gyntaf stori Ruth i'w therfyn gyda chrynodeb sy'n rhoi braslun o'r stori hyd yma: 'Fel hyn y dychwelodd Naomi o wlad Moab, a'i merch-yng-nghyfraith, Ruth y Foabes, gyda hi. Daethant i Fethlehem yn nechrau'r cynhaeaf haidd' (Ruth 1:22). Hyd yma, Naomi yn hytrach na Ruth yw prif gymeriad y stori. Ond yn ôl ei arfer nid yw'r awdur yn rhoi unrhyw fanylion a fyddai o ddiddordeb i'r darllenwyr. I ble aeth y ddwy i aros – gyda ffrindiau, gyda pherthnasau, ynteu yn hen gartref y teulu? Sut dderbyniad gawsant gan y trigolion? Yn lle hynny, wedi rhoi'r llwyfan i Naomi a merched Bethlehem, daw â Ruth yn ôl i'r stori.

Am y tro cyntaf, ond nid yr olaf, caiff ei galw yn 'Ruth y Foabes'. Rhoddir pwyslais bwriadol ar ei chenedligrwydd er mwyn codi'r tensiwn. Nid dibwys y rhwystrau rhag cael ei derbyn ym Methlehem: gwraig weddw ddi-blant, estrones, aelod o genedl a oedd nid yn unig yn elyniaethus ond yn enwog am anfoesoldeb ei merched. Ni ddylai neb dybio bod dewis dod i Jwda gyda Naomi yn newid ei statws. Amser a ddengys sut groeso a gaiff yn ei chartref newydd.

Ond mae'r adroddiad yn gorffen ar nodyn gobeithiol. Daw'r ddwy 'i Fethlehem yn nechrau'r cynhaeaf haidd': adeg o lawenydd, canu, dawnsio a rhialtwch. Y neges yw bod y newyn drosodd a thref Bethlehem bellach yn deilwng o'i henw, 'Tŷ Bara'. Beth bynnag ddaw i'w rhan, ni fydd y ddwy wraig weddw'n llwgu. O'r diwedd, mae arwyddion gwawr i'w gweld ar y gorwel.

❖ Cwestiynau i'w trafod

1. Beth sy'n ei gwneud yn anodd ar brydiau i Naomi a ninnau gredu mai 'Duw cariad yw'?

2. Pe baech yng nghwmni Ruth pan ddaeth nôl i Fethlehem, pa gyngor y byddech yn ei roi iddi er mwyn iddi gael ei derbyn gan y trigolion a hithau'n newydd-ddyfodiad o wlad a diwylliant estron?

4. Maes Boas

Ruth 2: 1–16

Fel yr act gyntaf, mae ail act stori Ruth yn dechrau gyda rhagarweiniad byr gan yr awdur cyn datblygu'r stori ymhellach trwy gyfrwng deialog rhwng y cymeriadau. Ei fwriad yw cyflwyno'r trydydd cymeriad o bwys, a rhoi i'r darllenydd ragflas o'i arwyddocâd yn y stori o hynny ymlaen. Disgrifir Boas fel 'dyn cefnog' (Ruth 2:1): gŵr 'cadarn nerthol' yn ôl *BWM.* Mae'r Hebraeg gwreiddiol, *gibbôr chayil*, yn awgrymu ei fod nid yn unig yn gyfoethog, ond hefyd yn un o hoelion wyth y gymdeithas. *'A rich and influential man'* sydd yn y *GNB*. Ystyr tebygol ei enw yw 'mae ynddo gryfder'. Serch hynny, mae cryn dipyn o ddirgelwch o'i gwmpas. Ond mae'r awdur yn dewis peidio â llenwi'r bylchau.

Roedd Boas yn perthyn i Naomi trwy briodas. Ond ni wyddom ai gŵr gweddw ydoedd ynteu oedd ganddo wraig, neu efallai wragedd, a phlant. A chymryd y diwylliant i ystyriaeth, mae'n anodd credu mai hen lanc ydoedd gan fod dyfodol pob teulu'n dibynnu ar gael o leiaf un mab. Prin y byddai ei gyfoedion wedi ei ystyried yn ŵr cefnog, cadarn, nerthol a dylanwadol pe bai wedi aros yn ddi-briod a gwrthod sicrhau parhad ei deulu.

Er iddo gael ei adnabod yn y traddodiad rabinaidd fel mab i frawd Elimelech, mae'n fwy tebygol o fod yn nes at Naomi o ran oedran. Mae'n wir mai perthynas i'w gŵr ydyw. Serch hynny, mae ei bresenoldeb yn golygu nad yw Naomi'n gwbl amddifad o deulu ym Methlehem. Caiff y darllenydd wybod gan yr awdur, megis rhwng cromfachau, ei fod 'o dylwyth Elimelech'. Ond fel y gwelwn maes o law, fe ŵyr Naomi hefyd amdano, ond ni ŵyr Ruth. Amser a ddengys a fydd y perthynas cefnog yn barod i rannu peth o'i gyfoeth a llenwi rhywfaint ar fywyd un a oedd 'yn llawn wrth fynd allan' ond a ddaeth 'yn ôl yn wag' (1:21).

Penderfyniad Ruth

Er mwyn cael bara beunyddiol iddi ei hun a Naomi penderfynodd Ruth fanteisio ar y ffaith iddynt gyrraedd Bethlehem yn ystod y cynhaeaf haidd.

Gofynnodd i'w mam-yng-nghyfraith am gael mynd i loffa ar ôl y medelwyr. 'Dos, fy merch' oedd ateb parod Naomi (2:2). Er na ddywed hynny wrth Ruth, gŵyr fod yr hawl i loffa'n ysgrifenedig yng Nghyfraith Moses. Yn ôl 'Cyfraith y Cae' roedd yn ofynnol i bob tirfeddiannwr ofalu nad oedd gweddwon, estroniaid a'r amddifad, y rhai nad oeddent yn berchen tir ac felly heb gnwd i'w gynaeafu, yn fyr o fwyd: 'Pan fyddi'n medi cynhaeaf dy dir, paid â medi at ymylon dy faes, a phaid â lloffa dy gynhaeaf; gad hwy i'r tlawd a'r estron' (Lef. 23:22. Gw. hefyd Lef. 19:9-10; Deut 24:19-22). 'Cyfraith y Cae' oedd nawdd cymdeithasol a banc bwyd yr hen fyd.

Ond er gwaethaf geiriau'r Gyfraith nid oedd Ruth am gymryd yn ganiataol fod y fraint o loffa ar gael iddi hi. Cyn dechrau, ei bwriad oedd gofyn caniatâd y perchennog gan obeithio na fyddai hwnnw'n gwrthod pe gwyddai mai Moabes oedd hi. Pan ddaeth i'r cae, sef darn o dir comin wedi ei ddosbarthu ymysg y trigolion, 'digwyddodd iddi ddewis y rhandir oedd yn perthyn i Boas' (2:3). Nid yw dweud iddi *ddigwydd* dewis yn golygu mai ar hap a damwain y daeth i ran Boas o'r cae; gall yr ymadrodd gyfeirio'n anuniongyrchol at Dduw. Mae'n debyg mai bwriad yr awdur yw dangos nad lwc ond rhagluniaeth sydd y tu ôl i'r dewis gan ei fod am i'r darllenydd weld ôl llaw Duw yn y stori. Yng ngeiriau un esboniwr: *'Chance, that code for the divine'*.

Daeth Ruth nid yn unig i'r lle iawn, fel pe bai ganddi fap gyda chroes arno yn dynodi'r fan, ond hefyd ar yr amser iawn. Oherwydd 'dyna Boas ei hun yn cyrraedd o Fethlehem' (2:4) yn gwbl ddirybudd i arolygu'r cynhaeaf. Gwyddom eisoes ei fod yn perthyn i Naomi, ond yn awr caiff ei gyflwyno'n swyddogol. Mae'r meistr yn cyfarch ei weithwyr yn gwrtais: '"Yr ARGLWYDD fyddo gyda chwi," a hwythau'n ateb, "Bendithied yr ARGLWYDD dithau"'.

Gan mai'r cyfarchiad arferol o'r ddwy ochr fyddai 'Shalom', mae'r geiriad yn tystio i berthynas dda rhwng y cyflogwr a'i weithwyr, ac yn dadlennu peth o gymeriad Boas: dyn caredig a chydwybodol, meistr sydd â gofal am ei weision, dyn duwiol sydd ag enw ei Dduw yn barod iawn ar ei wefusau, gwir grediniwr. Cyfarchiad yw hwn sy'n mynegi ffydd trwy atgoffa'r darllenydd unwaith eto fod Duw, er nad oes ganddo ran amlwg yn y stori, yn bresennol.

Wrth weld dieithryn yn dilyn y medelwyr, mae Boas yn holi ei oruchwyliwr: 'Geneth pwy yw hon?' (2:5) Nid gofyn pwy yw hi sylwer, ond pwy sydd piau hi, sef cwestiwn nodweddiadol o'r diwylliant patriarchaidd. Cymer yn ganiataol ei bod yn perthyn i rywun gan mai *eiddo* yn hytrach na pherson oedd merch ifanc. Nid oedd ganddi statws na hunaniaeth annibynnol o fewn y gymdeithas. Cyn priodi, roedd yn eiddo ac o dan awdurdod ei thad; wedi priodi, deuai'n eiddo i'w gŵr.

Ond ni all y gwas ateb gan nad yw'n gwybod enw ei pherchennog. Heb ŵr na theulu, yr unig ffordd o'i hadnabod oedd trwy ddweud o ble y daeth, ei chysylltu â merch arall, a beth oedd ei dymuniad: 'Geneth o Moab ydyw; hi a ddaeth yn ôl gyda Naomi o wlad Moab' (2:6), a daethai i'r cae i ofyn caniatâd i loffa. Wrth bwysleisio'i chefndir estron, tybed a oedd y gwas yn ceisio rhybuddio'i feistr na wyddai neb ddim amdani ar wahân i'r ffaith ei bod yn hanu o wlad elyniaethus: cystal â gofyn: "A ddylai *Moabes* fod ymysg y lloffwyr?"

Rhan olaf ymateb y gwas yw: 'Y mae wedi bod ar ei thraed o'r bore bach hyd yn awr, heb orffwys o gwbl' (2:7). Fel y dengys y troednodyn, mae'r cyfieithiad yn ddibynnol ar y Fersiynau cynnar o'r testun am fod y cymal yn gwbl annealladwy yn yr Hebraeg gwreiddiol. Mae'r amwysedd wedi arwain at ddau eglurhad gwahanol. Gan na ddywed y gwas iddo ganiatáu ei chais, cymer rhai esbonwyr yn ganiataol iddo ei wrthod, o bosibl am nad oedd ganddo'r awdurdod i adael i Foabes ddod i'r maes. O ganlyniad, bu Ruth yn sefyllian ar y cyrion ers iddi gyrraedd yn gynnar yn y bore yn disgwyl i'r perchennog ymddangos. Ond esboniad arall yw ei bod wedi bod wrthi'n ddiwyd yn lloffa eisoes a'i bod yn awr yn cael seibiant. Os felly, darlun ffafriol a geir ohoni: merch gydwybodol, gwrtais, weithgar ac wrol a oedd yn barod i fentro i ganol dieithriaid i chwilio am fwyd iddi hi a'i mam-yng-nghyfraith.

Haelioni Boas

Yna daw'r eiliad dyngedfennol. Beth fydd ymateb yr Israeliad selog Boas i eneth ddi-gred o wlad Moab? Cerydd am feiddio dod ar ei ofyn, ynteu barch am iddi ddangos y fath gariad at Naomi? Nid oes angen i Ruth boeni. Ar unwaith, caiff groeso gan Boas, ynghyd â siars i beidio â meddwl mynd i faes arall. Dywed wrthi am lynu wrth y llancesau oedd yn dilyn y medelwyr i gasglu a rhwymo'r cnwd yn ysgubau, yn barod i'w gario i'r llawr dyrnu: 'Cadw dy lygaid ar y maes y maent yn ei fedi, a dilyn hwy' (2:9).

Er nad yw hwn yn ateb penodol i'w chwestiwn i'r goruchwyliwr, gallwn dybio ei fod yn rhoi caniatâd iddi loffa, yn unol â gorchymyn y Gyfraith. Byddai dilyn y llancesau yn fanteisiol iddi mewn dwy ffordd. Yn gyntaf, byddai'n rhoi'r argraff ei bod yn un o'r gweithlu cyflogedig, ac felly'n debygol o gael mwy o barch gan y lleill, er mai estron ydoedd. Yn ail, byddai ei basged yn llawnach erbyn diwedd y dydd nag y buasai pe bai wedi lloffa ar ymylon y maes yn unig.

Aeth gofal Boas am yr eneth estron ymhellach. Gorchmynnodd i'w weision beidio ag ymyrryd â hi, sef rhybudd rhag iddynt un ai ymddwyn yn anweddus tuag ati a'i chyffwrdd (*'molest'* sydd yn y *GNB* a'r *NEB*), neu ei rhwystro rhag lloffa trwy ei hanfon o'r cae i aros nes i'r llancesau orffen eu gwaith ac i'r ysgubau gael eu casglu ar gyfer dyrnu. Mae'n bosibl bod y croeso iddi 'yfed o'r llestri a lanwodd y gweision' (2:9) yn dangos pa mor ymwybodol oedd Boas o effaith yr haul tanbaid ar weithwyr mewn cae digysgod, ac o'r angen cyson i ddiwallu syched os am barhau i lafurio. Byddai cael yfed dŵr a dynnwyd o'r pydew gan eraill, yn hytrach na gorfod mynd i chwilio am ddŵr ei hun, hefyd yn rhoi mwy o amser i Ruth loffa.

Mae'n amlwg fod ymateb Boas wedi synnu Ruth. Mynega ei syndod at ei haelioni trwy foesymgrymu hyd y llawr. Golyga hyn benlinio ac yna plygu ymlaen nes bod ei thalcen yn cyffwrdd â'r ddaear, yn union fel y gwna'r Moslem wrth weddïo. Ond yn lle diolch yn gynnes a mynd i ganlyn y llancesau, mae'n cychwyn sgwrs gyda Boas trwy ddweud wrtho nad oedd yn deall pam ei fod wedi dangos y fath garedigrwydd ati hi a hithau'n estrones (2:10). Ei unig ddyletswydd, yn ôl y Gyfraith, oedd caniatáu iddi loffa ar ôl y medelwyr ac ar ymylon y maes. Beth oedd wedi ei gymell i wneud llawer mwy na'r disgwyl? Mae ei chwestiwn, boed gwestiwn rhethregol neu beidio, yn mynd yn groes i'r graen. Fel rheol, gofynnir 'Pam?' yn wyneb trallod neu drychineb. Yma fe'i gofynnir er mwyn ceisio eglurhad am lwyddiant.

Caiff ei chwestiwn ei ateb, ond nid yn uniongyrchol. Mae Boas yn cyfeirio at ffynhonnell ddienw a oedd wedi rhoi rhywfaint o'i hanes iddo, sy'n awgrymu fod dyfodiad Ruth wedi bod yn destun siarad ym Methlehem: 'Cefais wybod am y cwbl yr wyt ti wedi ei wneud i'th fam-yng-nghyfraith ar ôl marw dy ŵr, ac fel y gadewaist dy dad a'th fam a'th wlad enedigol, a dod at bobl nad oeddit yn eu hadnabod o'r blaen' (2:11). Yr hyn a wnaeth argraff ar Boas oedd nid yn unig ei ffyddlondeb i Naomi a'i chariad tuag ati a'r addunedau a wnaeth iddi, ond hefyd ei pharodrwydd i adael ei theulu a mynd i wlad ddieithr na wyddai fawr amdani. Mae fel pe bai'n dweud wrthi, "Paid â diolch i mi; rwyt yn haeddu'r cwbl fel tâl am yr hyn a wnaethost"

Ond nid yw Boas yn fodlon derbyn y clod i gyd am helpu Ruth. Mae'n cydnabod fod gan Dduw ran i'w chwarae hefyd. Mae'n gweddïo drosti gan ofyn i Arglwydd Dduw Israel ei gwobrwyo ymhellach. Oherwydd, yn ei feddwl ef, dim ond y Duw hwn a fedrai 'dalu'n llawn' yr hyn oedd yn ddyledus iddi am y cariad a ddangosodd at Naomi ac am yr aberth a wnaeth. Nid syniad mecanyddol o gosb a gwobr sydd yma ond datganiad ffyddiog o'r gred fod Duw'n bendithio'r cyfiawn. Unwaith eto, daw'r awdur â Duw i mewn i'r stori; sylw sy'n siŵr o arwain y darllenydd i ddyfalu beth yn hollol fydd y wobr.

Dyma'r Duw y daeth Ruth 'i geisio nodded dan ei adain' (2:12). Fe'i darlunnir fel iâr yn gwarchod ei chywion ac yn eu cuddio dan ei hadenydd. Mae hon yn ddelwedd gyffredin a ddefnyddid yn yr hen Ddwyrain Canol yn gyffredinol i ddisgrifio'r duwiau yn amddiffyn eu gwledydd rhag y gelyn. (Gw. hefyd Deut. 32:11; Math. 23:37.) Mae nodded i'w gael am fod adenydd y Duw y mae Boas yn ei addoli'n ddigon llydan i gysgodi unrhyw un, beth bynnag ei gred a'i genedl a lliw ei groen. Dyma'r Duw sy'n 'noddfa a nerth i ni, yn gymorth parod mewn cyfyngder' (Salm. 46:1).

Mae'n amlwg i'r sgwrs ddod â'r ddau gymeriad yn nes at ei gilydd. Y tro hwn, mae Ruth yn diolch o waelod calon i'w chymwynaswr gan gyfeirio ati hi ei hun fel ei 'lawforwyn' (2:13), gair sy'n awgrymu perchnogaeth, yn hytrach nag 'estrones', fel y gwnaeth yn gynharach (2:10). Ar gyfnod dyrys yn ei bywyd, roedd caredigrwydd Boas wedi ei 'chysuro' a'i 'chalonogi' – geiriau sy'n cynnwys yr ymarferol yn ogystal â'r emosiynol. Rhoddodd ei ofal iddi'r hyder i deimlo'n ddiogel ymhlith y medelwyr. Rhoddodd ei oddefgarwch iddi le i gredu y byddai'n cael croeso gan drigolion Bethlehem i ymgartrefu yn eu mysg, er mai Moabes ydoedd.

Daeth yn amser cinio a chyfle i Boas fod yn fwy haelionus fyth. Mae'n gwahodd Ruth i fwyta gydag ef a'r medelwyr, arwydd ei bod yn cael ei derbyn yn aelod llawn o'i weithlu; anrhydedd arbennig i eneth estron. Bara, wrth gwrs, oedd prif fwyd y cyfnod, yn union fel heddiw yn y Dwyrain Canol. Yr arfer oedd gwlychu tamaid ohono mewn *chômets,* gair a gyfieithir mewn amrywiol ffyrdd. 'Finegr' sydd gan y cyfieithiadau Cymraeg yn gyson. Ond mae'r cyfieithiadau Saesneg yn amrywio: '*vinegar*' yn yr *AV*; '*wine*' yn y *RSV*; '*sour wine*' yn y *NEB* a'r *NRSV*; '*wine vinegar*' yn y *NIV*; '*sauce*' yn y *GNB*.

Mae'n amlwg fod ystyr y gair Hebraeg yn amwys. Gall olygu diod chwerw ei flas, fel finegr, sy'n egluro pam fod y Salmydd yn ei ystyried mor annerbyniol â gwenwyn i'r sychedig (gw. Salm. 69:21). Ond esboniad arall, mwy tebygol yn y cyd-destun, yw mai gwin sych iawn ydoedd, diod iachusol ac adfywiol i weithwyr lluddedig. Ai er mwyn ei boenydio ymhellach, ynteu i dorri ei syched, y cynigiodd rhywun 'win sur' i Iesu ei yfed ar y groes? (Mc. 15:36.) Ond os mai '*sauce*' y *GNB* yw'r cyfieithiad cywir, yna rhaid meddwl efallai am *hummus*, y saws neu bast yn cynnwys ffacbys *(chickpeas)* sy'n fwyd poblogaidd mewn gwledydd Arabaidd heddiw.

Nid oes terfyn ar haelioni Boas. Yn ogystal â dweud wrthi am helpu ei hun i'r bara a'r finegr, mae ef ei hun yn llenwi ei phlât â chymaint o 'ŷd wedi ei grasu' (popgorn yr oes) fel na fedrai Ruth orffen y pryd: 'Bwytaodd ei gwala a gadael gweddill' (2:14). Fel pe bai hyn ddim digon o garedigrwydd am un diwrnod, pan ddaeth yr awr ginio i ben gorchmynnodd Boas i'w weision adael iddi 'loffa hyd yn oed ymysg yr ysgubau', lle byddai llawer mwy o rawn i'w gael, a siarsiodd hwy i beidio â'i dwrdio na'i cheryddu am wneud hynny. Dywedodd hefyd wrthynt am 'dynnu peth allan o'r dyrneidiau a'i adael iddi i'w loffa'. Prin y gallai Ruth ddisgwyl mwy. Ond ar waethaf y croeso a'r caredigrwydd, nid oedd ei threialon drosodd. Roedd yn dal i fod yn weddw ddi-blant mewn gwlad ddieithr heb neb i'w chynnal a'i gwarchod.

❖ Cwestiynau i'w trafod

1. Beth yw'r berthynas rhwng gweddi a 'rhagluniaeth fawr y nef'?

2. Gweithred wrth-ddiwylliannol oedd haelioni Boas tuag at Foabes. Rhowch enghreifftiau o Iesu'n mynd yn groes i arferion ei ddydd yn ei agwedd yntau at estroniaid a merched. A oes gwers yma i ni?

5. Bara Beunyddiol

Ruth 2:17–23

Cymerodd Ruth fantais lawn o haelioni Boas a 'lloffa yn y maes hyd yr hwyr' (Ruth 2:17), o bosibl er mwyn adennill yr amser a gollwyd dros ginio. I wneud y daith adref yn haws, dyrnodd yr ysgubau gyda ffon neu forthwyl pren cyn gadael y cae. Cafodd 'tuag effa o haidd' a'i roi mewn siôl dros ei hysgwydd. Gair benthyg o'r Eiffteg yw 'effa'. Yr ystyr gwreiddiol yw 'basged', ond defnyddir y gair yn yr Hen Destament i ddynodi pwysau. Ni wyddom i sicrwydd faint ydoedd, ond y farn gyffredinol yw tua naw pwys ar hugain. Os felly, cyflawnwyd gobeithion Ruth ymhell y tu hwnt i'w dychymyg. Diolch i dirfeddiannwr hael a ymbiliodd ar yr Arglwydd i'w helpu, nid oedd rhaid iddi hi a Naomi boeni bellach am brinder bwyd. Wedi un diwrnod yn unig o waith roedd ganddynt ddigon o haidd i bara am rai wythnosau o leiaf.

Tro ar fyd

Mae'n debyg i Naomi dreulio'r dydd yn poeni am ei merch-yng-nghyfraith, ond fe'i syfrdanwyd pan gyrhaeddodd Ruth adref gyda'r nos, nid yn unig gyda'r lloffion ond gyda gweddill ei chinio hefyd. Dyma'r unig beth da a ddaeth i'w rhan er dechrau'r stori. Roedd effa o haidd ynddo'i hun yn ddigon i beri syndod: sut allai merch ar ei phen ei hun loffa cymaint mewn diwrnod? Ond roedd dod o'r cae gydag ŷd wedi ei grasu eisoes yn peri mwy o syndod ac yn mynnu esboniad. Yr enghraifft gyntaf o bryd o fwyd parod!

Gallwn ddychmygu Naomi'n mynegi ei llawenydd ac yn gofyn yn llawn cyffro, "Ple ar wyneb y ddaear buost ti'n lloffa i gael y fath lwyddiant?" O sylweddoli fod rhywbeth arbennig wedi digwydd, aiff ymlaen heb ddisgwyl am ateb, a mynegi ei gobaith y byddai'r cymwynaswr, sydd hyd yma'n ddienw yn y sgwrs rhwng y ddwy, yn derbyn gwobr am ei garedigrwydd: 'Bendith ar y sawl a gymerodd sylw ohonot' (2:19). Er na enwir Duw, ystyr gofyn bendith oedd dymuno'n dda i'r cymwynaswr a gofyn iddo gael bywyd breintiedig, a hynny am iddo wneud dim mwy na 'sylwi' ar eneth estron ymysg ei lancesau. Y rhagdybiaeth mewn dymuniad o'r fath oedd y byddai Duw'n clywed y cais ac yn ei gyflawni. Ceir enghraifft o'r gred yn Llyfr y Diarhebion: 'Bendithir yr un hael am ei fod yn rhannu ei fara i'r tlawd' (Diar. 22:9).

Pan gaiff Ruth gyfle i gael ei phig i mewn, mae'n egluro mai Boas oedd enw perchennog y rhan o'r cae y bu'n lloffa ynddo. Nid oedd yr enw'n golygu ddim iddi hi ond golygai lawer i Naomi, fel y dengys ei hymateb parod. Serch hynny, mae'r ymgais i ddehongli'r hyn a ddywedodd wedi creu gwahaniaeth barn ymysg esbonwyr am fod y testun Hebraeg yn amwys. 'Bendith yr ARGLWYDD arno! Nid yw'r ARGLWYDD wedi atal ei drugaredd at y byw na'r meirw' (2:20), sef cyfieithiad llythrennol o'r gwreiddiol, sydd yn y *BCN.* Yr awgrym yw mai at Boas y mae 'ef' yn cyfeirio, am mai dyna'r dilyniant naturiol. Os felly, caiff ei haelioni tuag at Ruth ei ystyried gan Naomi yn enghraifft o drugaredd. Byddai hyn yn bluen arbennig yn ei gap: mae 'trugaredd' yn un o eiriau mawr yr Hen Destament gan fod y syniad yn greiddiol i'r cyfamod rhwng Israel a'i Duw, fel y gwelwn yn nes ymlaen. Ond yn ôl y *BCND,* goddrych y ferf yw Duw. Gwneir hyn yn eglur trwy ailadrodd ei enw: 'Bendith yr ARGLWYDD arno! *Nid yw'r ARGLWYDD* wedi atal ...'.

Yn ramadegol, mae'r ddau gyfieithiad yn bosibl. Ond mae'n haws tybio bod y disgrifiad o'r un nad yw 'wedi atal ei drugaredd at y byw na'r meirw' yn fwy perthnasol i Dduw nag i Boas. Ymateb Naomi, er gwaethaf ei chwerwedd a'i chwyn pan gyrhaeddodd Bethlehem, oedd cydnabod nad oedd ei Duw wedi ei hanghofio trwy roi diolch a chlod iddo am ei ofal grasol dros y greadigaeth gyfan.

Ond nid y bwyd y daeth Ruth ag ef adref o'r maes oedd yr unig beth a ysgogodd Naomi i weld llaw Duw yn y digwyddiadau ac a'i cododd o'i digalondid. Rheswm arall oedd bod Boas 'yn perthyn inni, ac yn un o'n perthnasau agosaf' (2:20). A chymryd fod Naomi'n gwybod fod ganddi berthynas agos ym Methlehem, mae'n anodd deall pam na fyddai wedi cysylltu ag ef eisoes. A oedd wedi anghofio amdano? Ynteu a oedd iselder ysbryd wedi ei pharlysu a'i rhwystro rhag gwneud unrhyw ymdrech i ofyn am gymorth? Pa reswm bynnag oedd ganddi, dim ond pan 'ddigwyddodd' Ruth fynd i randir Boas i loffa y daeth Naomi a Boas i gysylltiad â'i gilydd.

Er i Naomi gydnabod bodolaeth Boas, nid yw'n dweud pa mor agos yw'r berthynas rhyngddynt. Ond sylwer ar y defnydd a wneir o'r geiriau cynhwysol 'ni' ac 'ein'. Maent yn arwydd fod Ruth erbyn hyn wedi cael ei derbyn yn aelod llawn o'r teulu. Bellach, nid un o berthnasau Elimelech a Naomi yn unig yw Boas (gw. 2:1,3): mae'n perthyn yn agos iddi *hithau* hefyd. O hyn allan, caiff ei hystyried fel merch yn hytrach na merch-yng-nghyfraith.

Dyletswydd perthynas agos

Y gair Hebraeg am 'berthynas agos' yw *goel,* term technegol sy'n gysylltiedig â chyfraith deuluol yn Israel gynnar. Cyfieithiad y *GNB* o eiriau Naomi yw: *'That man is a close relative of ours, one of those responsible for taking care of us'* (2:20). Aralleiriad o'r testun gwreiddiol yw'r ail gymal, gan fod defnyddio saith gair am un yn yr Hebraeg yn gymorth i ni ddeall beth oedd dyletswydd y *goel* o fewn y tylwyth neu'r teulu. Mae cyfrifoldeb yn ogystal â pherthynas ymhlyg yn y gair. *'Kinsman-redeemer'* yw cyfieithiad rhai fersiynau Saesneg o'r gair.

Roedd dyletswyddau'r *goel* yn amrywio. Petai rhywun yn gorfod gwerthu darn o dir i dalu dyled, ei swydd ef oedd prynu'r tir yn ôl, er mwyn sicrhau parhad treftadaeth y teulu. Ganddo ef yr oedd yr hawl dros bawb arall i osod y pris er mwyn 'rhyddhau yr hyn a werthodd ei frawd' (Lef. 25:25). Cyflawni ei gyfrifoldeb fel perthynas agos a wnâi'r proffwyd Jeremeia wrth brynu maes ei nai Hanamel yn Anathoth (Jer. 32:6-8). Petai dyn tlawd yn ei werthu ei hun fel caethwas er mwyn cynnal ei deulu, disgwylid i'r *goel* dalu i'w ryddhau (Lef. 25:47-49). Dyletswyddau eraill oedd casglu iawndal mewn achos o anghyfiawnder, a thalu pridwerth i ryddhau carcharor rhyfel. Ond yr un mwyaf difrifol oedd dial ar y sawl a lofruddiodd un o'r teulu trwy ladd y llofrudd; dyma'r 'dialydd gwaed' *(goêl hadâm)* y cyfeirir ato yn Deuteronomium 19:6 a Josua 20:5,9.

Dyletswydd bellach y *goêl*, ac o bosibl yn berthnasol i stori Ruth, oedd priodi gweddw ei frawd pe byddai hwnnw'n marw'n ddi-blant (gw. Deut.25:5-10). Byddai plentyn o'r briodas yn 'cymryd enw'r brawd a fu farw, rhag dileu ei enw o Israel' (Deut.25:6). Y trychineb mwyaf a ddigwyddai i unrhyw benteulu fyddai iddo ef a'i enw fynd yn angof. A bod yn fanwl yn ôl y Gyfraith, cyfrifoldeb brawd-yng-nghyfraith y weddw'n unig oedd hyn, ond cred rhai esbonwyr fod y gorchymyn yn Deuteronomium yn cynnwys unrhyw berthynas agos.

Roedd gan bob teulu fwy nag un *goêl*. Gallai unrhyw un a oedd yn ddigon cryf a chyfoethog gynnig ysgwyddo'r cyfrifoldeb. Wrth gwrs, roedd gwahanol fath o berthnasau o fewn y teulu, rhai pell a rhai agos. Ond disgwylid i berthynas agos roi mwy o sylw na pherthynas pell i'w ddyletswyddau fel *goêl*.

O ran Naomi, daeth llygedyn o obaith i'w bywyd pan glywodd enw Boas. Roedd Boas nid yn unig yn gymwynaswr cefnog a charedig ond hefyd yn berthynas agos gyda chyfrifoldeb i ofalu amdani. Er nad yw natur perthynas y ddau â'i gilydd yn gwbl eglur, gwyddai Naomi y gallai fynd ar ei ofyn am gymorth. Fel aelod o dylwyth Elimelech roedd ganddi, yn ôl y Gyfraith, hawl i ddisgwyl iddo wneud ei ddyletswydd.

Ni allwn ond dyfalu pa ddyletswyddau oedd gan Naomi mewn golwg. Oedd hi'n disgwyl mwy na help i brynu bwyd a dillad? Fel y gwelwn yn nes ymlaen, bu'n berchen ar ddarn o dir ym Methlehem y bu'n rhaid iddi ei werthu er mwyn cael dau ben llinyn ynghyd. A yw'n gobeithio y gwnaiff Boas ei brynu'n ôl? Ynteu a yw'n disgwyl i Boas gyflawni ei ddyletswydd fel *goêl* trwy briodi Ruth? Gwyddom fod Naomi'n awyddus iawn i'w merch-yng-nghyfraith fod 'mewn cartref gyda gŵr'(Ruth 1:9), er na ddangosodd Ruth ei hun unrhyw ddiddordeb yn hynny. Rhaid aros i weld.

Ond mae'n stori wahanol o ran Ruth. Yn union wedi i Naomi ei chynnwys yn y teulu trwy ei hadnabod fel ei merch (2:2) a galw Boas yn berthynas agos iddi hithau hefyd, cawn ein hatgoffa drachefn o'i chenedligrwydd. Fwy nag unwaith, mae awdur y llyfr yn cyfeirio ati fel 'Ruth y Foabes' (1:22; 2:2, 21), ac mae'r cyfeiriad bwriadol hwn at ei chefndir yn ateb dau ddiben sydd, ar un wedd, yn ymddangos yn groes i'w gilydd.

Ar y naill law, mae'n tynnu sylw at y sefyllfa fregus yr oedd Ruth ynddi. Er iddi gael ffafr yng ngolwg un Israeliad, roedd ganddi ffordd bell i fynd i ennill ei phlwyf a chael croeso gan bawb; un wennol ni wna wanwyn. A chofier na allai merch o Moab fanteisio ar amodau cyfraith deuluol Israel a hawlio cymorth gan *goêl*. Ond ar y llaw arall, mae'r pwyslais ar ei chenedligrwydd yn tanlinellu agwedd ddiragfarn a haelioni'r dyn a'i siarsiodd i 'lynu wrth ei weision ef nes iddynt orffen ei gynhaeaf' (2:21). Roedd dweud fod Israeliad cefnog wedi caniatáu i Foabes loffa yn ei faes am ddau fis, a chael digon o haidd a gwenith i bara trwy'r gaeaf, yn hybu un o themâu mawr y llyfr, sef goddefgarwch rhwng cenhedloedd a chrefyddau.

Ymateb Naomi

Ar derfyn diwrnod cofiadwy, llwyddiant digymysg oedd penderfyniad Ruth i fentro dilyn y medelwyr. Lliniarodd bryder Naomi trwy gael bwyd i'r tŷ. Cafodd ffafr yng ngolwg Boas am iddi, fel Abraham, adael ei gwlad a'i theulu a'i duwiau oherwydd ei theyrngarwch i'w mam-yng-nghyfraith. Rhoddodd nodded un o gedyrn y gymdeithas statws iddi o fewn y gymuned.

Ond gan Naomi y mae'r gair olaf yn y sgwrs ar yr aelwyd gyda'r nos. Er i Boas orchymyn i Ruth ddilyn y *llancesau* wrth loffa, dewisodd hi ddweud wrth ei mam-yng-nghyfraith iddi gael ei ganiatâd i fynd gyda'r *gweision.* Rhoddodd hyn gyfle i Naomi roi gair o gyngor iddi: 'Y mae'n well iti, fy merch, fynd allan gyda'i lancesau ef, rhag i rywrai ymosod arnat mewn rhyw faes arall' (2:22). I gyfleu'r perygl, mae'n defnyddio gair cryf sy'n awgrymu trais neu gurfa. Ond mae'n anodd credu y byddai hyd yn oed eneth ddiamddiffyn yn dioddef niwed corfforol mewn maes agored. Yr hyn oedd gan Naomi mewn golwg, mae'n debyg, oedd cerydd neu sarhad hiliol. Yn ei hymgais i sicrhau diogelwch Ruth, roedd o'r un meddylfryd â Boas.

Daw'r adroddiad o'r diwrnod prysur i'w derfyn gyda nodyn golygyddol gan yr awdur. Gwnaeth Ruth yn union fel y gorchmynnodd Naomi a Boas iddi a glynu wrth y llancesau. Cafodd ganiatâd i loffa hyd ddiwedd y cynhaeaf, tymor a oedd yn parhau am saith wythnos o tua diwedd Ebrill i ganol Mehefin (gw. Deut. 16:9). Haidd oedd y cnwd cyntaf i gael ei dorri; gwenith oedd yr olaf.

Roedd cyfnod y cynhaeaf yn cynnwys dwy ŵyl, ar y naill ben a'r llall iddo. Gŵyl y Bara Croyw oedd y gyntaf o'r ddwy, ac roedd hon yn cynnwys hefyd Ŵyl y Pasg. Cyplyswyd y ddwy o fewn y calendr am fod y naill a'r llall yn perthyn i'r un adeg o'r flwyddyn ac yn dathlu dyfod ag ysgub gyntaf y cynhaeaf haidd i'r ydlan (gw. Ex. 12:1-20). Gŵyl y Cynhaeaf oedd yr ail: gŵyl i ddiolch am flaenffrwyth y cynhaeaf gwenith, a chyda'r Ŵyl hon y deuai cyfnod y cynhaeaf i ben (gw. Ex. 23:16). Fe'i gelwir hefyd yn Ŵyl yr Wythnosau am ei bod yn digwydd saith wythnos wedi'r 'diwrnod cyntaf y rhoddir y cryman yn yr ŷd' (Deut. 16:9). Enw diweddarach arni oedd 'Pentecost'; gair Groeg yn golygu 'hanner canfed', sef hanner can niwrnod ar ôl Gŵyl y Bara Croyw a'r Pasg (gw. Act. 2:1).

❖ Cwestiynau i'w trafod

1. Unig obaith y tlodion i oroesi yn Israel gynnar oedd cael caniatâd i loffa. Ym Mhrydain, un o wledydd cyfoethocaf y byd, pa gamau y dylid eu cymryd i gau'r bwlch rhwng y tlawd a'r cyfoethog a sicrhau nad oes neb yn brin o fwyd?

2. Gwahoddodd Boas Ruth y Foabes i gael cinio gyda'i fedelwyr. Pam ac i ba raddau y mae bywyd bob dydd ym Mhrydain yn ddibynnol ar groesawu a gwerthfawrogi cyfraniad mewnfudwyr mewn amrywiol feysydd, megis iechyd, amaeth, addysg a thrafnidiaeth?

6. Y Llawr Dyrnu

Ruth 3:1–18

Aeth wythnosau'r cynhaeaf heibio'n ddidramgwydd. Yn nhermau bywyd bob dydd, roedd Naomi a Ruth yn dda eu byd, diolch i haelioni Boas. Fodd bynnag, deuai'r cyfnod i ben cyn bo hir gan wneud y dyfodol yn ansicr i ddwy wraig weddw. Yn wyneb yr ansicrwydd, roedd Naomi'n awyddus i Ruth ailbriodi a mwynhau'r breintiau a fyddai'n dod iddi o gael gŵr: hapusrwydd, diogelwch, cartref, ffyniant a phlant. Dyna oedd ei dymuniad yn gynharach yn y stori pan fynegodd ei gobaith y byddai'r ARGLWYDD yn garedig wrth Ruth a rhoi iddi 'orffwysfa mewn cartref gyda gŵr' (Ruth 1:8). Sylweddolodd yn awr mai hi oedd yn gyfrifol am wireddu ei dymuniad.

Roedd y sylw a dalodd Boas i Ruth yn y maes wedi codi ei gobeithion ei bod ar y trywydd iawn yn meddwl amdano fel gŵr iddi. Ond gan na ddangosodd Boas unrhyw ddiddordeb pellach, nid oedd ganddi ddewis ond cymryd y mater i'w dwylo ei hun a gweithredu fel *matchmaker*. Aeth ati i ystyried sut i gael y maen i'r wal. Ond cyn datgelu ei chynllun, gofynnodd ddau gwestiwn rhethregol i Ruth.

Roedd y cwestiwn cyntaf yn pwysleisio'r angen i Ruth gael ei haelwyd ei hun: 'Fy merch, oni ddylwn i chwilio am gartref iti, er dy les?' (3:1). Mae cariad ymhlyg yn y cyfarchiad, ac ymwybyddiaeth o ddyletswydd yn ei pharodrwydd i fod yn gyfrifol am Ruth a'i thrin fel un o'r teulu. Mae'n gwestiwn sy'n ymgorffori'r Gyfraith. Roedd yr ail gwestiwn yn enwi Boas fel perthynas, ond nid i Naomi ei hun yn unig gan ei bod unwaith eto'n cynnwys Ruth: 'Onid perthynas i ni yw Boas?' (3:2).

Cynllun Naomi

Roedd cynllun Naomi'n fentrus. Dylid ei gyflawni rhwng cyfnos a gwawr ar un diwrnod, gan y byddai llwyddiant y fenter yn gwbl ddibynnol ar fod yn y lle iawn ar yr amser iawn. Y lle iawn oedd y llawr dyrnu; yr amser iawn oedd gyda'r nos. Llecyn gwastad neu graig lefn oedd y llawr dyrnu, ar godiad tir lle gellid dibynnu ar gael awel gref i nithio'r cnwd, sef gwahanu'r us oddi wrth y grawn. Gwnaed hyn trwy guro'r corsennau â ffon, neu lusgo sled drostynt, neu eu gwasgu dan olwynion trol. Yna eu taflu i'r awyr â fforch neu raw er mwyn i'r gwynt gludo'r us ymaith a gadael i'r grawn syrthio i'r ddaear.

Wedi atgoffa Ruth fod Boas yn berthynas agos, dywedodd Naomi wrthi y byddai ef yn y llawr dyrnu'r noson honno'n arolygu'r gwaith o nithio'r haidd, ac yn siŵr o aros dros nos yn yr awyr agored er mwyn gwarchod y cnwd rhag lladron. Yna dadlennodd ei chynllun: 'Wedi i ti ymolchi ac ymbincio a rhoi dy wisg orau amdanat, dos at y llawr dyrnu, ond paid â gadael iddo d'adnabod nes iddo orffen bwyta ac yfed. Pan â i orwedd, sylwa ymhle y mae'n cysgu, yna dos a chodi'r dillad o gwmpas ei draed a gorwedd i lawr. Wedyn fe ddywed ef wrthyt beth i'w wneud' (3:3–4). Byddai mynd at ddyn arall wedi bod yn gamgymeriad trychinebus! Heb fynegi syndod na gofyn am eglurhad, cytunodd Ruth. Aeth i'r llawr dyrnu, a gwneud yn union fel y gorchmynnodd Naomi iddi. Roedd ei hufudd-dod dibetrus yn arwydd o'i theyrngarwch i'w mam-yng-nghyfraith.

Mae'n amlwg fod Naomi'n awyddus i Ruth ei gwneud ei hun mor ddeniadol â phosibl i Boas. Ond mae'r gorchymyn iddi fynd ato yn nhrymder nos 'a chodi'r dillad o gwmpas ei draed', sydd yn yr Hebraeg yn gymal o ddau air *(gala* a *regel)*, wedi creu penbleth i esbonwyr am fod gan y ddau ystyr dwbl. Er bod y ferf *gala* yn golygu 'anrheithio' neu 'ddifwyno' gwlad – yn llythrennol 'ei gwneud yn noeth' trwy ddinistrio'r trefi ac alltudio'r trigolion – fe'i defnyddir yn gyson yn y Gyfraith i ddynodi cyfathrach rywiol. Ceir pedair enghraifft ar hugain ohono'n golygu hyn yn y rhestr o waharddiadau ynghylch rhyw yn Lefiticus 18 a 20: 'Nid wyt i gael cyfathrach rywiol â ....'. Y cyfieithiad llythrennol o'r gorchymyn yw: 'Na ddinoetha noethni dy ...'; a dyna sydd yn *BWM.*

Ystyr arferol *regel* yw 'troed'. Ond caiff ei ddefnyddio fel ymadrodd llednais am *genitalia* gwryw a benyw. Sylwn ar rai enghreifftiau. Mae awdur Deuteronomium yn darogan y fath newyn mewn dinas dan warchae nes y byddai gwraig yn bwyta'r 'brych a ddisgyn o'i chroth' (Deut. 28:57); yn llythrennol, 'a ddisgyn rhwng ei thraed'. Er mwyn achub bywyd Moses rhag llid Duw, enwaedodd ei wraig Seffora ar eu mab a rhoi'r blaengroen 'i gyffwrdd â thraed Moses' fel math o enwaediad dirprwyol (Ex.4:25). Ei bwriad, fe dybir, oedd dangos fod ei gŵr hefyd yn deilwng o gael ei gyfrif yn enwaededig gan nad oes sôn iddo gael ei enwaedu'n blentyn ar aelwyd ei rieni, nac yn llanc yn llys Pharo. Mae Eseia'n disgrifio'r gosb sy'n aros Ahas brenin Jwda, am iddo wrthod ag ymddiried yn yr Arglwydd am gymorth pan oedd Jerwsalem mewn perygl. Daw brenin Asyria ar ei warthaf ac 'eillio'r holl ben a blew'r traed, a thorri ymaith y farf hefyd' (Eseia 7:20). Fel rheol, roedd eillio'r pen a'r farf yn ddigon fel arwydd o sarhad a gwaradwydd. Mae'n amlwg fod Ahas am ddioddef eilliad mwy trylwyr.

Ar sail y dehongliad hwn o'r cymal allweddol, gellir dadlau fod Naomi wedi siarsio Ruth i godi dillad Boas yn uwch o lawer na'i draed. Mae'n wir y byddai hynny'n beth anghyffredin iawn i unrhyw un ei orchymyn i ferch ei wneud, ond ym marn rhai esbonwyr dyna awgrym y testun gwreiddiol. Mae'r adroddiad nwydus yn gorffen gyda'r gorchymyn i Ruth orwedd i lawr, ond heb ddweud yn hollol ym mhle. Wrth ochr Boas ynteu'n llythrennol wrth ei draed? Os wrth ei ochr a olygir, gyda'r sicrwydd y byddai ef wedyn yn dweud wrthi 'beth i'w wneud' (3:4), mae'n anodd meddwl na fu cyfathrach rywiol rhyngddynt.

Mae esbonwyr eraill, nad ydynt am feddwl yn nhermau anfoesoldeb, o'r farn nad oes sail digon cadarn i'r ddamcaniaeth hon ond y dylid dehongli'r cymal yn ôl yr ystyr lythrennol. Ond os mai gorchymyn i ddinoethi'r traed yn unig, ac yna mynd i orwedd yno, a gafodd Ruth, beth oedd y bwriad? Eglurhad posibl yw bod gorwedd wrth draed rhywun yn arwydd o ymostyngiad i awdurdod; yn achos Ruth, cynnig priodi a dod yn eiddo i Boas. Serch hynny, mae'n ddirgelwch pam fod Naomi'n dyfeisio cynllun mor anarferol a pheryglus i gael gŵr i Ruth, yn hytrach na mynd yn uniongyrchol at Boas a gofyn iddo ysgwyddo'i gyfrifoldeb fel perthynas agos yn ôl gofynion y Gyfraith a'i phriodi. Ai am fod ei merch-yng-nghyfraith yn Foabes, ac felly'n anghymwys i fanteisio ar amodau Cyfraith Moses?

Cyn penderfynu beth yn hollol oedd Naomi am weld yn digwydd dros nos yn y llawr dyrnu, rhaid cymryd rhai pethau i ystyriaeth: natur nwydus a bylchog yr adroddiad, ystyr eilradd rhai geiriau yn y traddodiad Hebreig, a'r posibilrwydd fod yr awdur yn fwriadol amwys.

Hanner nos

Datblygodd y noson yn union fel yr oedd Naomi wedi bwriadu. Wedi swper, aeth Boas i orwedd yn ddigon pell oddi wrth bawb arall 'yng nghwr y pentwr ŷd' (3:7). Dan ddylanwad y gwin, ni fu'n hir cyn syrthio i drwmgwsg. Ond 'tua hanner nos cyffrôdd y dyn a throi' (3:8). Yn y Beibl, hanner nos yw awr digwyddiadau tyngedfennol. Dyna pryd y trawodd Duw 'bob cyntaf-anedig yng ngwlad yr Aifft' (Ex. 12:29). Dyna pryd y daw marwolaeth ar warthaf yr anghyfiawn (Job 34:20). Yn un o ddamhegion cyfarwydd Iesu, 'ar ganol nos' y daeth y priodfab i'w neithior a dal y pum geneth ffôl yn hepian (Math. 25:6). Ystyr wreiddiol y ferf gyntaf yn y cymal, 'cyffrôdd' *(chârad),* yw 'crynu gan ofn'. Ond gan nad oes gyfeiriad at unrhyw beth a allai godi arswyd arno, megis breuddwyd neu hunllef, efallai mai crynu gan oerfel a wnâi Boas yn hytrach na chyffroi. Mae'n rhesymol tybio iddo ddeffro am ei fod yn oer.

Dim ond wedi iddo droi drosodd y gwelodd ferch ifanc yn 'gorwedd wrth ei draed' (3:8) – un ai wrth ei ochr neu yn llythrennol wrth ei draed; dibynna'r dehongliad ar yr ystyr a roddir i'r cymal. Ond ble bynnag yr oedd Ruth, ni allai dinesydd blaenllaw ond teimlo'n hynod anghyfforddus o fod mewn congl dywyll o'r llawr dyrnu yng nghwmni merch ifanc ganol nos. Yn groes i ddisgwyliad Naomi, ei holi a wnaeth Boas yn hytrach na dweud wrthi beth i'w wneud. Gan na fedrai ei gweld yn glir, gofynnodd iddi pwy ydoedd. 'Dy forwyn Ruth' oedd yr ateb (3:9).

Y tro hwn, ni chyfeiriodd Ruth ati hi ei hun fel 'estrones', geneth o Moab, fel y gwnaethai pan ofynnodd am ganiatâd i loffa (2:6,10), na hyd yn oed fel *un* o forynion Boas, ond yn hytrach fel '*dy* forwyn'. Golyga hyn ei bod yn ei hystyried ei hun yn eiddo iddo fel aelod o'i weithlu. Ac yna meddai wrtho, 'Taena gwr dy fantell dros dy forwyn, oherwydd yr wyt ti'n berthynas agos'. Y cyfieithiad llythrennol o'r cymal cyntaf yw: 'Lleda dy aden dros dy forwyn', a dyna sydd yn *BWM.* (Gall y gair Hebraeg *kânâph* olygu cwr dilledyn neu aden aderyn.) Yn y diwylliant Hebreig, idiom sy'n gysylltiedig â byw'n ddiogel a chael ymwared rhag niwed yw 'taenu cwr mantell' neu 'lledu aden'. Meddai'r Salmydd, wrth adrodd manteision pob crediniwr: 'Y mae'r sawl sy'n byw yn lloches y Goruchaf' yn cael 'nodded dan ei adenydd' (Salm. 91:1,4).

Ond defnyddir yr idiom hefyd yng nghyd-destun priodas fel symbol o ddyletswydd gŵr i warchod ei wraig rhag niwed, neu ei hawlio iddo'i hun trwy guddio ei noethni rhag eraill. Ceir sawl enghraifft yn yr Hen Destament. Yr orau yw'r stori ym mhroffwydoliaeth Eseciel am gerydd i genedl a drodd yn anffyddlon i'w Harglwydd. Disgrifia'r proffwyd Dduw'n dewis Israel yn genedl arbennig iddo'i hun, a'i phriodi trwy wneud cyfamod â hi: 'Deuthum heibio iti drachefn a sylwi arnat, a gweld dy fod yn barod am gariad; taenais gwr fy mantell ['lledais fy aden' yn *BWM*] drosot a chuddio dy noethni. Tynghedais fy hun iti ... a daethost yn eiddo imi' (Esec. 16:8). Mae'r arferiad o'r gŵr yn taenu cwr dilledyn dros y wraig wedi goroesi fel rhan o'r seremoni wrth ddathlu priodas mewn rhai cymunedau Arabaidd.

Beth bynnag a ddigwyddodd yn y tywyllwch ger y pentwr ŷd y noson honno, dylem o bosibl edmygu'r camau a gymerodd Naomi a Ruth i ymorol amdanynt eu hunain a diogelu llinach Elimelech. Er mwyn gwneud yn glir yr hyn a olygir, mae'r *GNB* yn aralleirio cymal olaf adnod 9: *'Because you are a close relative, you are responsible for taking care of me. So please marry me.'* Trwy ofyn iddo daenu cwr ei fantell drosti, sef ei phriodi, am ei fod yn berthynas agos, roedd Ruth yn atgoffa Boas o'i ddyletswydd at deulu Elimelech yn ôl y Gyfraith. Ond heb wybod arwyddocâd eilradd yr idiom, mae'r ystyr yn dywyll.

Ymateb Boas

Wrth ofyn iddo ei phriodi, roedd Ruth yn achub y blaen ar Boas. Moabes yn apelio ar Israeliad i ysgwyddo'i gyfrifoldeb fel perthynas agos, er nad oedd ganddi achos, fel estron, i ddisgwyl iddo wneud hynny. Ymateb Boas i'r cais annisgwyl oedd gofyn bendith Duw arni am iddi fod mor deyrngar i'w mam-yng-nghyfraith. Roedd eisoes wedi ei chanmol am hyn pan glywodd ei bod wedi gadael ei theulu a'i gwlad er mwyn dod i Jwda gyda Naomi (Ruth 2:11). Ond y tro hwn, roedd ei ganmoliaeth yn fwy penodol. Yn ei farn ef, roedd y 'teyrngarwch olaf ... yn rhagori ar y cyntaf' (3:10) am fod Ruth, yn lle canlyn un o'r llanciau, wedi gofyn iddo ef ei phriodi er mwyn iddi allu sicrhau dyfodol tylwyth Elimelech. Gwnaeth ei theyrngarwch teuluol argraff ddofn arno.

Addawodd Boas wneud 'popeth' a ofynnwyd iddo fel perthynas agos, gan gynnwys priodi, am fod pawb yn gwybod bod Ruth yn 'ferch deilwng' (3:11). Yn y testun Hebraeg defnyddia Boas yr un gair *(chayil)* i ddisgrifio Ruth ag sydd yn y cyflwyniad i'r darllenydd ohono ef fel 'dyn cefnog' (2:1). Ond roedd gan Boas fwy i'w ddweud. Roedd ganddo wybodaeth a allai danseilio ymdrechion Ruth a golygu bod cynllun Naomi wedi bod yn ofer.

Yn gwbl annisgwyl, datgelodd mai gan aelod arall o deulu Elimelech yr oedd yr hawl i briodi Ruth, am ei fod yn perthyn yn nes iddi. Dyna'r drefn yn ôl y Gyfraith, ac fel Israeliad pybyr ni allai Boas ystyried torri'r gorchymyn. Cyn mynd gam ymhellach, dywedodd wrthi fod yn rhaid iddo drannoeth ofyn i'r perthynas arall beth oedd ei ddymuniad: 'Os bydd ef am weithredu fel perthynas, popeth yn iawn; gwnaed hynny. Ond os nad yw'n barod i wneud hynny, yna fe wnaf fi '(3:13). Cymerodd lw yn enw'r Arglwydd i gadw ei addewid. Gwireddir gobeithion Naomi heb i Boas yngan yr un gair o gerydd wrth y Foabes a feiddiodd godi ei ddillad, gofyn iddo ei phriodi, a'i atgoffa o'i ddyletswydd at deulu Elimelech.

Yn dawel ei meddwl, treuliodd Ruth weddill y noson yn cysgu 'wrth ei draed tan y bore'. Yna, er mwyn osgoi sgandal a fyddai'n pardduo enw da'r ddau ohonynt pe bai rhywun yn ei gweld yn gadael y llawr dyrnu, cododd yn fore er mwyn dychwelyd i'r ddinas cyn i neb godi. Ond nid aeth yn waglaw. Rhoddodd Boas 'chwe mesur o haidd' (3:15) iddi yn arwydd pellach o'i haelioni.

Pan gyrhaeddodd Ruth adref, roedd Naomi'n awyddus iawn i wybod beth a ddigwyddodd yn ystod y nos. Gallwn ddychmygu'r wên ar wyneb Ruth a'r llawenydd yn ei llygaid wrth iddi adrodd y 'cwbl a wnaeth y dyn iddi' (3:16). Ai'r awgrym yw na soniodd air am y rhan allweddol a gymerodd *hi ei hun* yn y digwyddiadau? A oedd yn ofni cyfaddef iddi ofyn i Boas ei phriodi, a thrwy hynny anufuddhau i orchymyn Naomi iddi ddisgwyl iddo ef ddweud wrthi beth i'w wneud? Ai dyna pam y dewisodd ganolbwyntio ar y chwe mesur o haidd a roddodd Boas iddi, yn hytrach na manylu am yr hyn a ddigwyddodd?

Cyngor olaf Naomi i Ruth oedd bod yn amyneddgar ac aros nes gweld 'sut y try pethau', oherwydd ni fyddai Boas, dyn cyfiawn a chydwybodol, yn 'gorffwys cyn gorffen y mater heddiw' (3:18). Yn ei ddefnydd o eiriau megis 'pethau' a 'mater' mae'r awdur fel pe bai'n fwriadol amwys. Wrth adael canlyniad cynllun Naomi'n ben agored, mae'n creu'r tensiwn sy'n angenrheidiol iddo fedru dal sylw'r darllenydd. Rhaid parhau i ddarllen i wybod beth a ddigwyddodd.

❖ Cwestiynau i'w trafod

1. Mae gwahaniaeth barn ynglŷn â'r hyn a ddigwyddodd yn ystod y nos yn y llawr dyrnu. A yw o bwys i chi os bu cyfathrach rywiol rhwng Ruth a Boas ai peidio?

2. O safbwynt moes, a ellir cyfiawnhau dull ystrywgar Naomi o sicrhau dyfodol ei theulu trwy gael Boas i briodi Ruth?

7. Priodas Ruth a Boas

Ruth 4:1–22

Daeth trydedd acti stori Ruth i ben gyda Ruth a Naomi'n aros gartref i glywed a oedd Boas wedi cadw ei addewid y byddai'n cysylltu â'r perthynas arall ynglŷn â'r 'mater' dan sylw. Gwireddwyd geiriau Naomi na fyddai'n gorffwys cyn gwneud hynny gan iddo fynd ar ei union o'r llawr dyrnu i borth y ddinas. Eisteddodd yno i aros ei gyfle i drafod y mater (Ruth 4:1). Ond ni ddaeth Ruth a Naomi i'r golwg o gwbl. O fewn y diwylliant patriarchaidd, ni fyddai'r un o'r ddwy yn bresennol, heb sôn am gael lais yn y gweithgareddau, er bod y pwnc yn ymwneud yn uniongyrchol â hwy.

Cyfiawnder yn y porth

Ceir amryw o gyfeiriadau yn yr Hen Destament at le arbennig y porth ym mywyd y gymdeithas. Y sgwâr gerllaw iddo oedd calon y gymuned. I'r fan honno y deuai'r trigolion i brynu a gwerthu ac i glywed y newyddion diweddaraf. Fel canolfan gymdeithasol, gyfreithiol ac economaidd pob tref neu ddinas, dyna'r lle tebycaf i Boas weld a chael cyfle i siarad â'r perthynas y soniodd wrth Ruth amdano. A chan mai yno hefyd y byddai'r henuriaid yn ymgynnull pan fyddai angen iddynt gyfarfod i ymdrin â phynciau o bwys ac i farnu achosion cyfreithiol, roedd gobaith i'r mater dan sylw gael ei drafod ym mhresenoldeb tystion.

Yng nghyd-destun y porth, mae 'eistedd' yn cyfleu awdurdod. Ar ei eistedd y byddai athro'n dysgu. Dyna pam y cyflwyna Mathew'r Bregeth ar y Mynydd trwy ddweud: 'Pan welodd Iesu y tyrfaoedd, aeth i fyny'r mynydd, ac wedi iddo eistedd i lawr daeth ei ddisgyblion ato' (Mth. 5:1). Wedi darllen rhan o'r Ysgrythur yn y synagog yn Nasareth, eisteddodd Iesu i esbonio'r testun (Luc 4:20). Cyfeiria Iesu at awdurdod y Phariseaid trwy ddweud eu bod 'yn eistedd yng nghadair Moses. Felly gwnewch a chadwch bopeth a ddywedant wrthych, ond peidiwch â dilyn eu hymddygiad' (Mth. 23:2-3). Mae gan bob esgob gadair mewn cadeirlan a chan athro 'gadair' mewn prifysgol. Dywedir fod llys barn yn 'eistedd' i wrando achos. Wrth ddweud fod Boas wedi mynd i 'eistedd' yn y porth, awgrymir ei fod yn ddinesydd uchel ei barch ac yn meddu ar awdurdod o fewn y gymdeithas, ac yn barod i ysgwyddo cyfrifoldeb.

Mr Hwn-a-Hwn

Gan y byddai'r porth yn lle prysur yn y bore, gwyddai Boas na fyddai raid iddo ddisgwyl yn hir cyn i'r sawl yr oedd yn chwilio amdano fynd heibio. Pan ddaeth y dyn i'r golwg, galwodd arno i ddod ato. Cyfieithiad *BWM* o ail gymal yr adnod agoriadol yw: 'Ac efe a ddywedodd wrtho, Ho, hwn a hwn! tyred yn nes; eistedd yma' (4:1). *'And Boas called to him, "Come here, my friend, and sit down"'* sydd yn y *GNB.* Ymgais yw'r ddau i gyfieithu'r ymadrodd Hebraeg anarferol *pelôni almôni.* Am ryw reswm, ni alwodd Boas ar y perthynas wrth ei enw personol; ond mae'n anodd credu nad oedd yn gwybod ei enw, ac mae cyfieithiad y *BCND* yn awgrymu ei fod yn ei wybod: 'Galwodd Boas arno wrth ei enw'.

Gwnaeth y dyn yn ôl y gofyn. Yna dewisodd Boas ddeg o henuriaid a'u gwahodd i wrando ar y drafodaeth (4:2). Ni wyddom pam y rhif arbennig; efallai mai deg oedd nifer gofynnol tystion mewn achos cyfreithiol. Yn ddiweddarach yn hanes yr Iddewon, penderfynwyd ei bod yn ofynnol cael o leiaf ddeg o ddynion yn bresennol yn y synagog cyn y gellid cynnal gwasanaeth; heb sicrhau cworwm, ni fyddai addoliad.

Yma yn y porth, cawn gip ar natur gyfrwys Boas. Yn fras, dyma a ddywed wrth y dyn dienw: "Mae perthynas inni, gweddw ddi-blant o dylwyth Elimelech o'r enw Naomi, wedi dychwelyd o Moab heb geiniog i'w henw. Mae am werthu darn o dir a oedd yn perthyn i'w gŵr i gael arian i brynu bwyd. Gan fod ei meibion hefyd wedi marw, mae perygl i'r cae fynd i ddwylo un arall y tu allan i'r teulu. Felly, rwy'n awyddus iawn i ti, a neb arall, ei brynu er mwyn gwarchod ein hetifeddiaeth. Gan dy fod yn perthyn yn agosach na mi i Naomi, gennyt ti mae'r hawl cyntaf. Ond os nad wyt ti am wneud dy ddyletswydd, fe wnaf i. Beth yw dy fwriad?"

Cytunodd y dyn ar unwaith am y gwelai fantais amlwg iddo'i hun yn y trefniant. Fel perthynas agos, roedd ganddo'r hawl i brynu'r tir a phriodi'r weddw. Roedd yn rhesymol iddo dybio mai at Naomi y cyfeiriai Boas wrth grybwyll ei ddyletswydd fel *goêl.* Er bod Naomi'n rhy hen i eni plentyn, byddai ei chynnwys hithau yn y fargen, trwy gytuno i'w chynnal am weddill ei hoes, yn ei alluogi i drosglwyddo etifeddiaeth Elimelech i'w blant ei hun.

Cadwodd Boas enw Ruth yn ôl yn fwriadol am ei fod yn amau mai cymhelliad y dyn oedd gwneud elw yn hytrach na dangos cariad at berthynas mewn angen. Pan ddywedodd wrtho fod 'Ruth y Foabes', gan ei bod yn weddw, hefyd yn rhan o'r pecyn fel aelod o'r teulu, newidiodd y dyn ei feddwl: 'Ni fedraf ei brynu heb ddifetha f'etifeddiaeth fy hun. Pryn di ef, oherwydd ni allaf fi' (4:6).

Mae'n bosibl mai'r rhagfarn oesol yn erbyn Moab a ddaw i'r wyneb yn ei ymateb. Wedi'r cwbl, bu tras Ruth yn crogi fel maen melin o amgylch ei gwddf ers iddi gyrraedd Bethlehem. Efallai mai'r gorchymyn yn y Gyfraith a waharddai 'Ammoniad na Moabiad, na neb o'u disgynyddion hyd y ddegfed genhedlaeth' rhag ymuno â chenedl Israel oedd ar ei feddwl (Deut. 23:3). Ond gwyddai'n sicr, pe byddai'n priodi Ruth, yr ystyrid mab cyntaf anedig y briodas yn etifedd Mahlon, ei gŵr cyntaf, er mwyn cadw ei enw'n fyw. Gan mai mab Mahlon fyddai'n berchen ar y tir maes o law byddai'r perthynas, wrth gymryd Ruth yn wraig, yn amddifadu ei blant ei hun o'u hetifeddiaeth, er iddo dalu amdani. Tybed mai am iddo wrthod ysgwyddo'i gyfrifoldeb fel perthynas agos y cadwodd yr awdur enw priod Mr Hwn-a-Hwn allan o'r stori'n fwriadol?

Seremoni'r sandal

Roedd y ffordd yn glir yn awr i Boas gadw ei addewid i Ruth cyn symud ymlaen i gwblhau'r trefniadau ar gyfer y briodas. Ond cyn iddo wneud hynny, ceir nodyn esboniadol sy'n tanlinellu'r bwlch rhwng cyfnod y barnwyr a chyfnod y darllenwyr. Ynddo mae'r awdur, neu olygydd diweddarach, yn torri ar draws rhediad y stori trwy gyfeirio at arfer, o orffennol pell y genedl, a oedd yn gysylltiedig â chyfnewid neu brynu eiddo.

Heddiw, ysgwyd llaw fyddai'n cloi'r fargen. Ond yn Israel gynnar, cyfnewid esgid neu sandal oedd yr arfer: 'Er mwyn cadarnhau unrhyw gytundeb byddai'r naill yn tynnu ei esgid ac yn ei rhoi i'r llall. Dyna oedd dull ardystio yn Israel' (4:7). Mae'r gair Hebraeg *nal* yn golygu 'esgid', ond yn y cyd-destun hwn mae'n debyg mai 'sandal' yw'r cyfieithiad mwyaf priodol.

Ymgais yw'r esboniad i wneud yr hyn sy'n digwydd yn yr adnod nesaf yn ddealladwy i'r darllenwyr: 'Felly, pan ddywedodd y perthynas wrth Boas, "Pryn ef i ti dy hun", fe dynnodd ei esgid' (4:8). Ond mae'r cymal olaf yn amwys. Pa un o'r ddau a dynnodd ei esgid? Ni all awduron y Midrash gytuno ai Boas ynteu'r dyn dienw a wnaeth hynny. I geisio gwneud yr ystyr yn fwy eglur, ychwanegodd y prif gyfieithiad Groeg, yr *LXX,* gymal at y testun Hebraeg gwreiddiol: 'fe dynnodd ei esgid, *a'i rhoi iddo*'. Mae'n debyg mai hwn yw sylfaen rhai cyfieithiadau cyfoes Saesneg sy'n ceisio dileu'r amwysedd: *'When the next of kin said to Boas ... he drew off his sandal and handed it over' (NEB)*. Mae un llawysgrif gynnar yn mynd ymhellach gan ddweud 'ac fe'i rhoddodd i Boas', sy'n gwneud yr ystyr yn fwy eglur fyth. Dilyn y llawysgrif hon a wna'r *GNB*: *'He took off his sandal and gave it to Boas'*.

Ond nid oes unrhyw sicrwydd beth oedd symbolaeth y sandal. Mae'n amheus a wyddai'r awdur ei hun, er iddo geisio cynnig eglurhad trwy gyfeirio at yr hen arferiad o gyfnewid sandalau. Gwêl rhai esbonwyr gysylltiad â'r gyfraith yn Deuteronomium 25:5–10 sy'n disgrifio dyletswydd dyn tuag at weddw ei frawd. Os gwrthodai ei phriodi, byddai hi 'yn dod ato yng ngŵydd yr henuriaid, yn tynnu ei sandal oddi ar ei droed, yn poeri yn ei wyneb ac yn cyhoeddi, "Dyma a wneir i'r dyn nad yw am adeiladu tŷ ei frawd"' (Deut. 25:9). Ond gan nad oedd Ruth yn bresennol yn y porth i wneud hyn, a chan ei bod hefyd yn awyddus i briodi Boas a neb arall, mae'r cysylltiad yn annhebyg. Efallai mai aralleiriad y *GNB* sy'n rhoi'r dehongliad mwyaf tebygol o adnod 7 trwy osgoi rhoi'r argraff fod Boas a'i berthynas yn cyfnewid sandalau yn ôl yr 'arfer yn Israel' ers talwm: *'Now in those days ... it was the custom for the seller to take off his sandal and give it to the buyer. In this way the Israelites showed that the mater was settled.'*

A'r sandal yn ei law, trodd Boas at yr henuriaid a phawb arall a ddaethai i wrando. Er mwyn cadarnhau'r cytundeb, aeth drwyddo'n ofalus. Yn ogystal â chymryd meddiant o 'holl eiddo Elimelech' a'i feibion, roedd hefyd 'wedi prynu Ruth y Foabes, gweddw Mahlon' (4:10). Ei phriodi hi oedd hanfod y cytundeb. Gan mai plentyn Mahlon fyddai'r cyntaf anedig, roedd parodrwydd Boas i ysgwyddo'i gyfrifoldeb fel perthynas yn estyn einioes y teulu trwy gadw enw'r meirw'n fyw, nid yn unig o fewn y tylwyth ond hefyd yn y fro. Llwyddodd i ddarbwyllo trigolion Bethlehem i anwybyddu cyfyngiadau

Cyfraith Moses yn erbyn Moabiaid a derbyn Ruth i'w mysg.

Cadarnhaodd y tystion, a phawb arall a oedd yn digwydd bod yn y porth, y cytundeb trwy ofyn i'r Arglwydd fendithio'r uniad a pheri i Ruth fod yn ffrwythlon fel Rachel a Lea ac i ddisgynyddion Boas ffynnu fel y gwnaeth teulu Peres (4:11–12). Rachel a Lea oedd gwragedd Jacob. Hwy, ynghyd â'u dwy forwyn, oedd mamau deuddeg mab y patriarch, cyndadau deuddeg llwyth Israel (gw. Gen. 35:23–26). Peres oedd un o'r efeilliaid a genhedlodd Jwda wedi iddo gael cyfathrach â'i ferch-yng-nghyfraith, Tamar. Enwir Peres am mai ei ddisgynyddion ef oedd teulu pennaf llwyth Jwda a dinasyddion mwyaf blaenllaw Bethlehem, dinas y brenin Dafydd.

Geni mab

Mewn un adnod fer, dim ond pymtheg gair yn yr Hebraeg, mae'r awdur yn croniclo sawl digwyddiad: priodas Ruth a Boas, y gyfathrach rhyngddynt, beichiogrwydd Ruth a'i chyfraniad olaf i'r stori, sef esgor ar fab (4:13). Bu'n briod â Mahlon am ddeng mlynedd heb eni plentyn, ond yr argraff a geir yma yw ei bod wedi beichiogi ar unwaith wedi priodi Boas. Er bod cyfraniad ei gŵr yn ddiamau, gwneir yn glir nad Boas yn unig oedd yn gyfrifol am ei chyflwr. Yr Arglwydd a barodd iddi feichiogi. Ar wahân i ddod â'r newyn ym Methlehem i ben (1:6), dyma'r unig dro i Dduw gymryd rhan uniongyrchol yn y stori. Serch hynny, nid yw'n gweithredu'n annibynnol y tro hwn; dibynna ar gydweithrediad ei greadigaeth. Un o wersi'r stori yw bod y dwyfol yn gweithio trwy'r dynol.

Daeth merched Bethlehem ar unwaith i longyfarch Naomi ar enedigaeth y plentyn trwy gydnabod mai i Dduw y bo'r diolch fod ganddi o'r diwedd berthynas agos (4:14). Boas oedd y perthynas agos yn 2:20, ond y tro hwn at ei fab y cyfeiria'r gair. Gweddi'r merched oedd y byddai'r *goêl* hwn yn fwy cymeradwy na'i dad hyd yn oed ac yn adnabyddus ymhell y tu hwnt i furiau Bethlehem: 'Bydded ef yn enwog yn Israel' (4:14). Ond ar lefel personol, eu gobaith oedd y byddai'r plentyn yn 'adnewyddu' bywyd Naomi, sef ei chysuro yn ei galar trwy sicrhau bod teulu Elimelech yn goroesi, ei chynnal mewn cyfnodau dyrys, a gofalu amdani yn ei henaint (4:15).

Rhoddodd y merched hefyd y clod uchaf i Ruth am ei ffyddlondeb a'i charedigrwydd i'w mam-yng-nghyfraith. Mewn cymdeithas a roddai fwy o bwyslais ar gael meibion na merched er mwyn cadw enw'r teulu'n fyw a chynnal yr henoed, ni allant fod wedi talu teyrnged uwch i Ruth na dweud wrth Naomi bod ei merch-yng-nghyfraith yn fwy o werth iddi na'r rhif delfrydol o feibion – datganiad eithriadol o wrth-ddiwylliannol yn yr hen Ddwyrain Canol.

Wedi derbyn dymuniadau da ei chymdogion, 'Cymerodd Naomi y bachgen a'i ddodi yn ei chôl a'i fagu' (4:16). Gwêl rhai esbonwyr gyfeiriad at fabwysiad yn y disgrifiad o Naomi'n magu'r plentyn. Ond yr eglurhad mwyaf tebygol yw mai pleser a llawenydd nain yn cofleidio'i hŵyr sydd yma. Hawdd dychmygu llawenydd yr un a gollodd ei meibion o eni plentyn arall i'r teulu i lenwi'r bwlch, un y gwyddai y byddai ganddi ran yn ei fagwraeth, fel ymron pob nain arall. Ymunodd y cymdogion yn y gorfoledd trwy ddweud ar goedd: 'Ganwyd mab i Naomi' (4:17).

'Galwasant ef Obed' (4:17). A chymryd nad Boas a Ruth ond y cymdogesau yw goddrych y ferf, eithriad yn yr Hen Destament yw enwi plentyn gan rywun heblaw ei rieni neu un o'r teulu. Mae'n bosibl bod Genesis 38:29 yn enghraifft arall, ond mae'r testun yn amwys. Ystyr yr enw 'Obed' yw 'un sy'n gwasanaethu'; talfyriad efallai o 'Obadeia' sy'n golygu 'gwas yr Arglwydd'. Wrth weithredu fel *goêl,* yr aelod o'r teulu a fydd yn ei gwarchod a'i chynnal, cyfrifir Obed fel gwas i Naomi.

Achau Dafydd

Ffynhonnell y cyfeiriad cyntaf at Israel ar lwyfan hanes y byd y tu allan i'r Beibl yw maen coffa Pharo Merneptah (tua 1220 CC) a ddarganfuwyd ym 1896. Yn yr arysgrif, mae brenin yr Aifft yn cofnodi buddugoliaeth dros griw o grwydriaid o'r enw 'Israel' a oedd yn ddraen yn ei ystlys. Dywed gyda boddhad: "Mae Israel yn anrhaith a heb had". Yn ei dyb ef, roedd y genedl wedi darfod amdani am ei bod yn amddifad o ddisgynyddion.

Ond nid felly y bu. Agorodd Duw bennod newydd ddwywaith yn hanes cynnar ei bobl. Yn gyntaf trwy eu hachub o gaethiwed yr Aifft, ac yn ail trwy sefydlu'r frenhiniaeth. Roedd penderfyniad Ruth i lynu wrth Naomi a derbyn ei Duw yn rhagluniaethol. Sicrhaodd ei phriodas â Boas barhad teulu a oedd ar fin diflannu, teulu a esgorodd ar y Meseia. O deulu ar ddisberod y daeth gobaith iachawdwriaeth i Israel ac i'r byd cyfan trwy gyffes ffydd Moabes.

Daw'r llyfr i'w derfyn gyda rhestr o enwau yn olrhain llinach y brenin Dafydd. Ym marn llawer o ysgolheigion, ychwanegiad diweddarach yw'r diweddglo gan fod y stori wreiddiol yn dod i derfyn yn daclus yn 4:17. Fel rhestrau eraill yn y Beibl, mae'r rhestr hon hefyd yn cynnwys bylchau, fel y gwelir o'i chymharu â fersiwn llawer hirach y Croniclydd o linach Dafydd (1 Cron. 2:9–17). Bwriad cwtogi'r cynnwys oedd teilwra'r achau i'w gwneud yn addas ar gyfer trefniant o ddeg cenhedlaeth, sef nifer arferol llinach frenhinol. Y drefn mewn rhestr o'r fath oedd cynnwys yr enwau pwysig yn unig a'u gosod mewn safleoedd strategol ynddi megis y pumed, y seithfed, a'r degfed.

Yn y rhestr hon Nahson, brawd-yng-nghyfraith Aaron a thaid Boas, yw'r pumed. Ef oedd pennaeth llwyth Jwda yng nghyfnod Moses, ac un o arweinwyr byddin Israel yn yr ymosodiad ar Ganaan (gw. Num. 2:4; 10:14). Byddai pob un o'i ddisgynyddion yn sicr o ennill ei blwyf yn hanes y genedl ac o gael parch mewn unrhyw gymuned. Ond er mor arwyddocaol yw'r pumed safle mewn rhai rhestrau, yr un allweddol yn ddi-ffael yw'r seithfed.

Nid yn ddamweiniol yr enwir Boas fel y seithfed hynafiad. Trwy roi iddo'r lle mwyaf anrhydeddus yn achau Dafydd, bwriedir tynnu sylw ato nid yn unig fel prif gymeriad gwrywaidd y stori ond hefyd fel cymeriad cyfiawn, caredig ac egwyddorol. Ni allai Ruth a Naomi fod wedi cael neb gwell i gadw eu hochr a'u hamddiffyn rhag y rhagfarn gynhenid yn erbyn gweddwon. Haedda Boas glod hefyd am sicrhau dyfodol un o brif deuluoedd Jwda a oedd ar fin diflannu.

Mae adnod olaf y llyfr yn ailadrodd ail gymal 4:17: 'Jesse oedd tad Dafydd'. Er na chaiff Ruth ei henwi yn y rhestr fel mam Obed, tad Jesse, hi oedd hen nain y rhyfelwr eofn a goncrodd y Philistiaid, y gwleidydd hirben a ddewisodd Jerwsalem fel prifddinas, yr eneiniog a sefydlodd yn Israel linach frenhinol a barhaodd am ganrifoedd. Pa ryfedd i'r traddodiad proffwydol ystyried Dafydd fel patrwm neu ragflaenydd y Meseia: 'O'r cyff a adewir i Jesse fe ddaw blaguryn, ac fe dyf cangen o'i wraidd ef; bydd ysbryd yr ARGLWYDD yn gorffwys arno, yn ysbryd doethineb a deall, yn ysbryd cyngor a grym, yn ysbryd gwybodaeth ac ofn yr ARGLWYDD' (Eseia 11:1–2). O gyff Jesse y daeth yr un a groesawyd ganrifoedd yn ddiweddarach gan y tyrfaoedd yn

Jerwsalem a weiddai: 'Hosanna i Fab Dafydd!'. Er nad oes gan y ferch fach o wlad Moab le yn yr achau ar ddiwedd Llyfr Ruth, hebddi hi ni fyddai gan Gristnogaeth ei sylfaenydd.

❖ Cwestiynau i'w trafod

1. Mentrodd Boas anwybyddu Cyfraith Moses wrth briodi Ruth. Pam ei bod yn haws byw yn ôl llythyren y gyfraith yn hytrach na'i hysbryd?

2. I ba raddau y mae'r bennod hon yn eich arwain i ddeall bywyd a safbwynt rhai sy'n wahanol i chi o ran diwylliant, hil a chred?

8. Llyfr Ruth trwy Lygad yr Awdur

Wrth astudio'r Beibl, mae gwybodaeth am gefndir ei amrywiol lyfrau o gymorth i ni ddeall eu cynnwys. Gan fod pob llyfr yn ateb diben arbennig yn yr ystyr fod gan yr awdur neges, o leiaf yn y lle cyntaf, i'w gyfnod ei hun, rhaid ceisio gosod y llyfr mewn cyd-destun tebygol. Mae deall y neges arfaethedig i'r darllenwyr gwreiddiol yn dibynnu i raddau helaeth ar yr ateb a roddir i gwestiynau perthnasol. Ym mha gyfnod ac ym mha le yr ysgrifennwyd y llyfr? Pwy oedd y darllenwyr arfaethedig? Pwy oedd yr awdur? Beth oedd ei fwriad?

Gan gadw'r cwestiynau hyn mewn cof, ceisiwn osod stori Ruth yn ei chyd-destun hanesyddol trwy ystyried dwy farn wahanol iawn ynghylch y cyd-destun hwnnw ymhlith esbonwyr. Mae rhai'n dadlau dros y cyfnod cynnar yn hanes Israel, ac eraill dros ddyddiad oddeutu pum can mlynedd yn ddiweddarach.

Cyfnod cynnar: tua 950 CC

Yn ôl y ddamcaniaeth draddodiadol, oddeutu canol y ddegfed ganrif Cyn Crist yw cyfnod tebygol yr awdur, sef cyfnod teyrnasiad y brenin Solomon, yn fuan wedi marw'r Brenin Dafydd. Byddai'r dyddiad hwn yn egluro pam fod y Beibl Cristnogol wedi gosod Ruth yng nghanol y llyfrau hanesyddol, ac nid yn dilyn Llyfr y Diarhebion fel yn y Beibl Hebraeg.

Pan ddaeth Dafydd i orsedd Israel wedi marw'r Brenin Saul, ei orchwyl cyntaf oedd ennill ymddiriedaeth y llwythau. Rhag iddo gael ei gyhuddo o ragfarn, concrodd Jebus, dinas Ganaaneaidd nad oedd yn perthyn i'r un llwyth, a'i dewis yn ganolfan filwrol a gwleidyddol. Newidiodd ei henw o Jebus i Jerwsalem. Ond yr oedd yn ddibynnol ar estroniaid er mwyn sefydlu ei frenhiniaeth. Philistiaid oedd llawer o filwyr ei fyddin, a Phoeniciaid o Tyrus oedd y seiri coed a'r seiri maen a adeiladodd ei balas.

Er nad ychwanegodd Solomon yn ddaearyddol at deyrnas Dafydd, cadwodd drefn ar y llwythau a rhoddodd lawer o sylw i ddiwylliant ac economi'r wlad. Datblygodd berthynas fasnachol gyda gwledydd tramor trwy ddefnyddio'i lynges i allforio a mewnforio nwyddau. Ehangodd furiau Jerwsalem a gwneud y ddinas yn ganolfan grefyddol trwy adeiladu'r Deml. Sefydlodd gaerau amddiffynnol ledled y wlad. Cododd balas iddo'i hun a chartrefi moethus i saith gant o wragedd a thri chant o ordderchwragedd. Roedd llawer iawn o'r rhain yn hanu o wledydd tramor. Merch Pharo oedd un o'i wragedd.

Fel yn achos Dafydd, nid oedd modd cyflawni'r fath raglen uchelgeisiol heb logi gweithwyr medrus a phrofiadol o wledydd eraill, a datblygu masnach dramor er mwyn mewnforio'r defnyddiau adeiladu angenrheidiol. Os rhywbeth, roedd ar Solomon angen rhagor na'i dad o weithwyr estron. Crefftwyr o Phoenicia oedd yn gyfrifol am y gwaith cywrain o oreuro'r Deml. Coed o Libanus a ddefnyddiwyd i lorio a thoi'r palasau. (Gweler y disgrifiad o gyflawniadau pensaernïol Solomon a'i ddibyniaeth ar estroniaid yn 1 Brenhinoedd 6 a 7.) Gan fod y boblogaeth yn gymysgedd o addolwyr Yahweh, Arglwydd Dduw Israel, a duwiau eraill megis Baal y Canaaneaid a duwiau'r Aifft, mae'n amlwg fod agwedd oddefol at yr estron yn nodweddu o leiaf un haen o gymdeithas yn ystod y cyfnod hwn.

Er mwyn gofalu am fuddiannau ei deyrnas roedd y brenin yn dibynnu ar ddynion dawnus a dysgedig a oedd yn hyddysg mewn gweinyddiaeth. Ceir cyfeiriadau mynych at weinidogion y goron megis ysgrifennydd, cofiadur, swyddog llafur, arolygwr y tŷ a chyfaill y brenin (gw. 1 Bren. 4:1-6). Mae hyn yn awgrymu fod gan Israel gynnar wasanaeth sifil, dynion a oedd yn abl i ymgymryd â swyddi cyfrifol yng ngwasanaeth eu gwlad. Ond nid gweinyddwyr yn unig oeddent ond hefyd wŷr llengar, rhugl mewn mwy nag un iaith. I'w hyfforddi, sefydlwyd mewn canolfannau megis Seilo, Hebron, Samaria a Jerwsalem ysgolion a oedd yn gysylltiedig â'r llys brenhinol.

Y pwyslais hwn ar addysg a llenydda sydd i gyfrif am y disgrifiad o deyrnasiad Solomon fel 'Yr Oes Oleuedig' neu 'Yr Ymoleuo' *(Solomonic Enlightenment)*. Ym marn llawer o ysgolheigion, gwawriodd cyfnod newydd o ran diwylliant. Oes beirdd a llenorion oedd hon, oes cyfansoddi llenyddiaeth na welwyd ei hafal erioed o'r blaen yn Israel. Tybir fod rhannau sylweddol o'r Ysgrythur Hebraeg yn tarddu o'r amser hwn. Mae'n bosibl mai gwerslyfr ysgol oedd Llyfr y Diarhebion yn wreiddiol, ac mai cynnyrch llenorion y ddegfed ganrif oedd storïau byrion megis stori Joseff (Gen. 37–50) a stori Jona.

Gan fod stori Ruth hefyd yn esiampl berffaith o stori fer, cred y rhai sy'n ei gosod yn y ddegfed ganrif mai ffrwyth y traddodiad llenyddol a flodeuodd dan nawdd Solomon ydyw. Yn ôl un ddamcaniaeth, roedd yr awdur yn aelod o'r llys brenhinol ac yn defnyddio'r stori fer fel cyfrwng i gefnogi goddefgarwch y brenin a'i weinidogion tuag at yr estroniaid a oedd mor angenrheidiol i ffyniant y deyrnas.

Ond yn ogystal â chefnogi polisi goddefgar Solomon, mae'n bosibl fod gan yr awdur rywbeth arall mewn golwg a oedd yn haeddu sylw. A chymryd fod y rhagfarn yn erbyn cenhedloedd estron, sydd mor amlwg yn Deuteronomium, yn berthnasol i gyfnod cynharach na dyddiad tebygol y llyfr hwnnw yn ei ffurf derfynol, sef dechrau'r seithfed ganrif CC, gellir dadlau fod protest yn erbyn rhagfarn o'r fath yn addas. Wedi rhestru'r cenhedloedd paganaidd a oedd yn amgylchu Israel, dywed Moses wrth Israel yn enw Duw: 'Paid â gwneud cyfamod â hwy na dangos trugaredd tuag atynt. Paid â gwneud cytundeb priodas â hwy trwy roi dy ferched i'w meibion a chymryd eu merched yn wragedd i'th feibion, oherwydd fe wnânt i'th blant droi oddi wrthyf ac addoli duwiau eraill' (Deut. 7:2–4. Am agwedd tebyg, gweler hefyd 20:10–18).

Os oedd y gorchymyn hwn yn bod yng nghyfnod Solomon, mae'n rhesymol tybio y byddai un a gynrychiolai'r 'Oes Oleuedig' yn gwrthwynebu ac yn mynegi ei farn trwy geisio darbwyllo'i gyfoedion i feithrin meddwl agored at grefyddau a chenhedloedd eraill, a gwrthod cenedlaetholdeb cul, anoddefgar.

Cyfnod diweddar: tua 430 CC

Damcaniaeth amgen yw mai yn ystod hanner olaf y bumed ganrif y cyfansoddwyd y llyfr. Aiff hon â ni i gyfnod ychydig dros ganrif wedi i Cyrus brenin Persia roi'r dewis i'r Iddewon a gaethgludwyd gan Nebuchadnesar yn 586 CC i ddychwelyd i Jwda neu aros ym Mabilon. Wedi treulio amser maith yn y Gaethglud, lle bu raid iddynt warchod eu hunaniaeth fel cenedl etholedig yr Arglwydd trwy gadw Cyfraith Moses i'r llythyren, daeth cyfle i'r alltudion ailgynnau fflam eu cred a'u cenedligrwydd yn eu hen gynefin pan orchfygwyd Babilon gan Persia. Manteisiodd cwmni gweddol fychan ond brwdfrydig a duwiol ar y cyfle i fynd yn ôl i fro eu mebyd, er mai talaith fechan, dlawd, ddi-nod ar gyrion ymerodraeth Persia oedd Jwda bellach.

Ond aeth pethau o chwith yn fuan iawn. Darganfu'r dychweledigion nad oedd y bobl gyffredin a adawyd ar ôl yn Jwda gan Nebuchadnesar (dim ond hufen y boblogaeth a gaethgludwyd i Fabilon) wedi gwneud unrhyw ymdrech i ailgodi'r Deml, nac i atgyweirio muriau Jerwsalem. I wneud pethau'n waeth, roeddent wedi tanseilio purdeb crefyddol a hiliol y genedl trwy dorri'r Gyfraith wrth hybu priodasau cymysg gyda'u cymdogion paganaidd. I'r ffyddloniaid a lwyddodd dan amgylchiadau adfydus i gadw fflam y ffydd ynghyn ym Mabilon, roedd hyn yn anathema. Ac er i'r Deml gael ei hailadeiladu maes o law, parhaodd y drwgdeimlad rhwng y trigolion a'r dychweledigion am ddegawdau.

Wrth i'r rhwyg rhwng y ddwy garfan gynyddu yn ystod ail hanner y bumed ganrif, penderfynodd brenin Persia ymyrryd. Ofnai y gallai'r anghydfod amharu ar sefydlogrwydd ei deyrnas. I roi trefn ar ei ddeiliaid, anfonodd Esra a Nehemeia, disgynyddion Iddewon a ddewisodd aros ym Mabilon ganrif ynghynt, i Jerwsalem i gael trefn a chasglu trethi; Esra yn gyntaf a Nehemeia rai blynyddoedd yn ddiweddarach.

Gwnaeth Esra gryn argraff ar unwaith. Credai mai gan y rhai a ddychwelodd o'r Gaethglud y dylai'r awdurdod fod mewn materion yn ymwneud â chrefydd a hil yn ogystal â gwleidyddiaeth. Eu dehongliad hwy o Gyfraith Moses oedd yn cyfrif. Felly, gorfodwyd y rhai a gymysgodd yr 'hil sanctaidd â phobloedd y gwledydd' trwy gymryd merched estron yn wragedd i ysgaru. (Gw. Esr. 10:2-17). Aeth Nehemeia ymhellach. Tynnodd wallt yr Iddewon a oedd 'wedi priodi merched o Asdod, Ammon a Moab', sef arwydd o amarch, ac yna gwneud iddynt 'gymryd llw yn enw Duw i beidio â rhoi eu merched i feibion yr estron, na chymryd eu merched hwy i'w meibion nac iddynt eu hunain' (Neh. 13:23,25).

Ym marn y ddau arweinydd, dim ond credinwyr selog oedd yn cyfrif fel Iddewon: pobl a fedrai honni achau digymysg a dangos eu bod yn byw yn ôl y Gyfraith trwy ddilyn deddfau bwyd, parchu'r Saboth, cadw'r gwyliau, ymprydio, ac enwaedu ar eu plant. Felly, yr unig ffordd i warchod hunaniaeth Israel a'i ffyddlondeb i Dduw oedd cadw'r Iddewon ar wahân trwy wahardd unrhyw gyfathrach â'r cenhedloedd o'u cwmpas. I hawlio awdurdod a chyfiawnhau eu polisi o ddeddfu'n llym er mwyn hyrwyddo purdeb hiliol a chrefyddol y genedl, cyfeiriodd y ddau sylw eu gwrthwynebwyr at 'lyfr Moses' (gw. Neh. 8:1; 9:3;13:1). Esgorodd y pwyslais a geir ynddo ar y cyfreithiau yn erbyn estroniaid ar agwedd negyddol at genhedloedd eraill, gan greu cymdeithas gaeedig, ddethol ac anoddefgar.

Ond roedd carfan arall ymhlith Iddewon y cyfnod hwn yn eangfrydig a goddefgar a chynhwysol. Ei hysbrydoliaeth hi oedd neges gyson y proffwyd Eseia mai Duw Israel oedd yr unig Dduw, Duw'r cyfanfyd, a bod ganddo ofal am eraill yn ogystal â'i genedl ei hun. Tra oedd Nehemeia ac Esra yn condemnio'u cyd-Iddewon a oedd wedi priodi merched estron, ac yn cyfyngu'r gymuned i'r sawl a oedd o waed Iddewig, dyhead Eseia a'i debyg oedd gweld y genedl etholedig yn meithrin ysbryd cynhwysfawr trwy groesawu pawb i ymuno â hi. Meddai yn enw'r Duw byd-eang: 'A'r dieithriaid sy'n glynu wrth yr ARGLWYDD, yn ei wasanaethu ac yn caru ei enw, sy'n dod yn weision iddo ef, yn cadw'r Saboth heb ei halogi ac yn glynu wrth fy nghyfamod – dygaf y rhain i'm mynydd sanctaidd, a rhof iddynt lawenydd yn fy nhŷ gweddi ... oherwydd gelwir fy nhŷ yn dŷ gweddi i'r holl bobloedd' (Eseia 56:6-7). Nid hil yw'r maen prawf, ond addoli Duw a gwneud yr hyn sydd wrth ei fodd.

Ym marn rhai esbonwyr, ysgrifennwyd Llyfr Ruth fel mynegiant o gred y garfan hon a'i hagwedd at estroniaid yn ystod y cyfnod wedi'r Gaethglud.

Agwedd yr awdur

Pa ddamcaniaeth bynnag a dderbyniwn ynglŷn â chyd-destun hanesyddol stori Ruth, boed y ddegfed neu'r bumed ganrif Cyn Crist, mae'n amlwg fod cenedligrwydd a chrefydd ymhlith pynciau trafod yr oes. Ac yntau'n benderfynol o wrthwynebu anoddefgarwch ei gyfoedion, dewisodd yr awdur y ddrama neu'r stori fer fel y dull mwyaf effeithiol i hyrwyddo'i achos. Yn hytrach na chyhoeddi pamffled dadleuol, neu roi cyfarwyddyd moel fel y gwna awdur Deuteronomium, neu draddodi pregeth yn dyfynnu'r Gyfraith yn null Esra, cyfansoddodd stori swynol yn tanlinellu rhagoriaethau merch o wlad Moab yn gadael ei thylwyth, mynd i fyw i Jwda, aros yn deyrngar i'w mam-yng-nghyfraith weddw mewn cyfyngder, a phriodi Israeliad. Enillodd ei ffyddlondeb a'i charedigrwydd le anrhydeddus iddi yn hanes y genedl Iddewig. Ym marn yr awdur, dylai fod croeso i unrhyw un arall wneud yr un peth heb ofni rhagfarn.

Er na ellir bod yn gwbl sicr pryd y rhoddwyd y stori ar gof a chadw, gwyddom na chafodd ei chynnwys yn y Beibl tan y canrifoedd olaf CC. Daeth yn rhan o Ysgrythur awdurdodedig yr Iddew mewn cyfnod yn dilyn nid yn unig agwedd negyddol Deuteronomium ac Esra tuag at wlad Moab, ond hefyd ymosodiadau ychwanegol arni gan y proffwydi am iddi sarhau Israel trwy wrthod cydnabod ei bod yn genedl etholedig ag iddi safle arbennig yn arfaeth Duw. Fe'i condemnir yn hallt gan Dduw ei hun mewn oracl hirfaith yn Llyfr Jeremeia: 'Rhowch garreg fedd ar Moab, canys difodwyd hi'n llwyr: gwnaed ei dinasoedd yn anghyfannedd, heb breswylydd ynddynt' (Jer. 48:9). Croniclir condemniad tebyg o du'r Arglwydd ym mhroffwydoliaethau Seffaneia ac Eseciel: 'Bydd Moab fel Sodom ... yn dir danadl, yn bentwr o halen, yn ddiffaith am byth' (Seff. 2:9); 'Fe ddifethaf derfynau Moab ... Rhof Moab gyda'r Ammoniaid yn eiddo i bobl y dwyrain ... a gweithredaf farn ar Moab' (Esec. 25:9-11).

Yng ngoleuni'r fath gollfarnu, nid afresymol yw tybio fod awdur stori Ruth yn cynrychioli gwrthblaid sylweddol yn Israel a oedd yn barod i herio'r awdurdodau a galw am agwedd gynhwysol at estroniaid. Mae'n amlwg fod hon yn garfan ddigon hyderus a dylanwadol i gael ei maen i'r wal gan iddi maes o law sicrhau lle rhwng cloriau'r Beibl i lyfr a oedd yn mynegi ei safbwynt.

❖ Cwestiynau i'w trafod

1. Mae Cyfraith Moses yn barnu crefyddau eraill yn llym. Pam fod aelodau o grefyddau un-dduwiol, megis Iddewiaeth, Cristnogaeth ac Islam, yn cael anhawster i barchu daliadau crefyddol ei gilydd?

2. Gorfododd Esra'r Israeliaid i ysgaru eu gwragedd estron. Beth yn eich barn chi sy'n cyfiawnhau torri aelod allan o gymuned grefyddol?

9. Diwinyddiaeth Llyfr Ruth

Yn y Beibl Hebraeg, mae Llyfr Ruth yn un o'r *Megilloth*, pum sgrôl fechan sy'n ffurfio casgliad arbennig yn nhrydedd ran y canon, sef yr Ysgrifeniadau. Defnyddir y rhain fel un o ddau ddarlleniad gosod yn addoliad y Synagog ar brif wyliau'r Calendr: Caniad Solomon ar Ŵyl y Pasg, Ruth ar Ŵyl yr Wythnosau neu'r Pentecost, Galarnad ar yr ŵyl yn galaru dinistr y Deml, Y Pregethwr ar Ŵyl y Tabernaclau ac Esther ar Ŵyl Pwrim.

Un rheswm dros ddarllen Llyfr Ruth wedi'r foreol weddi ar Ŵyl yr Wythnosau yw mai cefndir y stori yw'r cyfnod rhwng y Pasg a'r Pentecost. Mewn cymdeithas wledig, rhoddai'r cynhaeaf haidd gyfle i'r gymuned ddangos ei hufudd-dod i'r alwad yng Nghyfraith Moses i fod yn hael tuag at y difreintiedig trwy adael iddynt loffa. Rheswm arall, a gofnodir yn y Midrash, yw'r gred i'r brenin Dafydd, gor-ŵyr Ruth, gael ei eni a marw ar Ŵyl yr Wythnosau.

Ond prif ddiben yr Ŵyl, sy'n para am ddau ddiwrnod, yw dathlu'r hyn a ddigwyddodd ar Fynydd Sinai wedi'r ymwared o'r Aifft. Gelwir ar y genedl i ddiolch i Dduw am wneud cyfamod â hi a rhoi iddi'r Gyfraith er mwyn iddi allu byw yn ôl ei ewyllys. Y darlleniad priodol ar gyfer gwasanaeth hwyrol y dydd cyntaf yw Exodus 19:1 – 20:23 sy'n cynnwys y Deg Gorchymyn. O ddarllen stori Ruth yn y cyd-destun hwn, mae'n amlwg fod ganddi arwyddocâd diwinyddol. Ar ŵyl sy'n mawrygu Cyfraith Moses, pa destun mwy addas na hanes estrones a ddewisodd fyw yn ôl ei gofynion?

Tröedigaeth Ruth

Nid oes dystiolaeth destunol bendant i Ruth droi at Dduw Israel, ond yn y traddodiad Iddewig cymerir yn ganiataol iddi wneud hynny. Dyna safbwynt y Targwm, sy'n helaethu ar ei haddewid i Naomi mai 'dy bobl di fydd fy mhobl i, a'th Dduw di fy Nuw innau' (Ruth 1:16) trwy gynnwys cais pendant ganddi am gael ei derbyn yn aelod o gynulleidfa Israel. Yn dilyn, ceir amlinelliad o Gyfraith Moses gan Naomi, er mwyn i Ruth fod yn gwbl glir beth yw'r goblygiadau i'r sawl sy'n dewis troi at Iddewiaeth.

Ar sail fersiwn y Targwm o'r stori, caiff Ruth ei chyfrif fel yr esiampl *par excellence* o rywun yn troi o'i gwirfodd oddi wrth amldduwiaeth at undduwiaeth, oddi wrth addoli duwiau paganaidd Moab at gydnabod arglwyddiaeth Duw Israel er mai Moabes oedd hi. Ei thröedigaeth a roddodd iddi le arbennig o fewn Iddewiaeth, er iddi oedi am ddeng mlynedd cyn penderfynu. Ei stori yw sail yr hyfforddiant a'r seremoni a luniwyd gan y rabiniaid ar gyfer cenedl-ddyn sy'n dymuno dod yn Iddew.

O gofio'r lle arbennig sydd i'w thröedigaeth o fewn y grefydd Iddewig, mae'n berthnasol gofyn beth yw cymeriad y Duw a ddewisodd Ruth. Pa ddealltwriaeth ohono oedd gan yr awdur? Beth yw'r berthynas rhwng y darlun o Dduw yn y stori hon a'r un a geir yn y Beibl yn gyffredinol? Mewn gair, beth yw arwyddocâd penderfyniad Ruth mai Duw Naomi fydd ei Duw hithau?

Presenoldeb Duw

Ychydig iawn o sylw a roddir yn y stori i Dduw'n gweithredu'n uniongyrchol ym mywyd y gymuned. Ni cheir arwyddion o'i bresenoldeb. Nid yw'n cyfarch y cymeriadau mewn breuddwydion na gweledigaethau. Nid yw'n anfon angel gyda neges sy'n rhoi iddynt arweiniad. Ni chlywir llais y proffwyd yn dweud, 'Fel hyn y dywed yr Arglwydd'. Hyd yn oed yn ei ddisgrifiad o drobwynt allweddol yn y stori, lle disgwylid cyfeiriad at arweiniad dwyfol – pan aeth Ruth i'r cae ŷd i loffa am y tro cyntaf – nid yw'r awdur yn enwi Duw. Dywed amdani: '*digwyddodd iddi ddewis* y rhandir oedd yn perthyn i Boas, y dyn oedd o dylwyth Elimelech' (2:3). Gellid tybio mai ar hap a damwain y daeth i'r rhan arbennig hwn o'r cae ac nid trwy gael ei harwain yno gan Dduw, er mor dyngedfennol a chreiddiol i weddill yr hanes oedd ei chyfarfyddiad â'r perchennog.

I rai esbonwyr, mae'r fath fudandod dwyfol yn dangos mai cymeriad ymylol yw Duw yn y stori, ac felly deuant i'r casgliad mai ofer yw chwilio am ddiwinyddiaeth ynddi. Yn ei esboniad ar Lyfr Ruth, meddai un ysgolhaig: *'God says nothing ... and, for all practical purposes, he does nothing'*. Ei farn ef yw bod chwilio am Dduw yn y stori yn ddi-fudd a diangen am mai pobl yn hytrach na'r duwdod sydd o ddiddordeb i'r awdur. Aiff esboniwr arall cyn belled â dweud fod gwerth diwinyddol y llyfr yn *'almost nil'*. Sail y fath sylwadau negyddol yw'r ddamcaniaeth nad diwinydda ond ymladd diwylliant yr oes yw byrdwn y llyfr. Galw ar ei gyfoedion i frwydro dros agwedd wahanol, fwy goddefgar a chariadlon, at estroniaid, ffoaduriaid, pobl yr ymylon a gwragedd, yn enwedig gwragedd gweddwon, yw bwriad y storïwr.

Ni ellir gwadu mai tenau yw'r dystiolaeth fod Duw'n gweithredu'n uniongyrchol ym mywyd y gymuned. Ni cheir ond dwy enghraifft, y naill ar ddechrau a'r llall ar ddiwedd y stori. Penderfynodd Naomi ddychwelyd i Fethlehem am iddi glywed fod yr Arglwydd wedi 'ymweld â'i bobl a rhoi bwyd iddynt' (1:6). Lliniarodd Duw gystudd ei bobl trwy ddod â'r newyn i ben. Wedi i Boas gymryd Ruth yn wraig iddo, 'aeth i mewn ati a pharodd yr ARGLWYDD iddi feichiogi' (4:13). Sicrhaodd Duw ddyfodol teulu Elimelech a pharatoi'r ffordd ar gyfer llinach Dafydd.

Ond er mai dim ond dwywaith y cyfeiria'r awdur at Dduw'n gweithredu, a hynny hyd yn oed y tu ôl i'r llenni fel petai, nid yw mor absennol ag ydyw o fersiwn Hebraeg Llyfr Esther, lle na chaiff ei enwi o gwbl. Nid yw chwaith mor bell y tu ôl i'r llenni ag ydyw yn stori Joseff (Gen. 37–45). Yn stori Ruth, mae'r cymeriadau'n ei enwi droeon. Gwnânt hynny ran amlaf mewn gweddi ond weithiau mewn cyd-destun arall. Yn eu gweddïau gofynnant i Dduw fendithio, arwain, gwarchod a gwobrwyo. Erfyniant arno i gynnal y sawl sydd mewn angen. Mae'r ymbil yn brawf o'u hargyhoeddiad fod Duw'n bresennol, yn clywed eu cri ac yn talu sylw. Credant fod yr hyn a ddigwydd iddynt o bwys yn ei olwg a bod ganddo'r ewyllys a'r gallu i weithredu.

Yr enghraifft gyntaf yw deisyfiad Naomi ar i'r Arglwydd fod yn garedig wrth ei merched-yng-nghyfraith a rhoi iddynt 'gartref gyda gŵr' (1:8–9). Yna, penderfyniad Ruth i addoli Duw Naomi (1:16–17). Wedi cyrraedd Bethlehem, mae Naomi'n dewis yr enw Mara am fod yr 'Hollalluog' wedi bod yn chwerw iawn wrthi (1:20). Pan wêl Boas Ruth am y tro cyntaf, mae'n gweddïo am iddi gael ei bendithio gan Arglwydd Dduw Israel (2:12). Pan ddaw Ruth adref o'r llawr dyrnu, mae Naomi'n erfyn bendith Duw ar Boas (2:20). Ym mhorth y ddinas, mae'r henuriaid yn gofyn i'r Arglwydd beri i Ruth feichiogi (4:11–12). Ar enedigaeth Obed, mae merched Bethlehem yn bendithio Duw am iddo gysuro Naomi trwy sicrhau parhad ei theulu a gofalu am rywun i'w chynnal yn ei henaint (4:14–15).

Natur Duw

O ystyried nifer y cyfeiriadau at Dduw, prin fod y farn mai cymeriad ymylol yn y stori ydyw yn dal dŵr. Gellir dadlau i'r gwrthwyneb, a'i weld yn gymeriad canolog. Mae'n wir ei fod ar y cyfan yn aros y tu ôl i'r llenni: serch hynny, cymerir ei bresenoldeb ym mywyd y gymuned yn ganiataol ar bron bob achlysur. Felly, gofynnwn eto: Pwy yw'r Duw a ddewisodd Ruth ei addoli? Rhesymol yw tybio fod y darlun a roddir ohono'n sefyll ar ddwy garreg sylfaen: y gred ynddo fel Duw'r cyfamod a Duw'r cyfanfyd.

Duw'r cyfamod

Ar wahân i'r enw disgrifiadol 'Yr Hollalluog', a ddefnyddir ddwywaith gan Naomi (1:20–21), mae'r awdur a'r cymeriadau'n gyson yn galw Duw wrth yr enw 'Arglwydd' (Yahweh). Dyma ei enw priod, yr enw newydd a roddodd i Moses: 'Myfi yw'r ARGLWYDD. Ymddangosais i Abraham, Isaac a Jacob fel Duw Hollalluog, ac nid oeddent yn fy adnabod wrth fy enw, ARGLWYDD' (Ex. 6:2–3). Gyda'r enw hwn y datguddiodd Duw ei hun i'r Israeliaid ar lethrau Mynydd Sinai yng nghyd-destun selio'r cyfamod, pan ddewisodd hwy o blith yr holl genhedloedd a'u gwneud yn bobl iddo'i hun (6:7; 20:2).

Yr Arglwydd yw'r Duw a wnaeth gyfamod â'i bobl. Ei ddisgrifiad ohono'i hun yw: 'Duw trugarog a graslon, araf i ddigio, llawn cariad a ffyddlondeb; yn dangos cariad i filoedd, yn maddau drygioni a gwrthryfel a phechod' (Ex. 34:6–7). Ar y Duw hwn yr erfyniodd y cymeriadau yn stori Ruth am ateb i'w gweddïau (Ruth 1:8–9; 4:11–12). Yn ei enw Ef y cymerasant lw (1:17; 3:13) a chyhoeddi bendith (2:4, 20; 3:10). Yn ei ras y maddeuodd Duw gamweddau cyfnod y barnwyr wrth iddo 'ymweld' â'i bobl a dileu'r gosb trwy ddod â'r newyn yn Jwda i ben (1:6).

Yn stori Ruth, mae nodweddion y Duw cyfamodol yn amlwg: rhoi bwyd i'r newynog, cynnal y tlodion, maddau i bechaduriaid a gofalu am y weddw a'r diamddiffyn. Mae'r darlun hwn yn gwbl gyson â'r un a geir ohono yng ngweddill yr Hen Destament, yn enwedig yn y Gyfraith, y llyfrau proffwydol a'r Salmau.

Duw'r cyfanfyd

Pan ffarweliodd Naomi â Ruth ac Orpa cyn gadael Moab, mynegodd ei deisyfiad y byddai Duw'r un mor garedig wrth ei merched-yng-nghyfraith ag a fuont hwy wrthi hi a'i theulu (1:8-9). Yr hyn sydd o bwys yn ei hapêl yw ei bod yn gofyn i'w Duw hi fendithio a gofalu am ddwy estrones, dwy ferch nad oeddent yn credu ynddo nac yn perthyn i bobl y cyfamod. Aeth Orpa'n ôl 'at ei phobl a'i duw' (1:15). Ond gwireddwyd gweddi Naomi pan gafodd Ruth nodded ym Methlehem dan adain amddiffynnol Arglwydd Dduw Israel. Mae'n amlwg fod gofal Duw, ym meddwl yr awdur, nid yn unig am ei bobl ei hun ond hefyd am genhedloedd eraill.

Ceir cadarnhad o'r gred hon, sef bod Arglwydd Dduw Israel yn Dduw trosgynnol sy'n dal y byd cyfan yn ei law, mewn sawl testun arall yn y Beibl. Mae addewid Duw i Abraham, y byddai'n bendithio 'holl dylwythau'r ddaear' trwyddo ef (Gen. 12:3), yn awgrymu'n gryf fod ei ofal am bawb yn ddiwahân. Enghraifft arall sy'n arwain at yr un casgliad yw'r ffaith fod 'tyrfa gymysg' (Ex. 12:38) ymhlith yr Israeliaid pan achubodd Duw ei bobl 'o'r ffwrnais haearn, o'r Aifft, i fod yn bobl ... iddo'i hun' (Deut. 4:20).

Dangosodd ei gariad at genedl-ddynion hefyd yn achos Naaman, capten byddin brenin Syria, trwy ei iacháu o'i wahanglwyf a derbyn ei gyffes ffydd (2 Bren. 5:1–19). Ceryddodd Jona am ei ddicter ac am dosturio wrth y planhigyn gwywedig a roddwyd yn gysgod iddo rhag yr haul trwy ofyn: 'Oni thosturiaf finnau wrth Ninefe, y ddinas fawr, lle mae mwy na chant ac ugain o filoedd o bobl sydd heb wybod y gwahaniaeth rhwng y llaw chwith a'r llaw dde, heb sôn am lu o anifeiliaid' (Jona 4:11). Dyma'r Duw y mae Paul yn ei bregethu yng nghanol yr Areopagus, y Duw y mae pobl Athen yn ei addoli heb ei adnabod: 'Y Duw a wnaeth y byd a phopeth sydd ynddo ... Arglwydd nef a daear ... sy'n rhoi i bawb fywyd ac anadl a'r cwbl oll. Gwnaeth ef hefyd o un dyn [neu: cyff, gwaed] yr holl genhedloedd, i breswylio ar holl wyneb y ddaear' (Act.17:24–26).

O ystyried gofal Duw am y greadigaeth gyfan, gan gynnwys cenhedloedd gelyniaethus, pa ryfedd i'r proffwydi, wrth ddarlunio oes aur y dyfodol pell, ddarogan y byddai holl bobl y byd yn dylifo i'r deml yn Jerwsalem? Deuant yno i erfyn ar Dduw Israel i ddysgu iddynt ei ffyrdd a'u harwain yn ei lwybrau, llwybrau cariad, cyfiawnder, daioni a goddefgarwch (Es. 2:1–5; Mic. 4:1–3).

Cariad a ffyddlondeb

Un o eiriau mawr yr Hen Destament yw *chesed*. Rwy'n defnyddio'r Hebraeg gwreiddiol am fod iddo ystyr mor eang. Cafwyd mwy nag un awgrym o'i ystyr gan yr arbenigwyr: 'caredigrwydd', 'trugaredd', 'haelioni', 'teyrngarwch', 'ffyddlondeb', 'gras', 'cariad'. Mae pob un o'r geiriau hyn yn cyfleu elfen o'r hyn a olyga'r gair *chesed*, ond ni all yr un ohonynt yn unigol wneud cyfiawnder ag ystyr y gair hwnnw.

Ond er mor niferus ac amrywiol yr ystyron posibl, yr un peth sy'n sicr yw bod *chesed* yn air grymus a ddefnyddir gan yr awduron Beiblaidd i ddisgrifio natur Duw ar y naill law a'r bywyd delfrydol a fwriadodd ar gyfer ei bobl o'r dechrau ar y llaw arall. Mae'r Salmydd yn ei ddisgrifio'i hun fel un sy'n ymddiried 'yn ffyddlondeb Duw byth bythoedd' (Salm. 52:8). 'Y Tad sy'n trugarhau a'r Duw sy'n rhoi pob diddanwch' yw disgrifiad yr Apostol Paul o Dduw a Thad ein Harglwydd Iesu Grist (2 Cor.1:3).

Enghraifft o'r bywyd delfrydol yw'r gorchymyn i'r Israeliad garu ei gymydog fel ef ei hun (Lef. 19:18) sef bod, o wirfodd, yn gymwynasgar ac anhunanol tuag at eraill. Mae gweithredu *chesed* yn cynnwys dau gymeriad: y naill mewn angen a'r llall yn meddu'r gallu a'r modd i wneud gwahaniaeth trwy leddfu'r angen. Wedi adrodd dameg y Samariad Trugarog wrth un o athrawon y Gyfraith a oedd am wybod sut i etifeddu bywyd tragwyddol, gofynnodd Iesu iddo, '"Prun o'r tri hyn, dybi di, fu'n gymydog i'r dyn a syrthiodd i blith lladron?" Meddai ef, "Yr un a gymerodd drugaredd arno." Ac meddai Iesu wrtho, "Dos, a gwna dithau yr un modd"' (Luc 10:36–37).

Mae *chesed* wrth galon stori Ruth. Ond nid ei ddiffinio trwy drafod ei ystyr diwinyddol wna'r awdur. Yn hytrach, dangos mewn darluniau byw sut y gwelir *chesed* o fewn cymdeithas gan mai yn y gweithredol yn hytrach na'r damcaniaethol y mae dirnad grym y gair. Er mai teirgwaith yn unig y defnyddir y gair ei hun o fewn y testun, daw enghreifftiau o gariad, haelioni a ffyddlondeb i'r brig ar achlysuron tyngedfennol yn y stori.

Ceir y defnydd cyntaf o'r gair yn neisyfiad Naomi wrth iddi ymadael â'i merched-yng-nghyfraith. Ei gobaith yw y bydd yr Arglwydd 'mor garedig' (yn llythrennol, 'yn gwneud *chesed*') iddynt hwy ag y buont hwy iddi hi (1:8).

Ceir yr ail wrth i Naomi fendithio Duw am iddo beidio 'atal ei drugaredd' *(chesed)* iddi pan ddaeth Ruth adref gydag effa o haidd wedi dim ond diwrnod o loffa (2:20). A cheir yr olaf wrth i Boas ganmol Ruth am ei 'theyrngarwch' *(chesed)* i deulu Elimelech wrth ddewis ei briodi ef yn hytrach nag un o'r medelwyr ifainc (3:10).

Ond er mai prin yw'r defnydd o'r gair yn benodol, mae'r llyfr yn llawn enghreifftiau ohono: Ruth yn dangos ei chariad at Naomi trwy ddewis gadael ei bro enedigol, mynd gyda hi i Fethlehem a bod yn ffyddlon iddi hyd angau (1:16–18); haelioni Boas wrth iddo ofalu am Foabes a ddaeth i loffa yn ei gae am iddo glywed am ei charedigrwydd a'i theyrngarwch i'w mam-yng-nghyfraith (2:11), a Ruth yn cydnabod ei haelioni yntau (2:13); trigolion Bethlehem yn derbyn Ruth y Foabes i'w mysg â breichiau agored, a'i hystyried yn 'ferch deilwng' oherwydd ei ffyddlondeb i Naomi a'i chariad tuag ati (3:11; 4:11, 15).

Defnyddia'r awdur un o eiriau mawr yr Hen Destament er mwyn pwysleisio'r gwahaniaeth rhwng llythyren ac ysbryd y Gyfraith. Ceisia ddangos fod yr ufudd-dod y mae Duw'n ei ddisgwyl yn golygu mynd ymhellach nag ufuddhau i orchmynion a chyfreithiau'n ddi-gwestiwn. Dylai bywyd crefyddol credinwyr olygu mwy na chadw nifer dethol o reolau.

Yr un meddylfryd yw sail beirniadaeth Iesu o arweinwyr crefyddol ei gyfnod, yr ysgrifenyddion a'r Phariseaid: 'Yr ydych yn talu degwm o fintys ac anis a chwmin, ond gadawsoch heibio bethau trymach y Gyfraith, cyfiawnder a thrugaredd a ffyddlondeb, yr union bethau y dylasech ofalu amdanynt, heb adael heibio'r lleill. ... Yr ydych yn hidlo'r gwybedyn ac yn llyncu'r camel' (Math. 23:23–24). Mae canllawiau'r Gyfraith o fudd i gadw addolwyr ar y llwybr cul. Ond fel y dengys stori Ruth, mae cariad, haelioni, trugaredd a theyrngarwch yn croesi pob terfyn ac yn chwilio am ffyrdd i fynd ymhellach.

Barn awduron y Midrash yw mai amcan stori Ruth yw dysgu pa mor fawr yw gwobr y sawl sy'n garedig a hael a ffyddlon. Dyma'n sicr un o themâu'r llyfr. Mae'n bosibl i'r rabiniaid adnabod y thema lywodraethol, na fyddai o reidrwydd yn gofyn am gyd-destun hanesyddol i'r llyfr. Mae'n glod i'r awdur ei bod yn anodd cyfyngu ei waith i unrhyw oes arbennig.

❖ Cwestiynau i'w trafod

1. Pa mor addas yw'r disgrifiad o Lyfr Ruth fel 'yr Efengyl yn yr Hen Destament'?

2. Ym mha ffyrdd y caiff cariad Duw ei amlygu yn y byd?

10. Neges Llyfr Ruth

Ym mha gyfnod bynnag yn hanes Israel yr ysgrifennwyd Llyfr Ruth, bwriad yr awdur oedd dwyn i'r amlwg ddiffygion yr oes trwy herio'i gydwladwyr i ail ystyried eu rhagfarnau: rhagfarn genedlaethol, rhagfarn gymdeithasol a rhagfarn grefyddol. Yn y stori, caiff y fath feddylfryd negyddol ei danseilio gan ffydd, ffyddlondeb a chariad. Gan fod yr un rhagfarnau'n bod yn yr unfed ganrif ar hugain, cawn ninnau ein hannog ganddo i fyfyrio ar y stori, cymhwyso ei neges i'n cyfnod ni a chwilio ynddi am arwyddion o 'newyddion da o lawenydd mawr'.

Cenedlaetholdeb

Ni ellir gwadu bodolaeth llawer o destunau hiliol a threisgar yn yr Hen Destament. Allan o 39 o lyfrau, dim ond dau, Ruth a Chaniad Solomon, sy'n gwbl rydd o gyfeiriadau at drais o ryw fath. Gan mai un o brif weithredoedd Duw oedd rhoi cartref parhaol i'w genedl etholedig, mae cyfran helaeth o'r Pumllyfr yn cynnwys disgrifiad o'r daith i Ganaan. Cyn i'r genedl feddiannu Gwlad yr Addewid, gwneir yn gwbl glir gan Dduw ei hun mai dyletswydd yr Israeliaid yw difa unrhyw un a geisia'u rhwystro rhag gwneud hynny: 'Os na fyddwch yn gyrru allan drigolion y wlad o'ch blaen, yna bydd y rhai a adawyd gennych yn bigau yn eich llygaid ac yn ddrain yn eich ystlys, a byddant yn eich poenydio yn y wlad y byddwch yn byw ynddi; ac fe wnaf i chwi yr hyn a fwriedais ei wneud iddynt hwy' (Num. 33:55–56).

Wedi marwolaeth Moses, Josua oedd yn gyfrifol am ddifeddiannu'r Canaaneaid er mwyn creu cartref parhaol i'r genedl etholedig. Nid ei nod oedd trechu byddin Canaan nac alltudio'r trigolion, ond dienyddio pob creadur byw, gan gynnwys yr anifeiliaid, a llosgi'r adeiladau, sef dinistrio pawb a phopeth y deuai i gyffyrddiad â hwy: 'Gorchfygodd Josua y wlad i gyd … heb arbed neb, ond lladd pob perchen anadl' (Jos. 10:40). Ceir gorchmynion i ladd a difeddiannu yn y Gyfraith yn gymysg â gorchmynion eraill. Ond yn Llyfr Josua mae hil-laddiad (*genocide, ethnic cleansing*) yn ganolog (gw. Jos. 1–11). Os yw'r lladd a ddisgrifir yn hanesyddol gywir, ni ellir osgoi'r casgliad fod cysylltiad agos, yn ôl yr awduron Beiblaidd, rhwng yr addewid am wlad i'r Israeliaid fyw ynddi a'r gorchymyn i ddifa'r brodorion. Y mae'r naill yn deillio o'r llall. Y mae'r pwyslais ar freintiau haeddiannol Israel fel cenedl etholedig Duw'n golygu bod trigolion gwreiddiol Canaan yn cael eu difa.

Mae'r fath agwedd gyfyngedig a senoffobig sy'n glynu wrth ragorfraint Israel, gan ddifrïo'r Cenhedloedd a gwadu iddynt le yn arfaeth Duw, yn gwbl annerbyniol i awdur Llyfr Ruth. Trwy'r stori am ffydd, cariad, teyrngarwch a haelioni yn hanes un teulu o Jwda, ei fwriad yw argyhoeddi ei gyfoedion nad oes gan Israel fonopoli ar gariad Duw. Ceisia'u hannog i wrthod credu mai adar o'r unlliw oedd pob estron trwy eu croesawu a chydnabod eu gallu a'u parodrwydd i gyfrannu at fywyd y gymuned. Ond neges anodd ei derbyn oedd hon gan y rhai hynny ymysg ei ddarllenwyr a oedd yn awyddus i warchod eu hunaniaeth fel cenedl etholedig a chau'r drws ar y dieithryn mewn ufudd-dod i ddeddfau digyfnewid.

Cawn gip ar ei agwedd gynhwysol yn y ffordd y mae'n cyfeirio at Ruth. Er iddo grybwyll ei gwreiddiau estron sawl gwaith wrth ei galw'n 'Ruth y Foabes', mae hefyd yn dangos iddi gael ei derbyn gan yr Effratiaid, un o brif dylwythau Jwda. Yn lle galw ar ei ddarllenwyr i ddiystyru Cyfraith Moses ac ailystyried eu hagwedd at genedl gyfan, mae'n gofyn iddynt ystyried cymeriad a phrofiad merch o wlad Moab a ddaeth i fyw ym Methlehem flynyddoedd maith yn ôl.

Cafodd Ruth ei chanmol gan Boas am ei ffyddlondeb a'i charedigrwydd at Naomi; gwnaeth merched y ddinas yr un peth (2:11; 3:10–11; 4:15). Er na fedrai goruchwyliwr y medelwyr osgoi'r stereoteip hiliol sy'n tanlinellu ei chefndir, cydnabu ei chwrteisi a'i gweithgarwch (2:6–7). Ond y goron ar y cwbl yw'r sylw mai Moabes oedd hen nain y brenin enwocaf ac uchaf ei barch a fu erioed ar orsedd Israel. Ni fedrai'r sawl a ddarllenai'r stori am yr estrones deilwng sy'n rhan o'r llinach frenhinol ond teimlo'r her i feithrin agwedd tra gwahanol at ddieithriaid a ffoaduriaid.

Y fath ysbryd cynhwysol sy'n gwneud Llyfr Ruth yn berthnasol i'r unfed ganrif ar hugain, a phob canrif arall o ran hynny. Disgrifir yma agwedd hael, agored a chroesawgar sy'n anwybyddu'r gwahaniaethau rhwng un genedl a'r llall ac yn ymladd casineb at estroniaid. Mewn oes gythryblus yn hanes gwareiddiad, cawn ninnau ein herio gan yr awdur i weld adlewyrchiad o'n realiti presennol ni yn yr hyn sydd ganddo i'w ddweud.

Yn ei hunangofiant *Where the Light Fell* mae Philip Yancey yn defnyddio'r ymadrodd 'eglwys wenwynig' i ddisgrifio elfen eithafol yng nghrefydd ffwndamentalaidd taleithiau'r De yn America, lle cafodd ei fagu. Cofia fel y byddai eglwys ei blentyndod yn Atlanta yn gosod diaconiaid wrth y drws ar fore Sul i wrthod mynediad i bobl groenddu fynychu'r gwasanaeth. Dywed fod ei atgofion yn ail-greu teimlad o gywilydd, a'i fod wedi bod yn y broses o ddadwenwyno byth ers hynny. Ond mae'n diolch fod cymdeithas wedi mynd y tu hwnt i'r math hwnnw o hiliaeth. Ni ŵyr am unrhyw eglwys a fyddai'n cydnabod ei bod yn eithrio rhywun o hil neu ddosbarth cymdeithasol gwahanol erbyn hyn, ond gŵyr am lawer o eglwysi sy'n 'digwydd' cynnwys pobl o'r un dosbarth, hil a safbwynt gwleidyddol. Mae'n dyfalu pa fath o groeso a gâi person digartref neu fewnfudwr tlawd o fewn cymuned o'r fath.

A'r byd bellach dan ei sang gyda ffoaduriaid, a sawl gwlad yn methu penderfynu rhwng llacio a thynhau ei deddfau mewnfudo er mwyn gwarchod ei hunaniaeth, mae parodrwydd Ruth i adael ei chynefin ac agwedd haelionus Boas a merched Bethlehem tuag ati yn ein hannog ni yn y Gorllewin i ystyried cwestiynau o bwys: a ddylid rhoi mwy o groeso i rai sydd wedi gadael eu gwlad oherwydd rhyfel, newid hinsawdd, newyn neu dlodi? Pa mor barod ydym i roi lloches i rai a fentrodd wynebu peryglon taith hir a pheryglus yn y gobaith o gael bywyd gwell? A fedrwn ni gynnig cartref iddynt yn ein mysg heb ofni bygythiad oddi wrth estroniaid i'n gwerthoedd a'n ffordd o fyw?

Cawn ei hatgoffa gan emyn sy'n crisialu agwedd awdur Llyfr Ruth mai brodyr a chwiorydd i'w gilydd yw'r hil ddynol:

Nid oes yng Nghrist na dwyrain, de,
gorllewin, gogledd chwaith;
cymdeithas gref o gariad sydd
yn un drwy'r ddaear faith.

Pob lliw, pob llun, O down ynghyd,
un teulu ydym ni;
a wasanaetho Dduw ein Tad,
mae'n frawd neu chwaer i mi.

Cymdeithas

Yn ogystal â bod yn Foabes, roedd Ruth yn un o bobl yr ymylon ym Methlehem mewn ystyr arall. Gan iddi fod yn briod am o leiaf ddeng mlynedd cyn marw ei gŵr ond heb gael plant, câi ei hystyried yn amhlantadwy, ac felly heb fawr o obaith ailbriodi. Mewn diwylliant patriarchaidd a oedd yn dyrchafu meibion ond yn dibrisio merched gan eu hystyried yn nhermau 'perchnogaeth', roedd bod heb ŵr a theulu yn gwneud bywyd yn faich i weddwon di-blant.

Mae'r gair Hebraeg am 'wraig weddw' *(almânâh)* yn tystio i'w safle israddol. Gwreiddyn y gair yw'r ferf *âlam* sy'n golygu 'bod yn fud' neu 'methu siarad'. Heb ŵr i'w gwarchod a'i chynnal, nid oedd gan wraig weddw lais yn y gymdeithas, na hawl cyfreithiol na modd i ymladd anghyfiawnder. Mewn byd lle'r oedd y cryf yn manteisio'n ddidrugaredd ar y gwan, roedd yn agored i gael ei cham-drin, hyd yn oed gan yr awdurdodau. Cofiwn y modd yr oedd Iesu'n feirniadol o arweinwyr crefyddol ei ddydd, yr Ysgrifenyddion a'r Phariseaid a oedd yn 'difa cartrefi gwragedd gweddwon' (Mc. 12:40; Luc 20:47). Nid ar ddamwain y mae'r Beibl yn cynnwys y weddw a'r amddifad ymysg y rhai y mae'n ddyletswydd ar y gymdeithas i'w hymgeleddu.

Ond mae'r ddwy wraig weddw yn Llyfr Ruth yn benderfynol o lwyddo. Yr unig gymorth a fedr Ruth ei gynnig i Naomi yw mynd i loffa, dull o ymdopi a fyddai gyfystyr â dibyniaeth ar fanc bwyd a gwasanaeth cymdeithasol yn ein cyfnod ni. Gan gredu fod Duw o'u plaid, cymer y ddwy'r awenau i'w dwylo'u hunain a chynllwynio i atgoffa Boas am ei ddyletswydd fel perthynas agos iddynt yn ôl Cyfraith Moses. Pan fu Ruth mor hyf â thorri pob rheol trwy dreulio'r noson gydag ef yn y llawr dyrnu, ac yna gofyn iddo 'daenu ei fantell' drosti, sef ei phriodi, cytunodd ar unwaith: 'Paid ag ofni; fe wnaf iti bopeth yr wyt yn ei ddweud' (Ruth 3:11). Er bod priodi gweddw estron amhlantadwy, a oedd yn ddiwerth yng ngolwg cymdeithas, yn weithred chwyldroadol, cafodd Boas gefnogaeth y gymuned gyfan. Cytunodd pob un o'i gymdogion ei bod 'yn ferch deilwng'. Wrth gydnabod gwerth Ruth fel unigolyn yn ei rhinwedd ei hun, trodd Boas werthoedd yr oes wyneb i waered.

Trwy ganolbwyntio ar ddyrnaid o bobl gyffredin a feiddiai fynd yn groes i'r graen a thorri rheolau cymdeithasol, mae awdur Llyfr Ruth yn beirniadu diwylliant patriarchaidd Israel gynnar.

Yn ei ymgais i ddileu'r ffin nid yn unig rhwng brodorion ac estroniaid ond hefyd rhwng tlawd a chyfoethog, a rhwng gwryw a benyw, mae'n galw am barch at iawnderau dynol. Mae ei agwedd yn ein hatgoffa o neges yr apostol Paul i'r Galatiaid wedi ei dröedigaeth: 'Nid oes rhagor rhwng Iddewon a Groegiaid, rhwng caeth a rhydd, rhwng gwryw a benyw, oherwydd un person ydych chwi oll yng Nghrist Iesu' (Gal. 3:28). Dyma eiriau dyn a fu unwaith yn Pharisead pybyr na fyddai byth yn cyffwrdd â chenedl-ddyn, caethwas na menyw.

Yr her i ni yw galw am gyfiawnder, a bod yn fwy ymwybodol o anawsterau'r rhai sy'n dioddef rhagfarn gymdeithasol ac yn gorfod brwydro'n barhaus i fwydo'u teuluoedd, i gael gofal iechyd, ac i weld pwrpas mewn bywyd. Gweddïwn gyda'r emynydd:

Agor di ein llygaid, Arglwydd,
 i weld angen mawr y byd,
gweld y gofyn sy'n ein hymyl,
 gweld y dioddef draw o hyd:
maddau inni bob dallineb
 sydd yn rhwystro grym dy ras,
a'r anghofrwydd sy'n ein llethu
 wrth fwynhau ein bywyd bras.

Cred

O fynd trwy'r Beibl yn ofalus, ni allwn lai na chydnabod anfoesoldeb, anoddefgarwch a chreulondeb yr awduron wrth iddynt ymdrin â materion crefyddol. Mae'r gorchymyn i gyflawni trais yn enw Duw er mwyn gwarchod treftadaeth grefyddol Israel rhag ei heintio gan baganiaeth yn amlwg. Gwnaeth Moses yn glir iawn i'r genedl cyn iddi feddiannu Canaan mai ei dyletswydd oedd difa'r brodorion, fel y gorchmynnodd Duw iddi, rhag iddynt ei dysgu 'i wneud yr holl ffieidd-dra a wnânt hwy er mwyn eu duwiau, ac i ti bechu yn erbyn yr ARGLWYDD dy Dduw' (Deut. 20:18. Gw. hefyd Deut. 7:1–5; Ex. 34:11–16).

Er mai camgymeriad yw tybio fod gorchmynion treisgar yr Ysgrythur yn berthnasol i ni, neu hyd yn oed fod rhinwedd yn perthyn iddynt unwaith, maent o werth i'n hatgoffa o un peth pwysig: yn y dwylo anghywir mae gan bob crefydd ei pheryglon. Er bod sêl grefyddol wedi rhoi gobaith a chysur i gredinwyr ar hyd y canrifoedd, mae'r defnydd a wneir gan ddarllenwyr o destunau treisgar yn tystio i'r difrod y gall crefydd ei wneud os na chaiff ei ffrwyno a'i chadw dan reolaeth. Mae 'sêl heb ddeall', y sêl y mae'r apostol Paul yn ei feirniadu (Rhuf. 10:2), wedi arwain dynoliaeth i gyflawni trychinebau echrydus yn enw Duw.

Enghraifft amlwg yw agwedd elyniaethus yr Eglwys Gristnogol at yr Iddewon o'r cyfnod cynnar yn ei hanes hyd at hanner olaf yr ugeinfed ganrif, agwedd a oedd yn seiliedig ar gam-esbonio a cham-ddefnyddio testunau dethol. Daw'r Chwilys yn Sbaen ac ysgrifau ciaidd gwrth-Iddewig Martin Luther i'r meddwl. Enghraifft arall yw polisi gwladychwyr Ewropeaidd yr ail ganrif ar bymtheg, a ystyrient eu hunain fel etholedigion Duw, yn eu hagwedd at frodorion Gogledd America a De Affrica.

Yn yr oes oleuedig hon, mae rhai arweinwyr Cristnogol yn galw am y gosb eithaf i hoywon ar gorn yr hyn a ddywedodd yr Arglwydd wrth Moses: 'Os bydd dyn yn gorwedd gyda dyn fel gyda gwraig, y mae'r ddau wedi gwneud ffieidd-dra; y maent i'w rhoi i farwolaeth' (Lef. 20:13). Yn yr hanner canrif ddiwethaf fe'n cywilyddiwyd o glywed am gam-drin plant ledled y byd o dan ambarél crefydd. Roedd gan grefydd le amlwg yn y trais a fu'n loes i Ogledd Iwerddon am ddegawdau. Mae Iddewon Uniongred yn casáu ac yn diarddel Iddewon Rhyddfrydol am eu dehongliad cyfeiliornus o Gyfraith Moses. Mae dwy gangen fawr Islam, Sunni a Shia, yn barod i ymladd â'i gilydd hyd at waed ar sail eu dealltwriaeth o'r Cwran. I raddau helaeth, crefydd sydd wrth wraidd y cythrwfl gwleidyddol yn y Dwyrain Canol. Mae gennym ffordd bell i fynd i sicrhau fod crefydd yn rym cadarnhaol yn hytrach na negyddol yn hanes y byd.

Meddylfryd gwahanol iawn sydd yn Llyfr Ruth. Crefydd heb ffiniau, crefydd sy'n gwrthod credo cul, beirniadol, crefydd sy'n seiliedig nid ar gyfraith haearnaidd ond ar gariad yw delfryd yr awdur. I wrthwynebu'r rhagfarn a'r anoddefgarwch sy'n gallu arwain at drais, ysgrifennodd stori fer. Dewisodd yn brif gymeriad iddi un o gefndir paganaidd; estrones y byddai awduron y

Pumllyfr, Esra, a Nehemeia wedi ei chadw allan o gynulleidfa Israel er mwyn gwarchod purdeb crefyddol y genedl.

Galwodd Boas henuriaid Bethlehem i borth y ddinas i dystio i'w briodas â Ruth y Foabes rhag i enw ei gŵr, mab Elimelech, 'gael ei ddiddymu o fysg ei dylwyth ac o'i fro' (Ruth 4:10). Gwyddai fod ganddynt bob hawl i lynu'n ddiwyro wrth Gyfraith Moses a gwrthod derbyn Ruth i'w mysg, hyd yn oed fel gwraig i ddinesydd o bwys, ar sail ei chefndir. Fel y nodwyd eisoes, mae'r Gyfraith yn hollol glir ynghylch y mater: 'Nid yw Ammoniad na Moabiad, na neb o'u disgynyddion hyd y ddegfed genhedlaeth, i fynychu cynulleidfa'r ARGLWYDD' (Deut. 23:3).

Bu cyfnod, efallai, yn hanes Israel pan oedd yr ysfa i bardduo'r Moabiaid am eu paganiaeth a'u hanfoesoldeb a'u diffyg brawdgarwch yn ei gwneud yn amhosibl dychmygu y gallai dim da ddod o Moab. Ond dan yr amgylchiadau, ac yn sicr yn achos y wraig hon, byddai cadw'n ddeddfol at y gorchymyn yn afresymol ac angharedig. Wedi clywed am ei ffyddlondeb, ei diwydrwydd, ei haelioni a'i charedigrwydd, daeth yr henuriaid a ymgasglodd ym mhorth Bethlehem ar gais Boas i'r casgliad nad oedd y gorchymyn ynglŷn â chadw'r Moabiaid allan o gynulleidfa Israel bellach yn berthnasol. Roedd agwedd negyddol Deuteronomium a'r proffwydi tuag atynt yn perthyn i gyfnod pan oedd yr elyniaeth rhwng Israel a Moab yn ei hanterth. Ond daeth tro ar fyd, ac yn ei sgil yr alwad i ail ystyried gofynion y Gyfraith a'u cymhwyso i gyfnod gwahanol. Cymerodd yr henuriaid i'w dwylo eu hunain yr hawl, ac efallai'r ddyletswydd, i'w newid er mwyn i gyfiawnder a thrugaredd a chariad brawdol ffynnu.

Yn y stori fach hon cawn enghraifft o'r ffordd y mae'r Beibl yn ei ddehongli ei hun trwy anwybyddu cyfreithiau ac addasu hen draddodiadau i amgylchiadau newydd. Enghreifftiau eraill yw agwedd y proffwyd Eseia at rai o orchmynion Cyfraith Moses (gw. Eseia 58), a dehongliad y Croniclydd o hanes Israel a ysgrifennwyd gan ei ragflaenwyr yn llyfrau Samuel a Brenhinoedd. Nid 'Beth yw ystyr y testun?' yw'r cwestiwn cyntaf wrth ddarllen y Beibl, ond 'Beth oedd ystyr y testun mewn lle a chyfnod penodol?' Hynny yw, cyn addasu unrhyw destun i'n cyfnod ni ac ystyried ei awdurdod, rhaid cydnabod bod ei ystyr sylfaenol ynghlwm wrth ei gyd-destun hanesyddol, daearyddol a chymdeithasol, ac na ddylid anwybyddu hynny.

Yn ôl awdur Llyfr Ruth, roedd yn bryd i'r gwaharddiad rhag derbyn estroniaid, a hyd yn oed Foabiaid, i gynulleidfa'r Arglwydd gael ei anghofio, boed un o orchmynion Moses ai peidio. Byddai llawer yn mynd ymhellach ac yn mynnu, os yw byw yn ôl llythyren unrhyw gyfraith, boed ysgrythurol neu eglwysig, yn arwain at angharedigrwydd, anoddefgarwch, rhagfarn, casineb a thrais, ei bod yn bryd i'r gyfraith honno gael ei newid.

O galw heddiw 'nghyd, ti'r Bugail mawr,
dy ddiadelloedd llesg o gyrrau'r llawr;
i'th gorlan glyd yn unfryd gad in ddod,
a dyro arnom ni dy ddwyfol nod.

O gwna yn awr yn un, ti Grist ein pen,
dy wasgaredig gorff heb rwyg na llen,
a difa mwy ein gwahaniaethau mân
drwy weinidogaeth glau yr Ysbryd Glân.

❖ Cwestiynau i'w trafod

1. Pa mor bwysig yw dehongli a gwerthuso testunau treisgar, yn hytrach na'u derbyn yn llythrennol, er mwyn lleihau'r niwed a all ddeillio ohonynt?

2. I ba raddau y mae cydnabod amrywiaeth a datblygiad rhwng cloriau'r Hen Destament o gymorth wrth geisio cymhwyso'i neges i'n cyfnod ni?

LLYFR Y PREGETHWR

Rhagarweiniad

Un ffordd o ddeall yr Hen Destament yw meddwl amdano fel cwpwrdd llyfrau ac iddo dair silff. Ar y silff uchaf, ceir y Gyfraith (Genesis–Deuteronomium) a'r llyfrau hanesyddol (megis Samuel a Brenhinoedd) a'u pwyslais ar *weithredoedd* Duw sy'n ei ddatguddio'i hun i'w genedl etholedig. Ar yr ail silff, ceir y llyfrau proffwydol (Eseia–Malachi) sy'n canolbwyntio ar ddyletswydd Israel i wrando ar *eiriau* Duw: 'Fel hyn y dywed yr Arglwydd ...'. Ac ar y silff isaf, ceir y Salmau a'r casgliad o lyfrau a adnabyddir fel Llên Ddoethineb (sef Job, Diarhebion a'r Pregethwr, ynghyd â dau lyfr o'r Apocryffa, Doethineb Solomon a Doethineb Iesu fab Sirach neu Ecclesiasticus). Llyfrau sy'n croniclo ymateb credinwyr i weithredoedd a geiriau Duw sydd ar y silff isaf hon, a gwnânt hynny mewn dwy ffordd: gyda mawl a galar yn y Salmau, a thrwy fyfyrdod a chyngor yn y Llên Ddoethineb.

Y farn gyffredinol yw bod y traddodiad doethineb yn deillio o gyfnod cynnar yn hanes Israel. Wrth gwrs, traddodiad llafar ydoedd yn wreiddiol. Tybir mai gwaith llenorion a dysgedigion a ddaliai swyddi cyfrifol yn llys y brenin – megis ysgrifenyddion, athrawon a chynghorwyr – oedd yn gyfrifol am ei roi ar gof a chadw. Ym mhob astudiaeth gyfoes, cânt eu hadnabod fel 'y doethion' a'u hystyried fel carfan gydnabyddedig o fewn y gymdeithas, ochr yn ochr â'r offeiriaid a'r proffwydi.

Gan fod y Pregethwr yn cael ei gyfrif ymysg y doethion, buddiol cyn symud ymlaen i esbonio'r testun fesul adnod fydd gosod ei gyfraniad i Lên Ddoethineb yn ei gyd-destun llenyddol trwy gymryd sylw o'r nodweddion sy'n gyffredin i'r casgliad cyfan. Ac yn nwy bennod olaf y gyfrol, cawn ystyried y drafodaeth a fu ymysg Iddewon a Christnogion ynghylch cynnwys Llyfr y Pregethwr yn y Beibl, cyn ystyried rhai o'i syniadau diwinyddol.

Patrymau llenyddol

Gwneir defnydd cyson o dair ffurf lenyddol ym mhob un o'r llyfrau doethineb: dihareb, cyfarwyddyd a hunangofiant.

a. Dihareb

Patrwm sylfaenol y llên yw'r ddihareb: 'doethineb llawer, ffraethineb un' wedi ei fynegi'n glir a chofiadwy. Hi yw athroniaeth bywyd yr Hebrëwr, yn yr ystyr o wybodaeth ymarferol o reolau bywyd a'r byd; gwybodaeth sy'n seiliedig ar brofiad. Dewisodd y doethion hi fel y ffurf fwyaf addas i rannu â'u cyfoedion ffrwyth eu sylwadaeth dreiddgar ar fywyd. Tystia'i phoblogrwydd i'w phriodoldeb. Yng ngeiriau englyn adnabyddus:

> Dihareb, adnod y werin – ei swyn
> Yw synnwyr cyffredin
> Mewn gwlad a thref, cynefin
> Ei gwir praff a'i geiriau prin.

b. Cyfarwyddyd

Ond nid mewn diarhebion yn unig y gwelir pwyslais y doethion ar hyfforddiant ac addysg. Patrwm llenyddol arall sydd yr un mor gydnaws at bwrpas yr athro yw'r cyfarwyddyd. Fel rheol, mae'n dilyn pwnc neu thema dros amryw o adnodau. Gwneir defnydd helaeth ynddo o ffurf orchmynnol y ferf wrth annog y darllenydd i dderbyn, cofio neu wneud yr hyn sy'n angenrheidiol. Apêl i ddefnyddio synnwyr cyffredin yw cynnwys rhannau helaeth o'r cyfarwyddiadau.

c. Hunangofiant

Gan fod llên y doethion yn adlewyrchu eu profiad hwy o fywyd, ceir enghreifftiau o hunangofiant sy'n disgrifio'r profiad hwnnw ac yn tanlinellu'r gwersi y maent am i'r darllenydd eu dysgu. Gwneir defnydd helaeth o ymadroddion fel 'gwelais, edrychais, sylwais, trois i edrych, ystyriais'. Y mae'r awduron yn elwa trwy sylwi ar y byd o'u cwmpas, a cheisiant gynghori a dylanwadu ar eraill trwy gofnodi eu profiad personol.

Anwybyddu hanes

Credai Israel fod Duw wedi gweithredu ar lwyfan hanes o blaid ei genedl etholedig. Yr addewid i Abraham, y waredigaeth o'r Aifft, y cyfamod ar Sinai, y daith trwy'r anialwch a meddiannu Canaan oedd cynnwys ei chyffes ffydd gynnar. Caiff pob elfen sylw cyson yn y Gyfraith a'r llyfrau proffwydol a'r Salmau. Ond nid yw tri llyfr doethineb y Beibl (Diarhebion, Job a Pregethwr) yn dangos unrhyw ddiddordeb yn seiliau hanesyddol crefydd Israel. Mae'r awduron yn dewis anwybyddu'n llwyr y syniad o genedl etholedig sy'n byw mewn perthynas arbennig â'i Duw. Cyfarch pawb a wna'r doethion, beth bynnag eu cred, eu cenedl neu liw eu croen. Maent yn canolbwyntio ar yr unigolyn yn hytrach na'r genedl.

Elfen fydol

'Y mae derbyn disgyblaeth yn arwain i fywyd' meddai awdur Llyfr y Diarhebion (Diar. 10:17). Gellir crynhoi prif thema'r doethion mewn un gair: 'bywyd'. I'r doeth, mae'r gair yn gyfystyr nid yn unig ag oes hir ond hefyd â'r syniad o ryddid, parch, diogelwch, llwyddiant, hapusrwydd, digonedd a chyfoeth – popeth sy'n gwneud bywyd yn werth ei fyw.

Ond er bod y pwyslais ar bethau bydol yn amlwg, nid materoliaeth ronc yw dysgeidiaeth y doethion o bell ffordd. Buasai agwedd o'r fath yn amhosibl gan mai'r Arglwydd oedd ffynhonnell pob bendith ysbrydol a materol ym meddwl Israel. Trwy lygad ffydd, gwêl y doeth anghenion beunyddiol bywyd yn arwyddion allanol o haelioni Duw at ddyn a'i ofal dros ei greadigaeth.

Neges galonogol

Nodwedd amlwg arall yn Llên Ddoethineb yw'r argyhoeddiad fod i fywyd drefn sefydlog, ddigyfnewid. Dyna sydd i gyfrif am yr agwedd obeithiol, optimistaidd a welir ynddi'n gyson. Gall y doeth wynebu'r dyfodol yn hyderus a llawen am fod ganddo ffydd ddiysgog yn nhrefn ddibynadwy'r bydysawd: trefn a osodwyd gan Dduw o'r dechrau. Tarddodd y gred hon o'r Aifft; ond er mwyn cydymffurfio â Chyfraith Moses, cafodd ei mabwysiadu a'i haddasu gan Israel yn y ddegfed ganrif Cyn Crist.

Mae'r drefn yn ymwneud â phob rhan o fywyd. Fe'i gwelir, er enghraifft, yng nghysondeb troad y rhod ac yng ngreddf yr anifail. Hi hefyd yw hanfod bywyd beunyddiol cymdeithas. Yn y cyswllt hwn, bron na ellir ei disgrifio fel 'cyfiawnder' neu 'gyfrifoldeb' am mai hi sy'n rheoli ymarweddiad yr unigolyn ac ymwneud pobl â'i gilydd. Y mae ffordd dderbyniol a ffordd annerbyniol o ymddwyn: dyletswydd dyn yw darganfod y ffordd gywir a glynu wrthi. Dim ond iddo'i uniaethu ei hun â'r drefn, daw llwyddiant a hapusrwydd i'w ran gan fod cysylltiad agos rhwng gweithred a gwobr. Y mae i weithredoedd eu canlyniadau, ac fe sicrha'r drefn y caiff pob un ei dalu yn ôl ei haeddiant. Cyfoeth, oes faith, iechyd ac enw da oedd y tystion huotlaf i ffafr a chariad Duw tuag at ddyn.

Y meddylfryd hwn oedd sail ymateb cyfeillion Job i'w gŵyn ei fod yn dioddef cosb erchyll er iddo barchu'r drefn trwy fod yn ŵr 'cywir ac uniawn, yn ofni Duw ac yn cefnu ar ddrwg' (Job 1:1). Meddai Eliffas wrtho: 'Ystyria'n awr, pwy sydd wedi ei ddifetha ac yntau'n ddieuog, a phwy o'r uniawn sydd wedi ei dorri i lawr?' (4:7). Yn ôl yr athrawiaeth draddodiadol, nid oedd ond un esboniad i dreialon Job: pechod. Nid oes mwg heb dân. Ond iddo gadw ar y llwybr cul a pharchu'r drefn a chadw gofynion Cyfraith Moses, ni ddeuai trallod fyth i ran dyn.

Elfen amheuol

Ond y mae agwedd arall, a gynrychiolir gan awduron diweddarach, sydd yr un mor nodweddiadol o'r Llên. Yn raddol, tyfodd yr ymwybyddiaeth o'r gwrthdaro anorfod rhwng ffydd a ffaith, rhwng athrawiaeth a throeon bywyd. Sylweddolwyd na ellid gwireddu'r hen ddysgeidiaeth am hawddfyd y da a thrallod y drwg am nad oedd profiad yn cyd-leisio â chred. Di-fudd oedd pob ymdrech i lwyddo mewn bywyd am fod y drefn yn debygol o dorri i lawr heb unrhyw rybudd. Caiff ei bygwth yn barhaus gan nerthoedd anhrefn, ac o ganlyniad ni ellir meddwl am fywyd yn nhermau sefydlogrwydd a llwyddiant. Yr oedd yr anhrefn yn y byd yn chwalu'r gred fod gwobr yn cyfateb i rinwedd a chosb yn cyfateb i ddrygioni. Esgorodd yr agwedd hon at ddiwinyddiaeth obeithiol y doethion cynnar ar yr elfen o amheuaeth a ddaw i'r amlwg mewn llyfrau fel Job a'r Salmau, ac ambell waith hyd yn oed yn y llyfrau proffwydol a Llyfr y Diarhebion.

* * *

Gan fod y nodweddion uchod yn perthyn i Lên Ddoethineb yn gyffredinol, maent yn berthnasol mewn unrhyw astudiaeth o'n maes llafur. Fel y gwelwn wrth fynd trwy'r testun, y mae'r Pregethwr yn defnyddio'r tri phatrwm llenyddol, yn enwedig hunangofiant. Mae ei ddefnydd cyson o eiriau sy'n mynegi profiad personol, fel 'gwelais, sylwais, clywais', yn awgrymu ei fod yn ystyried arddull hunangofiannol yn ddull effeithiol nid yn unig o gyfathrebu ond hefyd o fynegi awdurdod. Trwy siarad o brofiad, mae'n cynnig i'w ddarllenwyr ffrwyth ei sylwadaeth ar gwrs y byd ac yn rhannu â hwy'r profiadau ysbrydol a gafodd wrth fyfyrio ar fywyd. Nid y damcaniaethol yw byd y Pregethwr ond yr ymarferol.

Daw ei bwyslais ar arwyddocâd pethau bydol i'r brig yn aml. Mae'n cymell y darllenydd droeon i fanteisio ar bob cyfle i gymdeithasu dros bryd o fwyd â theulu a chymdogion, i wisgo'n daclus, ac i gael pleser o'i waith. Mae'r gred yn nhrefn bywyd ac ym mhwysigrwydd yr unigolyn yn hytrach na'r genedl a'i hanes cynnar, sydd mor amlwg yn Llyfr y Diarhebion, hefyd yn ei lyfr.

Ond mae'r Pregethwr yn ystyried un elfen o'r traddodiad doethineb yn ddiffygiol. Iddo ef, ni thâl y gred fod y da yn llwyddo mewn bywyd a'r drwg yn dioddef: nid yw'r fath agwedd optimistaidd yn cyd-fynd â'i brofiad ef. I'r garfan amheugar ymysg y doethion y perthyn y Pregethwr. O ran ei naws, mae ei lyfr yn nes o lawer at Lyfr Job nag at Lyfr y Diarhebion.

Er ei fod yn un o awduron cydnabyddedig yr Hen Destament, mae'r Pregethwr yn mynd ymhell y tu hwnt i bob awdur arall mewn llawer i beth. Cododd ei babell yng nghwr pellaf y gwersyll. Wrth fyfyrio ar y traddodiad diwinyddol y tarddodd ohono, nid ei fwriad yw ateb cwestiynau, fel y gwnaeth ei ragflaenwyr, ond cwestiynu'r atebion. Ef yw'r *joker* yn y pac.

1. Yr Awdur a'i Arwyddair
Y Pregethwr 1:1-2

Yn ôl y traddodiad Iddewig, y brenin Solomon oedd awdur Llyfr y Pregethwr. Dywed un ffynhonnell iddo gyfansoddi Cân y Caniadau pan oedd yn ifanc a nwydus; Diarhebion pan oedd yn ganol oed ac arno angen doethineb fel llywodraethwr; a Llyfr y Pregethwr pan oedd yn hen ac yn teimlo fod bywyd yn faich.

Sail y ddamcaniaeth yw dehongliad y rabiniaid cynnar o'r pennawd a roddwyd i'r llyfr gan y golygydd. Mae'n adnabod yr awdur fel y 'Pregethwr, mab Dafydd, brenin yn Jerwsalem' (Preg. 1:1), ond nid yw'n rhoi iddo nac enw personol na chyfnod penodol. Roedd gan Dafydd amryw o feibion, a gallai'r ddau gymal olaf gyfeirio at unrhyw un ohonynt. Ond cymerodd yr Iddewon yn ganiataol mai Solomon a olygir.

Amau'r traddodiad

Daliodd yr arferiad o briodoli'r gwaith i Solomon am ganrifoedd o fewn Iddewiaeth a Christnogaeth. Serch hynny, nid yw heb ei anawsterau. Nid oes yr un cyfeiriad uniongyrchol at awduraeth Solomon yn y pennawd nac yng nghorff y llyfr. Yr unig beth a ddywed y Pregethwr amdano'i hun i awgrymu mai Solomon ydoedd yw ei fod yn 'frenin ar Israel yn Jerwsalem' (1:12). Heb unrhyw arwydd o wyleidd-dra, mewn ymgom ag ef ei hun mae'n ymffrostio ei fod yn rhagori ym mhob ffordd ar ei ragflaenwyr: 'Llwyddais i ennill mwy o ddoethineb nag unrhyw frenin o'm blaen yn Jerwsalem' (1:16). Ond nid yw'n crybwyll unwaith ei fod yn fab i Dafydd.

Y cyntaf i wadu mai Solomon oedd yr awdur oedd Martin Luther. Credai ef mai cyfuniad o gyfansoddiadau bychain a luniwyd gan Iesu fab Sirach yng nghyfnod y Macabeaid, tua 170 CC, oedd y llyfr. Ni wnaeth ei gyfoedion lawer o sylw o'i ddamcaniaeth, ond ers canol y ddeunawfed ganrif ategwyd ei amheuon ynghylch awduraeth y llyfr gan y mwyafrif mawr o esbonwyr Cristnogol. Ac eithrio ambell ysgolhaig ceidwadol, y farn gyffredin bellach yw na ddaeth y llyfr o law Solomon ond mai gwaith awdur dienw ydyw, a'i fod yn tarddu o gyfnod diweddarach o lawer na'r ddegfed ganrif. Rhoddir o leiaf dri rheswm cadarn dros gredu hyn.

Mae'r rheswm *cyntaf* yn ymwneud â phwrpas yr awdur. Pe bai'r sawl a ysgrifennodd y llyfr wedi bwriadu iddo gael ei dderbyn fel gwaith Solomon, gallai fod wedi crybwyll yr enw naill ai yn y pennawd, fel yn adnod gyntaf Llyfr y Diarhebion ('Diarhebion Solomon fab Dafydd, brenin Israel') ac adnod gyntaf Caniad Solomon ('Cân y caniadau, eiddo Solomon') neu wrth gyfeirio ato'i hun yn y penodau canlynol.

Mae a wnelo'r *ail* reswm ag elfen arbennig yn y disgrifiad o'r awdur a geir yn y llyfr. Ar fwy nag un achlysur, mae'n ei bortreadu ei hun fel aelod cyffredin o'r gymdeithas, ac nid fel brenin. Gofidia dros y gorthrymedig am fod 'nerth o blaid eu gorthrymwyr' ac am nad oes 'neb i'w cysuro' (Preg. 4:1). Mae'n disgrifio teimladau un sy'n cydnabod awdurdod y brenin ac yn ofni ei lid (8:2-4; 10:20). Caiff ei ddadrithio gan bydredd y llywodraeth wrth weld 'ffŵl wedi ei osod mewn safleoedd pwysig' (10:5-7). Llais gwerinwr yn hytrach na brenin a glywir mewn adnodau o'r fath.

Ond y *prif* reswm dros amau awduraeth Solomon yw iaith ac arddull y llyfr gan fod Hebraeg y Pregethwr yn perthyn i gyfnod diweddar yn hanes Israel. Byddai'n amlwg i'r darllenwyr nad dyma'r Hebraeg y byddai Solomon wedi ei defnyddio, mwy nag y byddai'r Esgob William Morgan wedi defnyddio Cymraeg yr unfed ganrif ar hugain wrth gyfieithu'r Beibl. Ar bwys y dystiolaeth ieithyddol, mae'r mwyafrif o esbonwyr yn awgrymu dyddiad yn ystod ail hanner y drydedd ganrif CC i'r gwaith gorffenedig. O ganlyniad, ni ellir derbyn mai Solomon oedd yr awdur.

Defnyddio ffugenw

Er nad yw awduraeth Solomon yn dderbyniol gan esbonwyr ein hoes ni, nid oedd yn faen tramgwydd i'r darllenwyr gwreiddiol. Roeddent hwy wedi hen gynefino â gweld enwau enwogion yr oes a fu ar lyfrau cyfoes gan nad oedd diwinyddion Iddewig y canrifoedd olaf Cyn Crist yn meddwl ddwywaith am dadogi eu cyfansoddiadau ar wŷr enwog. Mewn casgliadau swyddogol o lenyddiaeth sy'n perthyn i'r cyfnod hwnnw, ceir llyfrau fel Testament Moses, Datguddiad Abraham a Doethineb Solomon.

Cynigiwyd nifer o esboniadau i egluro'r arferiad hwn o ddefnyddio ffugenwau gan yr Iddewon. Dadleuir mai un diben oedd profi i'r Groegwr, a ymffrostiai'n barhaus yn ei lenyddiaeth ddihafal, fod gan Israel hithau ei llenorion a'i doethion. Trwy gysylltu eu llên â'u rhagflaenwyr yn y Ffydd, bwriad yr awduron Iddewig oedd dangos bod eu traddodiad llenyddol hwy gymaint yn hŷn, ac felly'n fwy rhagorol, nag eiddo'r Groegiaid.

Pwrpas arall oedd rhoi awdurdod i gynnwys llyfr ac ennyn parch pob Iddew, trwy ddangos fod y neges yn tarddu o gyfnod cynnar yn hanes y genedl pan oedd ysbrydoliaeth yr awduron y tu hwnt i amheuaeth. Credai'r rabiniaid fod ysbrydoliaeth ddwyfol wedi dod i ben ar ôl cyfnod y proffwydi, tua 400 CC, ac na ellid o'r herwydd ystyried yn ysgrythurol unrhyw lyfr a ysgrifennwyd wedi'r cyfnod hwnnw. I raddau, dyna sydd i gyfrif am y llyfrau a geir heddiw yn yr Apocryffa, y tir neb diwinyddol rhwng y ddau destament. Nid am eu bod yn mynd yn groes i uniongrededd Iddewig y gadawyd hwy allan o'r canon, sef y rhestr swyddogol o lyfrau sydd rhwng cloriau'r Hen Destament yn ei ffurf derfynol, ond am iddynt ymddangos yn rhy hwyr i gael eu cynnwys ymysg y llyfrau ysbrydoledig. Ond cafodd Llyfr y Pregethwr le yn y Beibl Hebraeg oherwydd y gred iddo gael ei ysgrifennu gan Solomon a'i fod o'r herwydd yn tarddu o'r ddegfed ganrif.

Gellir dadlau hefyd mai dyfais lenyddol oedd priodoli'r gwaith i Solomon er mwyn dangos fod y gwrthwynebiad i syniadau sylfaenol y traddodiad doethineb a geir yn y llyfr yn deillio o'r mudiad ei hunan, ac nid o'r tu allan iddo. Y neges i'r darllenydd yw nad mympwyon personol unigolyn dienw, sy'n anghytuno â rhai elfennau yn nysgeidiaeth y doethion, a geir yma, ond geiriau olaf noddwr pwysicaf y mudiad.

Y mae'r awdur yn defnyddio persona neu rôl Solomon i fynegi ei syniadau er mwyn rhoi naws swyddogol i'w brotest. Pa gymeriad gwell i'w ddewis nag un a oedd, yn ôl 1 Brenhinoedd 4:12, 29-31, 34, yn fyd-enwog am ei ddoethineb, o leiaf ar ddechrau ei deyrnasiad? Roedd gweddi Solomon am 'galon ddeallus ... i ddirnad da a drwg' yn hytrach na chyfoeth a buddugoliaeth mewn brwydr (3:9), ei ddull dihafal o farnu achos anodd rhwng dwy butain (3:16-28), ei gynnyrch llenyddol a'i wybodaeth eang o fyd natur (4:32-33) yn tystio i'w ddoethineb wrth iddo ddod i'r orsedd.

Y Pregethwr

Beth bynnag ei dras a'i gefndir, adwaenir yr awdur yn yr Hebraeg gwreiddiol fel *côheleth*, gair a achosodd gryn benbleth i esbonwyr a chyfieithwyr, o'r tadau Cristnogol cynnar ymlaen. O safbwynt gramadegol, rhangymeriad ydyw ac nid enw personol: hynny yw, gair sy'n disgrifio statws neu alwedigaeth, fel 'amaethwr' neu 'wyliwr'. Cyfieithiad y fersiwn Roeg o'r Hen Destament ohono yw *ekklesiastes*: ymgais i wneud cyfiawnder â'r Hebraeg gan mai ystyr sylfaenol *câhâl* (gwraidd y gair *côheleth*) yn yr Hebraeg ac *ekklesia* yn y Roeg yw 'cyfarfod' neu 'gynulleidfa'. Yr enw *ekklesiastes* a fabwysiadwyd gan y cyfieithiadau Saesneg. Dilynodd Jerôm, un o ddiwinyddion mwyaf yr Eglwys Fore, yr un trywydd yn ei gyfieithiad Lladin o'r Ysgrythur wrth alw'r awdur yn *concionator*, sef yr un a âi o amgylch y ddinas i alw'r bobl ynghyd i'r sgwâr i wrando ar anerchiad y llywodraethwr.

Mae'r teitl 'Y Pregethwr' yn cyfateb i'r hyn a gafwyd gan Martin Luther yn ei gyfieithiad Almaeneg o'r Beibl a gyhoeddwyd ym 1534. Cynigiwyd enwau eraill ers hynny: 'Yr Athro', 'Y Llefarydd', 'Yr Athronydd'. Ond bellach, awgrym Luther yw'r teitl mwyaf adnabyddus i ni. Pwy bynnag ydoedd, *côheleth* 'y Pregethwr' sy'n traethu yn y rhan helaethaf o'r llyfr, er bod llawer o'r hyn a ddywed yn debycach i drafodaeth mewn ysgol ac athrofa nag i genadwri o bulpud!

Esgorodd y pwyslais ar gefndir Groegaidd y gwaith ar y dybiaeth mai yn Alexandria yr oedd y Pregethwr yn byw. Ar un wedd, nid oes unman yn fwy tebygol na'r ddinas bwysig hon, sef un o brif ganolfannau'r gwareiddiad Helenistaidd a chyrchfan Iddewon alltud ers canol y bumed ganrif CC. Ar y wedd arall, mae rhai o sylwadau'r llyfr yn awgrymu iddo gael ei ysgrifennu yn Jerwsalem. Yn y cyswllt hwn, sylwer ar y cyfeiriadau at y ddinas (Preg. 1:1,12,16; 2:7,9) a'r Deml a'i haberthau (5:1-4). Hyn sy'n arwain y mwyafrif o ysgolheigion i gredu mai athro yn un o ysgolion y brifddinas oedd yr awdur.

Yr Arwyddair

'"Gwagedd llwyr," meddai'r Pregethwr, "gwagedd llwyr yw'r cyfan"' (1:2). Eiddo'r golygydd yw'r adnod hon, fel yr adnod agoriadol; a'i bwriad yw mynegi i'r darllenwyr thema lywodraethol y llyfr ac argyhoeddiad diysgog yr awdur. Fe'i defnyddir eto air am air yn y bennod olaf er mwyn creu fframwaith llenyddol i'r llyfr cyfan (12:8).

Y gair Hebraeg am 'wagedd' neu 'oferedd' yw *hebel.* Mae'n ymddangos 70 o weithiau yn yr Hen Destament; 37 ohonynt yn Llyfr y Pregethwr. Y mae i'r gair ei ystyr sylfaenol, ond nid hawdd yw cael cyfieithiad cyson sy'n addas i bob cyd-destun. Ymysg y lliaws o gyfieithiadau, ceir 'di-fudd', 'diwerth', 'disynnwyr', 'gwirion', 'anadl', 'chwa o wynt', 'pwff o fwg'. Fe'i defnyddir yn yr Hen Destament yn gyffredinol i ddisgrifio unrhyw beth disylwedd a byr ei barhad: eilunod, am eu bod yn gwbl aneffeithiol; cynlluniau nad ydynt yn cyrraedd unman; addewidion nas gwireddir. Yn yr Hebraeg, *Hebel* yw enw Abel, mab byrhoedlog Adda a lofruddiwyd gan ei frawd.

Ond mae'r Pregethwr yn defnyddio'r gair i ddisgrifio pleser, ymdrech, gwaith, golud, gwleidyddiaeth a bywyd yn gyffredinol. Gwagedd yw'r cwbl, meddai. Beth bynnag y cyfieithiad mwyaf addas o'r gair, mae'r byd yn llawn ohono ym marn yr awdur. Ac fel y gwelwn wrth fynd ymlaen, ni all y ddynoliaeth wneud dim i'w osgoi.

Y defnydd o'r gair yng nghyswllt y gorchymyn i fod yn llawen a mwynhau bywyd sydd wedi arwain esbonwyr cyfoes i feddwl am ystyr llai negyddol iddo yn llaw'r Pregethwr. Yn eu barn hwy, mae *hebel* yn cyfeirio at yr anesboniadwy mewn bywyd; yr hyn sydd y tu hwnt i ddeall dyn. Iddynt hwy, mae'r dehongliad hwn yn gwneud neges y llyfr gymaint â hynny'n llai pesimistaidd, ac felly'n fwy derbyniol.

Y Darllenwyr

Os cywir y ddamcaniaeth mai tua 240 CC yr ysgrifennwyd y llyfr gan athro anhysbys yn Jerwsalem, beth oedd sefyllfa faterol ac ysbrydol ei ddarllenwyr? Pan fu farw Alecsander Fawr, brenin Macedonia, yn 323 CC, yr oedd yr hen fyd, o lannau Môr y Canoldir hyd gyrrau India, dan ei lywodraeth. Ef oedd yr olaf i goncro Affganistan. Ei ddyhead pennaf oedd cael ymerodraeth gadarn ac unedig heb arlliw o ansefydlogrwydd i darfu ar ei ffyniant.

Sylweddolodd yn fuan nad trwy rym y cleddyf ond trwy berswâd diwylliant y llwyddai i sicrhau teyrngarwch y llu o genhedloedd a oedd bellach yn rhan o'i deyrnas eang. Aeth ati'n frwdfrydig i ledaenu diwylliant Groeg i bob cwr ohoni. Mewn llai na chanrif, gwelwyd ffrwyth y polisi eithriadol hwn, oherwydd ym mhob gwlad a goncrodd Alecsander gwelwyd arwyddion digamsyniol o ddylanwad Groeg. Heb amheuaeth, yr oedd agwedd adloniadol y bywyd Groegaidd, megis drama, chwaraeon, rasio ceffylau ac ymarfer corff, wedi cydio yn y werin bobl, hyd yn oed yn Jwda.

Ond tra oedd llawer o drigolion Jerwsalem yn prysur lyncu'r abwyd a throi'n Roegwyr ym mhopeth ond enw, roedd carfan fechan o Iddewon pybyr yn digalonni wrth weld eu diwylliant a'u treftadaeth grefyddol yn erydu. Ni allent ddirnad pam na fyddai Duw wedi gwarchod ei etifeddiaeth a rhwystro'r fath gyflafan. Gwyddent, wrth gwrs, am ei allu ac am y 'rhyfeddodau' a'r 'gweithredoedd' a gyflawnodd yn y gorffennol pell, megis yr Ecsodus a sefydlu'r frenhiniaeth.

Ond iddynt hwy, a barnu oddi wrth yr hyn a ddigwyddai yn y drydedd ganrif, â Jwda'n ddim mwy nag ynys fechan ddi-nod mewn môr paganaidd, nid oedd Duw'n gwneud dim byd tebyg i'r hyn a wnaeth yn oes y cyndadau. Gwrandawai'r Jwdeaid yn gyson ar offeiriaid y Deml yn adrodd y geiriau grymus a chalonogol a lefarodd eu Duw trwy'r proffwydi ganrifoedd yn gynharach. Ond nid oedd ganddo air iddynt hwy. Roedd Duw'r rhyfeddodau'n fud a phell, er cymaint y galw arno am gymorth. I'r ffyddloniaid, oes dywyll, ddigalon a diobaith oedd hon. Roedd apêl Eseia, mewn cyfnod cythryblus arall ychydig yn gynharach, ar i Dduw ei ddatguddio'i hun trwy roi buddugoliaeth i'w bobl yn mynegi eu rhwystredigaeth: 'O na fuaset wedi rhwygo'r nefoedd, a dod i lawr, a'r mynyddoedd yn toddi o'th flaen, fel tân yn llosgi prysgwydd, fel dŵr yn berwi ar dân, er mwyn i'th enw ddod yn hysbys i'th gaseion, ac i'r cenhedloedd grynu yn dy ŵydd!' (Eseia 64:1). Cymerwn yn ganiataol mai Jerwsalem yn y cyfnod hwn yw cefndir daearyddol a hanesyddol Llyfr y Pregethwr.

❖ Cwestiynau i'w trafod

1. A yw gwadu'r farn draddodiadol mai Solomon oedd awdur Llyfr y Pregethwr, fel y gwna'r beirniaid Beiblaidd, yn gwneud unrhyw wahaniaeth i'ch agwedd at ei gynnwys?

2. A ydych yn credu fod Duw'n ei ddatguddio'i hun i gredinwyr heddiw? Os felly, sut?

2. Oferedd Bywyd

Y Pregethwr 1:3-11

Hyd y gwyddom, ni wnaeth neb yn nhraddodiad crefyddol Israel cyn y Pregethwr feiddio mynegi'n blwmp ac yn blaen mai ofer neu annealladwy yw pob agwedd ar fywyd. Yn hyn o beth, mae'r awdur yn mynd yn gwbl groes i'w ragflaenwyr gan fod yr Hen Destament, mewn llyfr ar ôl llyfr, yn datgan bod ystyr i bopeth.

Er enghraifft, mae awdur pennod gyntaf Genesis yn gweld pwrpas a gwerth mewn bywyd wrth adrodd am y Crëwr yn ymhyfrydu yn ei greadigaeth. Gorchmynnodd Duw'r gŵr a'r wraig a greodd i fod yn ffrwythlon, llenwi'r ddaear a'i darostwng, a llywodraethu ar y pysgod a'r adar 'a phopeth byw sy'n ymlusgo ar y ddaear' (Gen 1:28). Plannodd ardd yn Eden, a'u gosod ill dau ynddi 'i'w thrin a'i chadw' er mwyn iddynt gael bwyd i'w fwyta (2:15). Mae Job a Jeremeia'n barod iawn i gwestiynu ac anghytuno â'r hyn yr oedd eraill yn ei ddweud am fwriadau rhagluniaethol Duw. Serch hynny, mynnant fod bywyd yn y pen draw'n gwneud synnwyr, er iddynt wynebu profiadau mor chwerw ac annealladwy nes iddynt bron fynd i anobaith.

Yna daw'r Pregethwr i'r golwg, a gwadu'r traddodiad a etifeddodd trwy ddweud heb flewyn ar dafod mai ofer yw'r cwbl. Er iddo fwynhau bywyd, mae'n rhaid iddo gyfaddef fod yr hyn sy'n digwydd ar y ddaear yn ddirgelwch llwyr iddo. Mae ceisio treiddio i'r dirgelwch – i ddefnyddio priod-ddull y mae ef ei hun yn ei ddefnyddio'n aml – fel 'ymlid gwynt' (e.e. Preg. 1:17; 2:11; 4:4). Gwastraff amser yw chwilio am ystyr i fywyd; nid yw'r fath beth yn bod.

Myfyrio ar ei brofiad personol o fywyd a'r hyn a wêl yn digwydd i eraill sy'n arwain yr awdur i'r casgliad mai 'gwagedd llwyr yw'r cyfan'. Ond nid yw'n dewis ymhelaethu ar ystyr 'y cyfan'. A yw'n golygu mai ofer yw'r ymgais i fyw bywyd dilychwin? Ai ofer addoli, credu yn Nuw, caru cymydog a cheisio gwneud daioni? Os mai gwagedd yw popeth, sut y gall ef ei hun obeithio y byddai ysgrifennu a darllen llyfr yn gwneud unrhyw wahaniaeth?

Yn hytrach na'n goleuo, aiff ati ar unwaith i roi enghreifftiau sydd, yn ei farn ef, yn profi gwirionedd ei osodiad bod bywyd dynol yn gwbl ddiystyr a di-fudd. Mae'n dechrau gyda chwestiwn rhethregol sy'n ymwneud â dynoliaeth fel y cyfryw (1:3), ac yna'n symud ymlaen at y bydysawd (1:4-7) cyn rhoi sylw pellach i'r ddynoliaeth (1:8-9). Yn nwy adnod olaf yr adran (1:10-11), ceisia achub y blaen ar y sawl a fyddai'n anghytuno â'i safbwynt.

Cwestiwn creiddiol

'Pa elw sydd i neb yn ei holl lafur, wrth iddo ymlafnio dan yr haul?' (Preg. 1:3). Mae'r ymadrodd 'dan yr haul' yn ymddangos lawer gwaith yn y llyfr, a'i ystyr yw 'ar y ddaear'. Y byd cyfan, y ddynoliaeth yn ei chrynswth sydd mewn golwg gan yr awdur. Trwy ofyn cwestiwn rhethregol sy'n disgwyl yr ateb 'dim', gellir tybio'i fod yn anwybyddu'r traddodiad doethineb y mae'n perthyn iddo. Meddai Llyfr y Diarhebion: 'Ym mhob llafur y mae elw, ond y mae gwag siarad yn arwain i angen' (Diar. 14:23). Prin y gellir anghytuno â hynny; y mae i lafur elw, gan nad oes ddewis arall i neb sydd am ffynnu ond gweithio. Sut all tad gynnal ei deulu os yw'n dewis treulio'i amser yn gwag siarad yn lle gweithio? Onid trwy lafur y llwydda'r gweithiwr i wneud y byd yn lle gwell i fyw, iddo'i hunan ac i eraill? Onid trwy lafur y bydd yn gadael rhywbeth o werth i'r sawl a ddaw ar ei ôl?

Ond cyn dod i'r casgliad annhebygol fod y Pregethwr yn anwybyddu dyfeisgarwch dynol ac yn cefnu ar y traddodiad fod y ddynoliaeth yn elwa trwy weithio, nid amherthnasol yw sylwi bod i'r Hebraeg amryw o eiriau gwahanol sy'n golygu 'gwaith' neu 'lafur', a bod i bob un ohonynt ei ystyr penodol. Y gair a ddefnyddir yn y cyd-destun hwn yw *'âmal*. Fel yr awgryma'r cyfieithiad 'llafur', ystyr y gair hwn yw gwaith beichus, trwm, llethol, diddiwedd. (Gair Hebraeg gwahanol sydd yn Diarhebion 14:23 a ddyfynnir uchod.)

Y gweithiwr diarbed, y sawl na fedr faddau i waith, y *workaholic*, sydd dan sylw yma; nid y gweithiwr diwyd, cydwybodol. Cwestiwn y Pregethwr yw: pa synnwyr sydd mewn gorweithio neu ymlafnio nes bo iechyd yn torri? Pa fantais sydd i weithio'n ddiarbed i wneud arian nes colli pob cyfle i fwynhau bywyd? Mae'n gwestiwn digon teg. Daw geiriau Iesu, dri chan mlynedd yn ddiweddarach, i'r meddwl: 'Pa elw a gaiff rhywun o ennill yr holl fyd a fforffedu ei fywyd?' (Mc. 8:36).

Enghreifftiau o'r gwagedd

Gan ddisgwyl ateb negyddol i'w gwestiwn, aiff y Pregethwr ymlaen mewn darn bach o farddoniaeth i gynnig enghreifftiau o'r gwagedd y mae'n sôn amdano (Preg. 1:4-11). Yr enghraifft gyntaf yw'r cenedlaethau. Er bod y byd yn sefydlog, cyn gynted ag y mae un genhedlaeth yn mynd, daw un arall yn ei lle. Aiff bywyd yn ei flaen yn ddigyfnewid, fel tiwn gron. Yn dilyn, ceir tair enghraifft arall o fyd natur.

Gwelsom eisoes fod awdur pennod gyntaf y Beibl yn mawrygu gogoniant y bydysawd a greodd Duw o'r hyn a oedd 'yn afluniaidd a gwag'. Ar derfyn y chweched dydd 'gwelodd Duw y cwbl a wnaeth, ac yr oedd yn dda iawn' (Gen. 1:2, 31). Mae Llyfr y Salmau yn cynnwys emynau sy'n dilyn yr un trywydd ac yn canfod yn y greadigaeth arwyddion o bresenoldeb a bwriad y Crëwr. Wrth edrych ar y nefoedd, mae awdur Salm 8 yn ystyried y lloer a'r sêr fel gwaith Duw (Salm. 8:3). Mae Salm 19 yn adleisio'r un gred: 'Y mae'r nefoedd yn adrodd gogoniant Duw, a'r ffurfafen yn mynegi gwaith ei ddwylo' (19:1). Yn Salm 136, geilw'r bardd ar gredinwyr i weld yn rhyfeddodau'r cread dystiolaeth o'r cariad dwyfol sy'n parhau am byth:

> 'Gwnaeth y nefoedd mewn doethineb,
> oherwydd mae ei gariad hyd byth;
> taenodd y ddaear dros y dyfroedd,
> oherwydd mae ei gariad hyd byth;
> gwnaeth oleuadau mawrion,
> oherwydd mae ei gariad hyd byth;
> yr haul i reoli'r dydd,
> oherwydd mae ei gariad hyd byth;
> y lleuad a'r sêr i reoli'r nos,
> oherwydd mae ei gariad hyd byth' (136:5-9)

Mae Salm 104 yn clodfori mawredd Duw yn ei greadigaeth:

> 'Fy enaid, bendithia'r ARGLWYDD.
> O ARGLWYDD fy Nuw, mawr iawn wyt ti;
> yr wyt wedi dy wisgo ag ysblander ac anrhydedd,
> a'th orchuddio â goleuni fel mantell.
> Yr wyt yn taenu'r nefoedd fel pabell,

yn gosod tulathau dy balas ar y dyfroedd,
yn cymryd y cymylau'n gerbyd,
yn marchogaeth ar adenydd y gwynt,
yn gwneud y gwyntoedd yn negeswyr,
a'r fflamau tân yn weision' (104:1-4).

Agwedd gadarnhaol tuag at y cread sydd mewn emynau o'r fath. Ymateb yn orfoleddus a wna'r awduron i ddaioni Duw sydd mor amlwg yn y byd a greodd yn gartref i ddynoliaeth.

Mae'r Pregethwr yn edrych ar yr un byd, ond yn ei weld mewn goleuni tra gwahanol. Mae'r hyn a ddywed am yr haul a'r gwynt yn enghraifft o'r anghytundeb dwfn rhyngddo a'r Salmydd wrth feddwl am y greadigaeth. Yn Salm 19, caiff Duw glod am ei waith yn gosod yn y ffurfafen

'babell i'r haul,
sy'n dod allan fel priodfab o'i ystafell,
yn llon fel campwr yn barod i redeg cwrs.
O eithaf y nefoedd y mae'n codi,
a'i gylch hyd yr eithaf arall;
ac nid oes dim yn cuddio rhag ei wres' (19:4-5).

O safbwynt y Salmydd, mae'r haul yn codi bob bore'n llawn egni i fynd i'w waith, sef rhoi goleuni a bywyd i'r byd.

Ond yn ôl y Pregethwr, nid tyst i'r cariad dwyfol sy'n para am byth yw taith ddyddiol yr haul o un pen i'r ddaear i'r llall. Nid campwr llon 'yn barod i redeg cwrs' mohono, ond un sy'n 'brysio yn ôl i'r lle y cododd' (Preg. 1:5). Ystyr gwreiddiol 'brysio' yw dyhefod am wynt *(pant, gasp).* Wrth weld yr haul yn croesi'r ffurfafen, y darlun a ddaw i feddwl yr awdur yw taith lafurus hen ŵr blinedig sy'n rhuthro adref i noswylio wedi llafur a lludded y dydd, cyn gorfod dechrau eto. '*Going wearily back to where it must start all over again*' sydd yn y *GNB*. Gan nad oes gyfeiriad arall yn yr Hen Destament at yr haul yn ymddangos fel pe bai'n teimlo bod bywyd yn faich, efallai mai dylanwad cred yr Eifftiaid bod yr haul yn dechrau dangos ei oed yw'r cefndir yma.

Darlun negyddol o'r gwynt sydd gan yr awdur hefyd. Ni all ddychmygu Duw'n marchogaeth ar ei adenydd nac yn ei ddefnyddio fel negesydd. Yn ei olwg ef, ni wna'r gwynt ddim mwy na throi rownd a rownd gan chwythu'n ddiystyr, un ai i'r de neu i'r gogledd, heb gyflawni dim. Yn ôl y Salmydd, mae gwerth amhrisiadwy i'r nentydd sy'n llifo rhwng y mynyddoedd: 'Rhônt ddiod i holl fwystfilod y maes' ac 'adar y nefoedd' (Salm. 104:10-12). Ond yr unig beth sy'n taro'r Pregethwr wrth feddwl amdanynt yw eu bod yn llifo i'r môr, a hwnnw byth yn llenwi; ffenomenon sy'n ddirgelwch llwyr iddo.

Ni wêl y Pregethwr ddim ond undonedd diystyr yn nhrefn gyson a dibynnol y bydysawd, trefn sy'n rhoi hyder a thawelwch meddwl i'r ddynoliaeth. Daw i'r un casgliad am fywyd bob dydd: 'Yr hyn a fu a fydd' (Preg. 1:8). Ni wêl mewn bywyd unrhyw gynnydd na datblygiad er daioni. Y gorffennol yw'r dyfodol, ac i'r gwrthwyneb. Mae hanes yn mynd mewn cylch, yn gwbl ddi-gyfeiriad, ac felly 'nid oes dim newydd dan yr haul' (1:9). Nid un peth ar ôl y llall yw bywyd, ond yr un hen beth drosodd a throsodd.

Neges ddadleuol

Wrth wadu newydd-deb mewn bywyd, mae'r Pregethwr yn gwadu neges gysurlon proffwydi mawr y Gaethglud. Mae Jeremeia'n cyfeirio at fwriad Duw i ailgynnau'r berthynas rhyngddo a'i genedl etholedig trwy wneud cyfamod newydd â hi (Jer. 31:31). Byrdwn pregethau Eseia i'w gyfoedion mewn caethiwed ym Mabilon yw bod cyfnod newydd ar ddechrau yn eu hanes. Roedd yn hawdd iawn i'r caethgludon gasglu un ai bod Duw wedi cefnu arnynt, neu fod y byd y tu hwnt i'w reolaeth. Na, meddai'r proffwyd. Ei neges ef i'r bobl yw bod Duw wedi maddau iddynt a'i fod wrthi'n ddiwyd yn paratoi'r ffordd iddynt ddychwelyd i Jwda:

> 'Wele, y mae'r pethau cyntaf wedi digwydd,
> a mynegaf yn awr bethau newydd;
> cyn iddynt darddu rwy'n eu hysbysu ichwi' (Eseia 42:9; hefyd 43:18-19).

Felly, o gymharu ei agwedd negyddol at y greadigaeth a'r byd a'i bethau â safbwynt awduron Beiblaidd eraill, mae'n amlwg mai torri cwys unig a wna'r Pregethwr wrth ddatgan nad oes 'dim newydd dan yr haul' a bod pob rhan o fywyd yn ofer, heb iddo nac elw nac ystyr. Fel y gwelwn yn nes ymlaen, daw'r anghytundeb rhyngddo a thraddodiadau crefyddol ei genedl – traddodiad y creu, y traddodiad proffwydol a'r traddodiad doethineb – i'r brig droeon o fewn y llyfr. Ond yn y cyfamser, aiff ymlaen i gadarnhau gwirionedd ei gred trwy roi enghreifftiau o'r gwagedd a brofodd yn ei fywyd ei hun.

❖ Cwestiynau i'w trafod

1. Yn eich barn chi, pa agweddau ar fywyd yn y byd modern sy'n annealladwy neu ofer?

2. Ym mha ffyrdd y mae eich ffydd yn eich cymell i anghytuno â'r Pregethwr a gweld cynnydd neu ddatblygiad yng nghwrs y byd?

3. Siomedigaethau di-rif
Y Pregethwr 1:12 – 2:26

Wedi mynegi ei farn ynghylch oferedd bywyd, mae'r Pregethwr o'r diwedd yn penderfynu ei gyflwyno'i hun. Wedi'r cyflwyniad, ceir ganddo ddisgrifiad llawn o'i orchestion a'i brofiadau, ond nid yw'n cyfeirio at ddyddiad na chyfnod arbennig. Roedd adroddiad hunangofiannol o'r fath yn weddol gyffredin yn yr hen Ddwyrain Canol. Fe'i defnyddid gan frenhinoedd yn ystod eu teyrnasiad i'w cyflwyno'u hunain cyn mynd ati i ymffrostio yn eu rhinweddau fel llywodraethwyr, eu cyflawniadau gartref a'u buddugoliaethau ar faes y gad. Tybir fod y Pregethwr wedi benthyg yr arfer oddi wrth ei gyfoedion. Ond nid fel propaganda brenhinol y mae ef yn ei ddefnyddio. Nid ei fwriad yw ei frolio'i hun, ond defnyddio'r un arddull a geirfa i roi prawf ar ei safbwynt mai gwag a diystyr yw pob gorchest ddynol.

Brenin Jerwsalem

'Yr oeddwn i, y Pregethwr, yn frenin ar Israel yn Jerwsalem' (Preg. 1:12). Wrth iddo'i gyflwyno'i hun, ni wna'r awdur ddim mwy nag ailadrodd craidd y pennawd a roddwyd i'r llyfr gan y golygydd. Heb enwi Solomon, mae'n gadael i'r darllenydd ddod i'r casgliad mai ato ef y mae'n cyfeirio wrth iddo'i ddychmygu ei hun fel mab enwocaf y brenin Dafydd, a'i olynydd ar yr orsedd.

Wrth i'r brenin yn nes ymlaen brofi pleserau, rhestru meddiannau a'i ganmol ei hun am ei lwyddiant, daw'n amlwg na allai unrhyw un â'i fryd ar ddangos oferedd bywyd ddewis cymeriad mwy addas. Ceir disgrifiad eithaf manwl o olud Solomon a'i fywyd bras, ynghyd â chyfeiriad at ei ddysg a'i ddoethineb, yn Llyfr Cyntaf y Brenhinoedd. Wrth iddo'i ddychmygu ei hun fel Solomon, mae'r Pregethwr yn ceisio darganfod beth o unrhyw werth sydd gan y byd i'w gynnig i un mor ddoeth a goludog.

Y mae i adran gyntaf yr hunangofiant ddwy ran, y naill a'r llall yn diweddu gyda dihareb neu ddywediad poblogaidd (1:12-15 a 16-18). Dywed y Pregethwr iddo benderfynu ceisio deall y byd y mae'n byw ynddo trwy ddefnyddio doethineb fel teclyn i fyfyrio a sylwi'n feirniadol ar bob dim 'sy'n digwydd dan y nef'. Mae'n mynd ati'n frwdfrydig ac egnïol. Ond wrth edrych yn ôl, daw'n amlwg iddo mai rhwystredig iawn fu pob ymgais i wneud synnwyr o fywyd: 'gorchwyl diflas' (1:13) fu'r holl chwilio gan mai arwain at flinder a syrffed a wnaeth ei ymdrechion. Gwastraff amser ac egni fu'r cwbl; dedfryd a ailadroddir ym mhennod olaf y llyfr: 'Y mae astudio dyfal yn flinder i'r corff' (12:12). Anfantais yw'r cywreinrwydd a'r dyhead a roddodd Duw yng nghalon dyn i chwilio a dyfalu.

Mae'n debyg bod y ddihareb yn 1:15, 'Ni ellir unioni yr hyn sydd gam, na chyfrif yr hyn sydd ar goll', yn ddywediad cyfarwydd. Mae'n bosibl mai cyfeirio at ddisgybl ysgol dwl neu anodd ei drin a wnâi yn wreiddiol. Ond yn y cyd-destun hwn, mae'r Pregethwr yn ei ddyfynnu i danlinellu ei agwedd besimistaidd at fywyd. Wrth fynnu na ellir newid y drefn, mae'n gwadu un o brif egwyddorion y traddodiad proffwydol, sef mai ewyllys Duw yw bod anghenion pawb yn cael eu diwallu. Craidd pregethu Amos yw galwad am gyfiawnder a barn i bobl yr ymylon, a'r awydd i argyhoeddi arweinwyr Israel ei bod yn bryd iddynt gydnabod eu pechodau, edifarhau amdanynt ac ufuddhau i Dduw. Neges gyson pob proffwyd yw y *gellir* unioni'r hyn sydd gam.

Mae'r Pregethwr yn anghytuno. Fel y gwelwn, mae'n ymwybodol iawn o ddrygioni'r byd. Ond mae'n ymateb iddo mewn dull tra gwahanol i'r proffwydi. Mae'n rhoi'r ffidl yn y to; cystal â dweud, "Mae'n debyg y bydd Duw yn barnu'r drwgweithredwyr ryw ddiwrnod; ond yn y cyfamser ni ellir gwneud dim i wella'r sefyllfa. Rhaid derbyn y *status quo* heb rwgnach; nid yw'n berffaith o bell ffordd, ond dyna'r gorau sydd gennym. Rhowch y bai ar y system os mynnwch, ond nid oes modd cael y gorau arni na'i newid. Felly ofer yw cwyno."

Oferedd bywyd bras

Fel paratoad ar gyfer menter mor uchelgeisiol ag 'astudio a chwilio ... y cyfan sy'n digwydd dan y nef' (1:13), dywed yr awdur iddo dreulio amser maith yn eistedd wrth draed yr athrawon mwyaf dysgedig er mwyn profi 'llawer o ddoethineb a gwybodaeth' (1:16). Gan barhau yn rôl Solomon, mae'n barod iawn i'w ganmol ei hun a chyfeirio at y llwyddiant mawr a gafodd yn ei astudiaethau. Cymerodd ei addysg o ddifrif ac ennill y clod, yn ei dyb ei hun, o fod yn ddoethach na'r un brenin a fu o'i flaen yn Jerwsalem: y math o ormodiaith a fyddai'n nodweddiadol o Solomon.

Ond cafodd ei siomi gan na lwyddodd doethineb a gwybodaeth hyd yn oed i ddiwallu ei gywreinrwydd. Roedd wedi gobeithio'u defnyddio i ddatrys dirgelwch bywyd. Ond gan na chafodd unrhyw gymorth ganddynt, ni wêl fantais i'r doeth a'r dysgedig: agwedd annisgwyl gan un a oedd yn perthyn i ddosbarth proffesiynol y doethion. Mae hyn yn ei arwain i'r un casgliad ag o'r blaen: gwagedd ac ymlid gwynt yw'r cwbl (1:17-18).

Ond er gwaetha'r siomiant, mae'r chwilio am ateb yn parhau. Gan na fu doethineb a dysg o help, mae'r Pregethwr yn penderfynu troi ei sylw at y pleser a geir mewn bywyd, er mwyn gweld a oes i hwnnw unrhyw werth parhaol. Mae'n gobeithio y byddai hyn o gymorth iddo wrth bendroni ynghylch pwrpas bywyd. Yn groes i'r disgwyl, caiff canlyniad yr arbrawf ei fynegi ar y dechrau. Y ddedfryd yw nad yw 'pleser yn dda i ddim' (2:1). Yn dilyn, cawn ddisgrifiad manwl o'r hyn a wnaeth wrth chwilio amdano.

Fel y gwna llawer un arall, mae'n dechrau trwy yfed gwin, yn y gobaith y byddai gwydriad neu ddau o leiaf yn codi'r galon. Ond am ei fod yn ymwybodol o'r peryglon o wneud hyn, mae'n gofalu ei fod yn 'ymddwyn yn ddoeth' ac yn peidio â gwneud dim gwirion. Yna, aiff ymlaen i roi rhestr faith o'r gweithgareddau, y meddiannau a'r profiadau a fyddai'n rhan o fywyd unrhyw lys brenhinol. Dywed iddo gael pleser o godi tai godidog iddo'i hun, plannu gwinllannoedd, creu llynnoedd a chynllunio gerddi ar gyfer pob math o goed ffrwythau. Roedd ganddo gaethion a gweision i ofalu am ei stoc enfawr o wartheg a defaid; cantorion a chantoresau i'w ddifyrru; a mwy o ordderchwragedd nag y gallai unrhyw un eu dymuno. Yn ei bortread o fywyd gwag y brenin, byddai'r darllenwyr gwreiddiol yn adnabod nid yn unig Solomon, ond llywodraethwyr oes ddiweddarach hefyd. Yn y cyfnod Groegaidd (333-63 CC) roedd Iddewon blaenllaw Jerwsalem, yn enwedig y rhai a oedd wedi eu hudo gan Helenistiaeth, yn enwog am fod yn hunanol a barus.

Sylwer fod yr awdur yn awyddus iawn i ddangos faint o sylw a roddodd i'r gwaith o drin y tir. Yn ogystal ag ymffrostio yn eu buddugoliaethau mewn brwydr, roedd brenhinoedd yr hen Ddwyrain Canol yn ymfalchïo yn eu gallu garddwriaethol. Disgwylid i unrhyw frenin gwerth ei halen ragori mewn trin y cledd a gwaywffon ar y naill law, a chaib a rhaw ar y llall. Ceir enghreifftiau o'u gallu a'u brwdfrydedd yng ngerddi ysblennydd eu palasau. Roedd brenhinoedd yr Aifft a Mesopotamia'n barod iawn i frolio bod planhigion o wledydd a orchfygwyd ganddynt yn ffynnu'n well o lawer yn eu gerddi hwy, a adwaenid fel 'gerddi buddugoliaeth', nag yn eu cynefin. Roedd pob gardd yn symbol o statws y perchennog.

Mae'r Pregethwr yn crynhoi'r cwbl trwy ddweud iddo ddiwallu pob dymuniad a manteisio ar bob peth a roddai bleser iddo, wrth ddal i ddefnyddio synnwyr cyffredin (2:9). Er nad ydyw ddim nes at ddirnad cwrs y byd, cafodd foddhad mawr o'i lafur; a'r boddhad, nid yr elw, oedd ei dâl am yr holl waith (2:10). Wedi profi'r fath bleser, byddai cymeriad llai beirniadol wedi rhoi adroddiad gloyw iawn o'i brofiad a'i gyflawniadau. Ond nid y Pregethwr. Yn ei farn ef, ni fyddai ceisio dal gafael ar y ffordd hon o fyw yn arwain i unman.

Wrth ystyried cymaint fu'r llafur er mwyn cael mwynhad mewn bywyd, mae'n ateb y cwestiwn a ofynnodd yn 1:3: 'Pa elw sydd i neb yn ei holl lafur ...?' Daw i'r un casgliad ag o'r blaen: 'nad oedd y cyfan ond gwagedd ac ymlid gwynt, heb unrhyw elw dan yr haul' (2:11). Er gwaethaf ei gyflawniadau a'r pleser a gafodd ohonynt, ni wêl ddim a fyddai'n cyfrif fel coron ar ei ymdrechion. Serch hynny, nid yw'n gwbl amlwg pam ei fod yn dweud fod ei holl lafur yn diflannu mewn pwff o fwg; rhaid mynd ymlaen i'r adran nesaf i ddarganfod hynny.

Doethineb ac ynfydrwydd

O ganlyniad i'w ymdrechion aflwyddiannus, mae'r Pregethwr yn rhoi'r gorau i chwilio am bleser, o leiaf am gyfnod. Ond yn awr, mae ei olygon yn ehangach na'i fywyd ef ei hun fel brenin. Os daeth ef o bawb, ac yntau'n gwisgo mantell 'Solomon yn ei holl ogoniant', yn ôl yn waglaw o'i ymchwil, pa obaith oedd gan neb arall? I geisio ateb, mae'n troi unwaith eto at ddoethineb ac ynfydrwydd; y ddwy ffordd o fyw a ystyriodd yn gynharach cyn eu diystyru fel ymlid gwynt (1:17-18).

Ond o'u cymharu'n feirniadol, daw i'r casgliad y tro hwn fod doethineb yn rhagori ar ynfydrwydd, o leiaf i ryw raddau (2:13), gan fod y doeth yn mynd trwy fywyd 'â'i lygaid yn ei ben, ond y mae'r ffôl yn rhodio yn y tywyllwch'

(2:14). Ffynhonnell dirnadaeth oleuedig yw doethineb, ond arwain i ddistryw a wna ffolineb. Mae cyferbynnu'r doeth a'r ffôl yn nodweddiadol o Lên Ddoethineb. Ceir amryw o enghreifftiau yn Llyfr y Diarhebion: 'Y mae mab doeth yn gwneud ei dad yn llawen, ond mab ffôl yn dwyn gofid i'w fam' (Diar. 10:1); 'Gwasgaru gwybodaeth y mae genau'r doeth, ond nid felly feddwl y ffyliaid' (15:7).

Ond er ei fod yn perthyn i'r un traddodiad ag awdur Diarhebion, nid yw'r gwahaniaeth rhwng y doeth a'r ffôl mor ddiamheuol ym meddwl y Pregethwr. Mae'r gwrthgyferbyniad llwyr yn llai amlwg yn wyneb marwolaeth: 'Canfûm mai'r un peth yw tynged y ddau' (Preg. 2:14). Aiff y naill a'r llall i ebargofiant. Felly, pa elw sydd i unrhyw un o fod yn ddoeth? Ei obaith oedd y byddai tynged y doeth yn wahanol iawn i dynged y ffôl, ond cafodd ei siomi. Mae'r fath anghyfiawnder yn ei arwain i gasáu bywyd; agwedd annisgwyl gan un o'r doethion.

I wneud pethau'n waeth, gŵyr y bydd raid iddo adael ei eiddo i'r un a ddaw ar ei ôl, 'a phwy sy'n gwybod ai doeth ynteu ffôl fydd hwnnw?' (2:19). Wedi iddo weithio mor galed, gallai ffrwyth ei lafur fynd rhwng y cŵn a'r brain. Mae'n bosibl i ddoethineb un genhedlaeth gael ei dinistrio'n llwyr gan ffolineb y genhedlaeth nesaf. O ganlyniad, mae'r Pregethwr yn mynd i anobaith ynghylch y cyfan a gyflawnodd yn ystod ei fywyd. Yr unig beth a gafodd o'i lafur oedd poen meddwl. Pa ryfedd fod sefyllfa mor annheg yn ei gadw'n effro hyd yr oriau mân (2:23)?

Rhyngu bodd Duw

Yn sydyn, mae'r awyrgylch yn newid. Am ennyd fechan, cyfyd y llen i ddangos rhywbeth heblaw'r portread o'r gweithiwr diarbed a gaiff ei lethu gan ofid. Yma, mae'r pwyslais ar werthfawrogi pleserau syml bywyd: 'Nid oes dim byd yn well i neb na bwyta ac yfed a chael mwynhad o'i lafur' (2:24). Awgrymir fod y gyfeillach â theulu a chyfeillion wrth y bwrdd bwyd yn brofiad i'w feithrin a'i drysori, yn ogystal â'i fwynhau. Ond mae yma hefyd argymhelliad i chwilio am fwynhad mewn llafur; y llafur *ei hun* sylwer, nid yn unig yn ei *ffrwythau*. Dylai mwynhad fod yn elfen greiddiol yn y gwaith. Dim ond y sawl sy'n gorweithio sy'n ystyried ei lafur yn fyrdwn a blinder, ac yn methu cael pleser ynddo.

Rhoddion gan Dduw i bontio'r pellter rhyngddo a dynoliaeth yw bwyd a diod a gwaith, ynghyd â'r gallu i'w mwynhau. Trwyddynt, daw'r crediniwr i gysylltiad â'r rhoddwr y tu ôl i'r rhodd. Duw hefyd sy'n rhoi 'doethineb, deall a llawenydd i'r sawl sy'n dda yn ei olwg' (2:26); hynny yw, y sawl sy'n derbyn ac yn gwerthfawrogi ei roddion. Ond caiff 'yr un sy'n pechu' – nid pechadur yn ystyr moesol y gair, ond y cybydd sy'n gwrthod y rhoddion ac felly'n methu â chael mwyniant mewn bywyd – 'y dasg o gasglu a chronni' ar gyfer y sawl sy'n rhyngu bodd Duw. Mae'r syniad o ddosbarthu cyfoeth y cynnil er budd yr anghenus yn thema boblogaidd o fewn Llên Ddoethineb: 'Y mae'r un sy'n cynyddu ei gyfoeth trwy log ac usuriaeth yn ei gasglu i'r un sy'n garedig wrth y tlawd' (Diar. 28:8. Gw. hefyd Diar. 13:22; Job 27:16-17).

❖ Cwestiynau i'w trafod

1. O ystyried y drygioni a'r dioddef sydd yn y byd, a ydych yn cytuno â'r Pregethwr na 'ellir unioni yr hyn sydd gam'?

2. Mae'r athrawiaeth o gosb a gwobr yn greiddiol i Gyfraith Moses. A ydych yn credu bod Duw'n cosbi'r drwg ac yn gwobrwyo'r da yn y bywyd hwn?

4. Tymor i bob peth
Y Pregethwr 3:1-22

Y rhan fwyaf adnabyddus o Lyfr y Pregethwr yw'r gerdd fach hon ar ddechrau'r drydedd bennod. *'A poetic gem in an otherwise dark and convoluted book'* yw disgrifiad un esboniwr ohoni. Hawdd deall pam iddi gael y fath sylw dros y canrifoedd a pham y codwyd hi o'i chyd-destun i'w defnyddio fel uned annibynnol, yn enwedig felly yn niwylliant y Gorllewin. Caiff ei chanu gan gantorion, ei phaentio ar blatiau, ei hargraffu ar bosteri, a hyd yn oed ar gardiau cydymdeimlad, er ei bod yn amheus faint o gysur y mae'n ei roi i alarwyr.

Y trefniant cerddorol mwyaf adnabyddus ohoni yw *To Everything there is a Season,* cân boblogaidd iawn yn ystod chwedegau'r ganrif ddiwethaf gan wrthwynebwyr i bolisi America yn Fietnam. Mae adnodau ohoni wedi ymddangos hyd yn oed mewn areithiau gwleidyddol. Pan arwyddwyd y cytundeb heddwch rhwng Israel a'r Palestiniaid ym 1993, gorffennodd Prif Weinidog Israel, Yitzhak Rabin, ei araith trwy ddweud fod yna 'Amser i garu, ac amser i gasáu, amser i ryfel, ac amser i heddwch'. Yna ychwanegodd: 'Mae'r amser i heddwch wedi dod'. Darllenwyd y gân hefyd yn angladd John F. Kennedy ym 1963.

Yr amser iawn

Mynegir pwnc y gân ar y cychwyn, sef bod amser neu dymor i bob peth. Yna fe'i datblygir mewn 14 o gyplau cytbwys ond croes i'w gilydd sy'n enwi 28 profiad dynol. Roddir amser arbennig i bob digwyddiad, pob cyflwr, pob teimlad, pob gorchwyl: geni a marw, wylo a chwerthin, tewi a siarad, rhyfel a heddwch. Maent oll yn rhan o fywyd dynol 'dan yr haul'. Ar wahân i eni a marw, mae'r gweddill yn nwylo dynoliaeth i wneud fel y myn. Tasg y doeth yw dirnad yr amser cywir er mwyn gweithredu'n gyfrifol. Wrth osod y cadarnhaol a'r negyddol ochr yn ochr, mynegi realiti'r byd y mae'n byw ynddo a wna'r awdur, gan gydnabod o bosibl nad yw'n hawdd dewis yr amser cywir i ddweud neu wneud rhywbeth. Rhoddwn sylw i rai o'r adnodau.

'Amser i ladd, ac amser i iacháu' (3:3a)

At ddull cymdeithas o gosbi trosedd y mae'r cymal hwn yn cyfeirio. Roedd dienyddio drwgweithredwyr yn rhan o fywyd pob dydd yng nghyfnod y Pregethwr. Ond mae dweud fod yna 'amser i iacháu' yn ymddangos yn od; oni fyddai hynny'n weddus unrhyw bryd? O bosibl mai'r hyn sydd dan sylw yw'r ffaith fod yr agwedd at feddygon yn amwys. Er iddynt gael parch, roedd cred Israel gynnar yn y syniad o gosb a gwobr yn golygu mai dull Duw o ddial ar y drygionus oedd afiechyd. Felly, wrth ymateb i'r alwad am help roedd y meddyg yn mentro ymyrryd ym mwriad yr Hollalluog.

'Amser i daflu cerrig ac amser i'w casglu' (3:5a)

Beth yw'r ystyr? Mae'r esboniadau'n cynnig amryw o atebion. Yn ôl rhai, cyfeiriad at gyfnod o ryfel sydd yma. Wedi trechu ei elynion mewn brwydr, arferai'r buddugwr orchuddio tir ffrwythlon y wlad a goncrodd â cherrig, er mwyn ei wneud yn ddiwerth ar gyfer tyfu cynnyrch (gw. 2 Bren. 3:19.) Ond mewn cyfnod heddychol, roedd yn ofynnol i bob amaethwr ddigaregu ei dir a'i drin (gw. Eseia 5:2) trwy gasglu'r cerrig yn bentwr a'u defnyddio i godi clawdd i warchod y cnwd, fel y gwnaeth y perchennog yn nameg y winllan a'r tenantiaid (gw. Math. 21:33).

Awgrym arall yw mai i fyd busnes y perthyn y taflu a'r casglu. Byddai bugeiliaid yn cario cerrig mân mewn cwdyn er mwyn cyfri'r defaid a'r geifr a oedd dan eu gofal. Fel y byddai'r ddiadell yn lleihau wrth iddynt werthu'r anifeiliaid, taflent y nifer cywir o gerrig i ffwrdd. Pan gynyddai'r ddiadell unwaith eto, casglent ragor o gerrig er mwyn cadw cyfrif cywir o'r anifeiliaid. Roedd cerrig hefyd yn arf defnyddiol i unigolyn mewn argyfwng. Wrth fynd i gyfarfod â Goliath, casglodd Dafydd 'bum carreg lefn o'r nant a'u rhoi yn y bag bugail oedd ganddo fel poced' (1 Sam. 17:40).

'Amser i gadw, ac amser i daflu ymaith' (3:6b)

Gellir dehongli'r cymal hwn fel cyngor i'r casglwr sy'n gwrthod neu'n methu â chael gwared ar ddim o'i eiddo. Gelwir arno i sylweddoli faint o lanast a thrafferth y mae llenwi'r tŷ â'i gelc yn ei greu i'r sawl sy'n cyd-fyw ag ef, neu a ddaw ar ei ôl. Ond mae'n anodd meddwl nad oes iddo ystyr ehangach: ystyr moesol. Yn ddiamau, mae bod yn ddarbodus a chynilo ar gyfer y dyfodol yn beth doeth. Ond mae yma hefyd alwad i'r sawl sydd ar ben ei ddigon i fod yn hael trwy gofio am rai sydd heb ddim. Yn ogystal â gwneud cyfraniad ariannol i elusen, ffordd syml o wneud hyn fyddai adolygu cynnwys y cwpwrdd dillad. Faint o grysau, cotiau, esgidiau a throwsusau sydd ar unrhyw un eu hangen?

'Amser i rwygo ac amser i drwsio' (3:7a)

Efallai mai cyfeiriad sydd yma at un o orchwylion gwraig y tŷ. Er nad oes fawr neb yn gwneud hynny bellach, roedd darnio un dilledyn er mwyn clytio un arall yn arfer cyffredin ers talwm. Ond ceir amryw o gyfeiriadau yn y Beibl at rwygo dillad i fynegi gofid wrth dderbyn newydd drwg. 'Rhwygodd Jacob ei ddillad' yn ei alar am Joseff (Gen. 37:34. Gw. hefyd Gen. 37:29; Num. 14:6). A dyna a wnaeth Job hefyd pan gollodd ei blant a'i gyfoeth (Job 1:2). A phan welodd ei gyfeillion ei gyflwr truenus ac yntau'n eistedd ar y domen ludw, 'wylasant yn uchel a rhwygo'u dillad' (Job 2:12).

Mae'r arferiad o rwygo dillad yn parhau ymysg Iddewon Uniongred i fynegi galar wedi profedigaeth, ac mae yna reolau arbennig i'w dilyn ynghylch y rhwyg. Rhaid iddo fod yn weladwy, ar y dilledyn uchaf, ac eithrio côt fawr neu gôt wlaw; rhaid iddo fod dros y galon fel symbol o dor-calon wedi colli'r ymadawedig; rhaid iddo fod yn rhwyg bwriadol, o leiaf dair modfedd o hyd; ni chaiff fod yn agos at wnïad, gyda'r posibilrwydd y gallai ddigwydd ar ddamwain. Ni chaiff ei drwsio nes bydd y tymor galaru wedi dod i ben, un ai saith neu ddeng niwrnod ar hugain wedi'r angladd. Wrth ddweud fod yna amser i drwsio, mae'r Pregethwr yn tynnu sylw at yr hawl i wneud hynny.

'Amser i dewi, ac amser i siarad' (3:7b)

Rhoddir cryn bwyslais yn Llên Ddoethineb ar yr amser addas i dewi ac i siarad. Yn ôl yr awduron, roedd grym yn perthyn i'r tafod, y geg a'r gwefusau am fod geiriau'n cael effaith, er drwg neu er da, nid yn unig ar bobl eraill ond ar y siaradwr ei hun: 'Geiriau'r ynfyd yw ei ddinistr, ac y mae ei eiriau yn fagl iddo'i hun' (Diar. 18:7). Felly, rhaid bod yn ofalus wrth eu defnyddio.

Gan fod i eiriau'r pŵer i glwyfo a chysuro, i gywiro ac i gamarwain, i greu ac i chwalu cyfeillgarwch, mae'r doethion yn rhoi sylw nid yn unig i gynnwys yr hyn a ddywedir ond hefyd i'r dull a'r amgylchiad: 'Fel afalau aur ar addurniadau o arian, felly y mae gair a leferir yn ei bryd' (Diar. 25:11); 'Caiff rhywun foddhad pan fydd ganddo ateb, a beth sy'n well na gair yn ei bryd?' (15:23).

Ond er mwyn sicrhau yr yngenir pob gair 'yn ei bryd' a'i fod felly'n addas i'r cyd-destun, rhaid dysgu ffrwyno'r lleferydd. Rhaid gwybod pryd i siarad, a phryd i dewi. Mewn rhai amgylchiadau, megis galar a phoen, mae distawrwydd yn amserol. Pan ddaeth cyfeillion Job i ymweld ag ef yn ei drybini, 'Eisteddasant ar y llawr gydag ef am saith diwrnod a saith nos. Ni ddywedodd yr un ohonynt air wrtho, am eu bod yn gweld fod ei boen yn fawr' (Job 2:13).

Mae distawrwydd hefyd yn arwydd o ddoethineb: 'Tra tawa'r ffŵl, fe'i hystyrir yn ddoeth, a'r un sy'n cau ei geg yn ddeallus' (Diar. 17:28). Meddai Iesu fab Sira: 'Y mae dyn doeth yn tewi nes dyfod yr amser priodol, ond mae'r broliwr ynfyd yn siarad pryd na ddylai' (Ecclus. 20:7). Ond yn aml, ymatal rhag dweud yr hyn sydd ar flaen y tafod, yn hytrach na bod yn ddistaw, yw cyngor y doethion: 'Fe welaist un sy'n eiddgar i siarad; y mae mwy o obaith i'r ffŵl nag iddo ef' (Diar. 29:20). Mae angen hunanddisgyblaeth wrth siarad. Rhaid i'r sawl sy'n hoffi clywed ei lais ei hun ddysgu beth sy'n addas i'w ddweud, a sut a pha bryd i'w ddweud.

Ceir adlais o ddysgeidiaeth y doethion yn y Testament Newydd. Yn ei gyngor i'w gyd-athrawon, mae Iago'n eu hatgoffa fod y tafod, er yn aelod bychan o'r corff, yn amhosibl i'w reoli. Wrth ystyried y niwed y gall ei wneud, mae'n ei ddisgrifio fel tân a gwenwyn: 'Drwg diorffwys yw, yn llawn o wenwyn marwol' (Iag. 3:5-8). Wrth restru rheolau'r bywyd newydd yng Nghrist, mae Paul hefyd yn atgoffa'r Effesiaid o rym y gair: 'Nid oes yr un gair drwg i ddod allan o'ch genau, dim ond geiriau da, sydd er adeiladaeth yn ôl yr angen, ac felly'n dwyn bendith i'r sawl sy'n eu clywed' (Eff. 4:29). Wrth gollfarnu'r Phariseaid am ddweud pethau da, a hwythau eu hunain yn ddrwg, meddai Iesu: 'Oherwydd yn ôl yr hyn sy'n llenwi'r galon y mae'r genau'n llefaru ... Wrth dy eiriau y cei dy gyfiawnhau, ac wrth dy eiriau y cei dy gondemnio' (Mth. 12:34-37).

Myfyrdod

Yn yr adran sy'n dilyn y gerdd mae'r Pregethwr yn myfyrio ymhellach ar bwysigrwydd gwneud popeth yn ei bryd, trwy ofyn unwaith eto: 'Pa elw a gaiff y gweithiwr wrth lafurio?' (Preg. 3:9). Ei ateb i'r cwestiwn y tro cyntaf oedd mai 'gorchwyl diflas yw'r un a roddodd Duw i bobl ymboeni yn ei gylch' (1:13). Ond y tro hwn, mae'n fwy calonogol am fod Duw wedi gwneud 'popeth yn hyfryd yn ei amser' (3:11). Nid amherthnasol yw'r ffaith yr enwir Duw bump o weithiau mewn chwe adnod (3:10-15).

Ystyr 'hapus' yn y cyd-destun yw 'addas'. Mae Duw wedi trefnu ynghylch y cwbl sy'n angenrheidiol ar gyfer dynoliaeth, a hefyd wedi rhoi 'tragwyddoldeb yng nghalonnau pobl', sef yr ymwybyddiaeth fod amser yn mynd heibio a ddaw iddo trwy feddwl am y gorffennol a'r dyfodol. Ond ar yr un pryd, mae'n creu rhwystredigaeth trwy eu hamddifadu o'r gallu i ddirnad ei ewyllys a deall yr hyn a ddigwydd yn y presennol (3:11). *'A fantastic statement of divine sabotage'* yw sylw un esboniwr.

Gwyddom eisoes fod y Pregethwr yn barod iawn i gydnabod nad oes ganddo atebion i gwestiynau dyrys bywyd. 'Pwy a ŵyr?' yw un o'i briod-ddulliau mwyaf cyffredin. Ond cawn yma ddwy enghraifft o'r hyn *y mae'n* ei wybod. Gwnawn yn fawr ohonynt. Gŵyr ei bod yn bosibl mwynhau bywyd am mai dymuniad Duw yw bod pawb yn llwyddo ac yn ffynnu. Felly, dyletswydd dynion yw ufuddhau i'r ewyllys dwyfol a bod yn llawen trwy fwyta ac yfed a chael pleser yn eu llafur (3:12-13). Gŵyr hefyd nad oes unrhyw ffordd i newid yr hyn a fwriadodd Duw o'r dechrau yn ei ras ar gyfer ei greadigaeth. Serch hynny, fe ddylai ei gariad ennyn parch dynion tuag ato.

Anghyfiawnder

Nid yw'r awdur yn oedi cyn rhoi ysgytwad arall i'w ddarllenwyr. Y tro hwn, un o athrawiaethau creiddiol crefydd yr Iddew sydd dan ei lach: cyfraith cosb a gwobr, sef y syniad bod tynged pob unigolyn yn dibynnu ar ei weithredoedd. Mewn sgwrs ag ef ei hun, mae'n rhoi llais i'r syniad y bydd Duw'n barnu'r 'cyfiawn a'r drygionus' ymhen hir a hwyr, fel y dywed Cyfraith Moses (gw. e.e. Ex. 34:6-7). Ond gan fod 'drygioni wedi cymryd lle barn a chyfiawnder' (Preg. 3:16), chwelir ei obeithion o weld y naill yn cael ei achub o grafangau'r llall yn y byd sydd ohoni.

Mae ei brofiad o fywyd wedi ei amddifadu o neges hyderus y proffwydi bod y byd yn gyfiawn, ac o gred ei gyfoedion, rhagflaenwyr y Phariseaid, y caiff y ffyddloniaid eu gwobr yn y byd a ddaw. Hyd y gwêl ef, mae bywyd yn llawn o arwyddion bod y cyfiawn yn dioddef ar gam a'r anghyfiawn yn osgoi cosb. Ar hyn o bryd o leiaf, nid barn a chyfiawnder ond drygioni sy'n cario'r dydd. Felly, mae'n amlwg fod Duw'n trin y da a'r drwg yr un modd. Mae unrhyw newid i'r drefn wedi ei bennu eisoes, ond ni ŵyr neb pryd y daw'r newid i rym (3:17).

Gan mai marwolaeth sy'n wynebu'r cyfiawn a'r anghyfiawn, ni wêl y Pregethwr wahaniaeth rhwng tynged pobl ac anifeiliaid: 'Y mae'r naill fel y llall yn marw. ... Y maent i gyd yn mynd i'r un lle' (3:19-20). Ac am mai 'yr un anadl sydd ynddynt', a'u bod yn dychwelyd i'r llwch o ba le y daethant (gw. Gen. 3:19), ni wêl fod 'gan neb dynol fantais dros anifail' (Preg. 3:19). Dyma syniad gwahanol iawn i'r hyn a geir yn Genesis 1 a Salm 8. Ond y mae tynged yr 'ysbryd', neu'r 'anadl einioes' a roddodd Duw i ddyn ac anifail fel ei gilydd (gw. Gen. 2:7; 7:15) ar ôl marw, yn ddirgelwch llwyr: 'Pwy sy'n gwybod ... ?' (Preg. 3:21).

Cyn iddo ddod â'i fyfyrdod ar yr anghyfiawnder yn y byd i ben, mae'r awdur yn gwneud un pwynt arwyddocaol arall. Iddo ef, mae'r ansicrwydd ynghylch tynged dynoliaeth wedi marwolaeth yn pwysleisio gwerth y presennol. Yn wyneb troeon yr yrfa, mae'n ailadrodd ei gyngor i ddyn 'fwynhau ei hun yn ei waith', gan gofio mai rhodd Duw yw'r gallu i gael pleser mewn bywyd. Nid oes dim byd gwell yn debygol o ddod i'w ran (3:21). Yr unig beth sydd raid iddo ei dderbyn yw na fedr byth wybod beth a ddigwydd iddo y tu hwnt i'r llen. Cwestiwn rhethregol yw: 'Pwy all wneud iddo weld beth fydd ar ei ôl?' (3:22). Yr ateb yw: Neb.

❖ Cwestiynau i'w trafod

1. Ym mha ffyrdd y mae'r farddoniaeth enwog yn 3:1-8 yn her i'r Cristion?

2. Yn eich barn chwi, a oes y fath beth ag 'amser i ladd'?

5. Gorthrwm a Gwaith

Y Pregethwr 4:1-8

Gwelsom fod amryw o gyfeiriadau at Dduw yn nhrydedd bennod Llyfr y Pregethwr. Duw a drefnodd y tymhorau a ddisgrifir yn yr adnodau agoriadol (3:17). Yng ngweddill y bennod, adroddir am ei weithredoedd yng nghyswllt y ddynoliaeth: rhoi, gwneud, barnu, profi. Ond nid oes sôn am Dduw o gwbl yn y bedwaredd bennod. Mae ffocws y bennod honno ar weithredoedd dynol, ar yr hyn sy'n digwydd 'dan yr haul'; hynny yw, yn y byd o'n cwmpas ar hyn o bryd (4:1,3,7,15). Rhoddir sylw yn eu tro i res o bynciau: gorthrwm, gwaith, cenfigen, diogi, cyfeillgarwch a ffolineb.

Dagrau'r gorthrymedig

Yr hyn sy'n taro'r Pregethwr yn gyntaf yw pa mor annheg yw bywyd. Mae'n enwi dau ddosbarth o bobl sef, y gorthrymedig a'r gorthrymwyr: y gweiniaid sy'n gorfod ymdrechu'n ddyddiol i gael dau ben llinyn ynghyd a'r grymus sy'n defnyddio'u nerth a'u dylanwad i'w gormesu. Er nad cyfiawnder a barn a ddaw i'r meddwl gyntaf wrth ystyried neges y llyfr, mae'r awdur yn rhoi sylw yma i un o themâu mawr y Beibl wrth iddo adleisio'r Gyfraith a chenadwri'r proffwydi. Mae hyd yn oed yn defnyddio'r un eirfa â hwy.

'Paid â gwneud cam â'r estron, na'i orthrymu, oherwydd estroniaid fuoch chwi yng ngwlad yr Aifft. Peidiwch â cham-drin y weddw na'r amddifad' (Ex. 22:21-22) yw un o ddeddfau moesol y cyfamod a wnaeth Duw ag Israel ar Fynydd Sinai. Yn yr wythfed ganrif CC, mae Amos yn barnu merched cefnog Samaria 'sy'n gorthrymu'r tlawd ac yn treisio'r anghenus' (Am. 4:1). Trwy ei broffwyd Jeremeia, mae Duw'n galw ar bobl Jwda i wneud barn yn gyson yn eu perthynas â'i gilydd 'a pheidio â gorthrymu'r dieithr, yr amddifad a'r weddw, na thywallt gwaed dieuog' (Jer. 7:6). Meddai Eseciel, wrth adrodd am droseddau Jerwsalem: 'Y mae pobl y wlad ... yn gorthrymu'r tlawd a'r anghenog, ac yn treisio'r dieithryn gan atal cyfiawnder' (Esec. 22:29). Ar ddiwedd y chweched ganrif mae Sechareia'n tanlinellu'r anufudd-dod i Gyfraith Moses a achosodd y Gaethglud ac yn galw, yn enw Duw, ar drigolion

Jwda i ddangos trugaredd a thosturi at ei gilydd a pheidio 'â gorthrymu'r weddw, yr amddifad, yr estron, a'r tlawd' (Sech. 7:9-10).

Mae'r gorthrymedig a'r anghenus yn dioddef mewn o leiaf dair ffordd. *Yn gyntaf,* oherwydd amgylchiadau bywyd. Golygfa gyffredin ym mhob tref a dinas yw'r digartref yn gofyn am arian, yn dioddef o newyn a salwch, yn gaeth i gyffuriau ac alcohol, yn cysgu ar y pafin ac yn nrysau siopau a swyddfeydd. Ar nifer cynyddol o aelwydydd, mae teuluoedd yn methu ag ymdopi; ni allant wresogi eu cartrefi ac nid oes ddewis ond dibynnu ar y banc bwyd am gymorth, er bod y rhieni'n gweithio llawn amser.

Yn ail, er bod eu bywydau'n gyfforddus mae eraill yn dioddef oherwydd unigrwydd. Gwelodd y Pregethwr ddagrau yn llygaid llawer un am nad 'oedd neb i'w cysuro' (4:1). Mae dwy agwedd yn perthyn i'r syniad o gysuro yn yr Hen Destament. Fel yn y Gymraeg, mae'r gair Hebraeg am 'gysuro' yn golygu lliniaru poen a thristwch trwy gydymdeimlo. Ond mae'r gair Hebraeg yn cynnwys yn ogystal y ddyletswydd i weithredu'n benodol i drin achos y tristwch. Heb deulu, heb gyfeillion agos, nid oes gan y sawl sy'n byw ar ei ben ei hun neb i roi help llaw pan fo angen. Nid oes gan y sawl a wêl y dydd yn hir neb i gadw cwmni, neb i dorri ar y distawrwydd. Mae angen cymorth ymarferol i ymdopi.

Yn drydydd, mae'r gorthrymedig yn dioddef am nad oes neb i gadw eu cefn a brwydro drostynt. Dyna pam y mae'r Beibl yn rhoi'r fath bwyslais ar warchod aelodau mwyaf diamddiffyn cymdeithas – y weddw, yr amddifad a'r estron – rhag cael eu cam-drin. Nid cyd-ddigwyddiad yw'r ffaith fod 'nerth o blaid eu gorthrymwyr' (4:1) gan fod nerth, bron yn ddi-feth, yn meithrin gormeswyr.

Mantais y meirw

Mae gweld y tlawd, y difreintiedig, yr unig a'r diobaith, 'gwrthodedigion trist ein byd', yn strydoedd ei ddinas yn arwain y Pregethwr i wneud datganiad anghyffredin iawn: bod marw'n rhagori ar fyw. Nid oes gasgliad mwy digalon yn y llyfr cyfan. Yn ei farn ef, mae'n 'well ar y rhai sydd eisoes wedi marw na'r rhai sy'n dal yn fyw' (4:2). Mae'n eiddigeddus o'r meirw am fod marwolaeth yn arbed yr unigolyn rhag dioddef 'yr holl orthrymderau sy'n digwydd dan yr haul' (4:1). O ystyried cyflwr truenus y byd, mae marwolaeth yn ymddangos yn fwy fel y cyfaill olaf na'r gelyn olaf.

Yna, aiff â'r ddadl i'r pegwn eithaf trwy fynd cyn belled â dweud mai 'gwell na'r ddau yw'r rhai sydd eto heb eu geni' (4:2-3). Maent ar eu mantais o beidio â gweld y trychinebau sy'n digwydd yn gyson yn y byd. Yr unig ddau gymeriad arall yn yr Hen Destament sy'n coleddu syniad tebyg yw Job (3:3-26) a Jeremeia (20:14-18). Mae'r ddau'n dioddef cymaint nes iddynt felltithio dydd eu genedigaeth.

Cystadlu neu gydweithredu?

Er i'r awdur eisoes ddweud bod modd cael mwynhad mewn llafur ac mai rhodd Duw yw'r fath fwynhad, mae'n cyfeirio yn yr adran nesaf at ddau gymeriad sy'n gwrthddweud hyn. Maent yn cynrychioli dau begwn yn eu hagwedd at waith: y diwyd a'r diog (4:4-6). Y diwyd sydd mewn golwg ganddo yw'r bobl sy'n ymdrechu, ac yn ôl pob arwydd allanol sy'n llwyddo i gael bywyd cyfforddus, digwmwl ond sy'n talu'n ddrud am eu llwyddiant trwy fod yn gwbl gaeth i'w gwaith. Cawsant eu barnu'n hallt ganddo eisoes am 'ymlafnio' i gyflawni eu 'holl lafur' (1:3).

Ym marn y Pregethwr, cenfigen yw'r sbardun i'r fath lafur diflino. Mae'r ysfa i weithio'n rhy galed yn deillio 'o genfigen rhwng rhywun a'i gymydog' (4:4). Ni ellir gwadu bod yr ymroddiad i waith diarbed yn aml iawn yn deillio o fod yn eiddigeddus o lwyddiant eraill. A gall eiddigedd esgor ar awydd i gystadlu â hwy er mwyn cael y gorau arnynt, yn hytrach na bod yn barod i gydweithredu â hwy. Daw'r cystadlu brwd rhwng prif archfarchnadoedd gwledydd Prydain i'r meddwl: mae'r hysbysebion cyson yn dangos pa mor awyddus yw pob un i fod y mwyaf poblogaidd a phroffidiol. Onid cystadleuaeth yw sail cyfalafiaeth? Wrth gwrs, y mae'r fath beth â chystadleuaeth iach. Ond mae'r Pregethwr yn ddigyfaddawd: iddo ef, mae'r holl gystadlu'n gwbl ddi-fudd. Yn ei farn ef, 'gwagedd ac ymlid gwynt' (4:4) yw'r elw a ddaw ohono.

Ond rhaid cydnabod nad yw'r cysylltiad rhwng llafur a chenfigen yno ym mhob achos. Nid eiddigedd sy'n cymell y gweithiwr tlawd, anghenus i lafurio'n galed o fore gwyn tan nos. Os yw am fwydo'i deulu a thalu ei ddyledion, pa ddewis sydd ganddo ond gweithio? Nid ceisio rhagori ar neb arall a wna crefftwyr medrus y celfyddydau cain. Yr hyn sy'n eu hysgogi i ddal ati hyd yr oriau man yw'r dymuniad i lunio darnau o waith coeth, perffaith. Nid 'gwagedd ac ymlid gwynt' yw pob enghraifft o ddiwydrwydd a llafur caled.

Os mai'r darlun cyntaf yw'r disgrifiad o rywun nad oes ganddo ddim ar ei feddwl heblaw gwaith a'r elw a geir ohono, mae'r ail ddarlun yn mynd â ni i'r eithaf arall, o ddycnwch i segurdod. Dirmygu'r cystadlu brwd ymysg y diwyd a wna'r diog, a chymryd pob cyfle i osgoi gweithio. Mae ei agwedd yn ennill iddo'r enw 'ffŵl' gan yr awdur am nad oes ganddo'r synnwyr i sylweddoli ei fod 'yn ei ddifa'i hun' (4:5), yn yr ystyr ei fod yn siŵr o lwgu. ('Bwyta ei gnawd ei hun' yw cyfieithiad llythrennol yr Hebraeg.)

Ceir sylwadau tebyg sy'n canmol diwydrwydd ond sy'n llawdrwm ar y dyn diog, yn Llyfr y Diarhebion: 'Ti ddiogyn, dos at y morgrugyn, a sylwa ar ei ffordd a bydd ddoeth' (Diar. 6:6). 'O ddiogyn, am ba hyd y byddi'n gorweddian? Pa bryd y codi o'th gwsg? Ychydig gwsg, ychydig hepian, ychydig blethu dwylo i orffwys, a daw tlodi arnat fel dieithryn creulon, ac angen fel gŵr arfog' (6:9-11). 'Y mae llaw segur yn dwyn tlodi, ond llaw ddiwyd yn peri cyfoeth. Y mae mab sy'n cywain yn yr haf yn ddeallus, ond un sy'n cysgu trwy'r cynhaeaf yn dod â chywilydd' (10:4-5).

Er y gall llafur fod yn faich o dan rai amgylchiadau, mae'n rhaid i bawb weithio er mwyn i gymdeithas ffynnu. Fe ddylai hyn fod yn amlwg i bob crediniwr. Onid dyna Gyfraith Moses? 'Chwe diwrnod yr wyt i weithio a gwneud dy holl waith, ond y mae'r seithfed dydd yn Saboth yr ARGLWYDD dy Dduw; na wna ddim gwaith y dydd hwnnw' (Ex. 20:9-10). Pa werth sydd i weithio'n barhaus os na cheir yn y diwedd unrhyw beth sy'n rhoi gwir foddhad? Gwell bodloni ar lai o elw os bydd hynny'n golygu heddwch meddwl a'r gallu i hamddena. Yr hyn y mae'n rhaid i'r sawl sy'n gorweithio ei wneud yw dilyn y llwybr canol. Iddo ef, yr her yw meithrin persbectif newydd ar werth llafur, a chadw cydbwysedd rhwng gwaith a gorffwys.

Wrth ddadlau bod llai yn rhagori ar fwy, mae'r Pregethwr unwaith eto'n adleisio'r traddodiad y cafodd ei feithrin ynddo. O fewn Llên Ddoethineb, ceir sawl enghraifft o ddefnyddio'r radd gymharol i fynegi'r un egwyddor: 'Gwell ychydig gydag ofn yr ARGLWYDD na chyfoeth mawr a thrallod gydag ef' (Diar. 15:16). 'Gwell ychydig gyda chyfiawnder nag enillion mawr heb farn' (16:8). 'Gwell yw tamaid sych, a llonyddwch gydag ef, na thŷ yn llawn o wleddoedd ynghyd â chynnen' (17:1).

Cyn cwblhau ei sylwadau ar y pwnc, gwna'r awdur ymgais arall i dynnu sylw at fywyd gwag y sawl sy'n byw i weithio yn hytrach na gweithio i fyw (Preg. 4:7-8). Am ei fod yn llafurio'n ddi-baid, nid oes gan y sawl sydd â'i fryd ar wneud arian gyfle i fwynhau cwmni pobl eraill. Oherwydd ei obsesiwn, nid oes gan y cybydd neb ond ef ei hun i'w feio am ei unigrwydd. Nid yw'r cyfoeth a ddaw o'i holl waith yn rhoi unrhyw foddhad iddo. Ni all y Pregethwr ddeall sut y gall fod mor gibddall i dynged y sawl sy'n gwrthod cwmnïaeth. Pam nad yw wedi cymryd seibiant o'i lafur i'w holi ei hunan i ba bwrpas y mae'n llafurio? Pam y mae'n ei amddifadu ei hun o bleser a chyfeillgarwch, yn enwedig pan nad oes ganddo neb i etifeddu ei ffortiwn?

Yn ogystal ag unigrwydd, un o nodweddion eraill y sawl sy'n gorweithio yw creulondeb. Nid yw'n meddwl ddwywaith am wneud bywyd ei weithwyr neu ei gaethion yn feichus trwy eu gorfodi hwythau i ddilyn ei esiampl. Ond nid yn unig gorthrymu eraill a wna'r gorweithiwr; mae'n ei orthrymu ei hun hefyd. Mewn un ystyr, er gwaethaf ei holl gyfoeth, y mae'n dlawd.

Yng nghyd-destun bywyd hunanol y cybydd, daw dameg yr ynfytyn cyfoethog i'r meddwl lle mae Iesu'n barnu trachwant yr un nad yw'n meddwl am ddim ond am wneud arian. Ac yntau ar ben ei ddigon, ei fwriad yw tynnu i lawr ei ysguboriau a chodi rhai mwy i gadw ei holl eiddo ar gyfer blynyddoedd lawer. 'Ond meddai Duw wrtho, "Yr ynfytyn, heno y mynnir dy einioes yn ôl gennyt, a phwy gaiff y pethau a baratoaist?"' (Luc 12:20).

❖ Cwestiynau i'w trafod

1. I ba raddau y mae cenfigen a chystadleuaeth i wneud elw ym myd masnach o fantais i bobl gyffredin?

2. Ym mha ffyrdd y gall cymdeithas wneud mwy i leddfu unigrwydd y sawl sy'n byw ar ei ben ei hun?

6. Cyfeillgarwch a Gwleidyddiaeth Y Pregethwr 4:9-16

Wedi gwyntyllu agwedd ddisynnwyr yr adyn a'r cybydd at fywyd, mae'r Pregethwr yn dewis pwnc mwy calonogol, sef rhinweddau a manteision cyfeillgarwch a chwmnïaeth (4:9-12). Y wers yw mai dim ond trwy feithrin perthynas agos â chyfaill a chydymaith y gall yr unigolyn lwyddo mewn bywyd os nad oes ganddo deulu agos. Yna, yn ei ddull dihafal ei hun, mae'n troi ei feddwl at wleidyddiaeth ac yn adrodd stori fach sy'n dweud pam ei fod yn credu bod llanc ifanc tlawd a doeth wrth y llyw yn rhagori ar frenin hen a ffôl (4:13-16).

Manteision partneriaeth

Dyma'r unig dro y mae'r awdur yn barod i gydnabod bod y gweithiwr yn elwa o'i lafur. Ond nid ennill cyflog gwell neu wneud rhagor o elw sydd ganddo dan sylw wrth ddweud fod dau sy'n gweithio gyda'i gilydd 'yn cael tâl da am eu llafur' (Preg. 4:9). Y neges y mae'n awyddus i'w chyflwyno yw bod dau'n elwa o'u partneriaeth mewn amrywiol ffyrdd. Yna, cawn dair enghraifft sy'n codi o fywyd pob dydd o fanteision cyfeillgarwch a chydweithio.

Mewn unrhyw fenter ar y cyd ym myd masnach, mae partneriaid ar gael bob amser i gynorthwyo ei gilydd mewn argyfwng. O gymryd y gair fel metaffor, pe bai un 'yn syrthio', hynny yw yn methu â chyflawni ei orchwylion oherwydd salwch neu ddamwain, daw ei gyfaill i'r adwy ac achub y busnes. Mewn undod mae nerth. Mae cymdeithas hefyd ar ei mantais pan fo dau'n cydweithio, oherwydd nid yw'r treialon a enwyd eisoes, sef gormes, eiddigedd, diffyg cysur ac unigrwydd, yn debygol o ymddangos mewn gwir bartneriaeth.

Mae mantais amlwg i ddau sy'n gorwedd gyda'i gilydd, gan fod y 'naill yn cadw'r llall yn gynnes' (4:11). Yn ôl y Targwm, y cyfieithiad Aramaeg o'r Beibl, cymeradwyo bywyd priodasol fel bwriad Duw ar gyfer dynoliaeth a wna'r testun hwn. Wedi creu gardd Eden a rhoi Adda i weithio ynddi, sylweddolodd yr Arglwydd nad 'da bod dyn ar ei ben ei hun', a phenderfynodd wneud 'ymgeledd cymwys' iddo. 'Dyna pam y bydd dyn yn gadael ei dad a'i fam, ac yn glynu wrth ei wraig, a byddant yn un cnawd' (Gen. 2:18-24).

Ond esboniad arall ar eiriau'r Pregethwr yw mai cyfeiriad sydd yma at un o'r problemau a ddaw yn sgil henaint. Pan fo'r gwaed yn teneuo, mae'n anos gwrthsefyll oerfel yr oriau mân. O bosibl mai'r stori adnabyddus am y brenin Dafydd yn heneiddio ac yn methu â chysgu am ei fod yn oer, 'er pentyrru dillad drosto', yw'r cefndir. Er mwyn iddo gael noson o gwsg, daeth ei weision â merch ifanc brydferth, Abisag y Sunamees, ato i'w 'ymgeleddu a gorwedd' yn ei fynwes i'w gynhesu (1 Bren. 1:1-3). Mae'r cwestiwn rhethregol ar ddiwedd Pregethwr 4:11 yn pwysleisio un o anfanteision dewis byw heb gydymaith: 'Sut y gall un gadw'n gynnes ar ei ben ei hun?'

Mae'r enghraifft olaf yn amserol dros ben. Mae'n debygol iawn bod ymosod a lladrad a thrais lawn cymaint o broblem ar strydoedd Jerwsalem yn oes y Pregethwr ag ydynt yn ein dinasoedd ni heddiw. Ac felly, byddai cwmni cyfaill yn anhepgorol i rywun a fyddai'n mentro mynd i ambell ran o'r ddinas rhag ofn bod angen wynebu a gwrthsefyll dihiryn. Mae cyfieithiad yr *NIV* o 4:12 yn gwneud yr ystyr yn gliriach: *'Though one may be overpowered, two can defend themselves'.*

Mae'r awdur yn crynhoi'r drafodaeth ynghylch manteision partneriaeth trwy ddefnyddio dihareb sy'n cyfeirio at gryfder rhaff deircainc. Wedi dweud fod dau'n well nag un, a bod tri'n well fyth, mae'n bosibl nad yw'n gwneud dim mwy na mynegi'r hyn sy'n gwbl amlwg: mewn argyfwng, po fwyaf y nifer, mwya'r diogelwch. Ond esboniad amgen yw mai'r hyn sydd ganddo mewn golwg yw gwerth y cymdeithasau, cylchoedd a chlybiau a oedd yn nodweddu diwylliant Helenistaidd y Dwyrain Canol yn ystod y drydedd ganrif Cyn Crist. Mantais i un yn teithio'r wlad ar fusnes oedd bod yn aelod o gymdeithas neu gylch arbennig, boed ddiwylliannol, addysgiadol neu broffesiynol. Ym mhob tref, gallai ddibynnu ar gyd-aelodau a fyddai'n barod i roi llety dros nos iddo, neu i chwilio am waith iddo os dymunai aros. Onid y cyngor a roddir yn y byd cyfoes hefyd i'r sawl sydd ar fin ymddeol neu'n dioddef o unigrwydd yw ymaelodi mewn clwb, cynulleidfa neu gymdeithas?

Caiff yr egwyddor o bartneriaeth, lle mae dau neu dri'n well nag un, le amlwg yn yr Ysgrythur. Mewn argyfwng ar Fynydd Horeb wedi dinistrio allor Baal a lladd ei broffwydi, erfyniodd y proffwyd Elias ar Dduw i 'gymryd ei einioes' am nad oedd ganddo neb i'w amddiffyn rhag llid Jesebel. Roedd yn argyhoeddedig nad oedd neb ond ef yn dal yn fyw o'r rhai a fu'n selog dros yr Arglwydd wedi i'r Israeliaid droi cefn ar y cyfamod. Heb gymorth, nid oedd ganddo obaith i oroesi. Ateb Duw oedd ei fod wedi gadael saith mil yn Israel a oedd 'heb blygu glin i Baal, na'i gusanu' (1 Bren. 19:18). Nid oedd Elias ar ei ben ei hun o bell ffordd.

Yn y Testament Newydd, nid heb gwmni y mae Iesu'n tramwyo Galilea i bregethu teyrnas Dduw. Mae'n creu cymuned trwy ddewis deuddeg disgybl i ysgwyddo'r gwaith gydag ef gan roi iddynt hyder yn eu cenhadaeth trwy ddweud: 'Os bydd dau ohonoch yn cytuno ar y ddaear i ofyn am unrhyw beth, fe'i rhoddir iddynt gan fy Nhad, yr hwn sydd yn y nefoedd. Oherwydd lle y mae dau neu dri wedi dod ynghyd yn fy enw i, yr wyf yno yn eu canol' (Math. 18:19-20).

Bachgen a brenin

'Yr hen a ŵyr a'r ifanc a dybia', medd yr hen air. 'Na', meddai'r Pregethwr. Yn ei farn ef, nid yw statws ac oedran ohonynt eu hunain yn golygu fod neb yn ddoeth. Mae awdur Llyfr Job yn cytuno ag ef yn hyn o beth. Wedi gwrando ar dri o gyfeillion Job yn ceisio'i ddarbwyllo i gydnabod ei bechod ac edifarhau, mae Elihu, er ei fod yn iau o lawer na'i gyfoedion, yn eu beirniadu'n llym am dybio bod yr ateb cywir i bopeth ganddynt: 'Nid yr oedrannus yn unig sydd ddoeth, ac nid yr hen yn unig sy'n deall beth sydd iawn' (Job 32:9).

Dywed Iesu rywbeth tebyg wrth gyfiawnhau anwybyddu 'traddodiad yr hynafiaid', sef dysgeidiaeth y Phariseaid. Bron yn ddieithriad, cyfeiria'r efengylwyr at yr ysgrifenyddion a'r Phariseaid fel awdurdodau crefyddol cydnabyddedig y cyfnod, ac nid fel carfan ddibwys o eithafwyr rhagrithiol sydd ar yr ymylon. Ond er iddo gydnabod eu bod 'yn eistedd yng nghadair Moses' (Math. 23:2) ac felly'n haeddu parch, roedd Iesu'n anghytuno â hwy ynghylch rhai materion llosg, yn cynnwys deddfau defodol manwl megis cadwraeth y Saboth, golchi dwylo a bwydydd arbennig. Mae'n eu cyhuddo o ragrith am 'ddirmygu gair Duw' er mwyn eu traddodiad (Math. 15:1-9), ac yn eu barnu am fod eu dehongliad o'r Gyfraith yn rhoi 'beichiau trymion ac anodd eu dwyn' ar ysgwyddau pobl (Math. 23:4). Dylent wybod yn well.

Er mwyn dangos nad monopoli'r henoed a'r grymus a'r goludog yw doethineb, mae'r Pregethwr yn cymharu cymwysterau bachgen ifanc tlawd, ond doeth, i fod yn arweinydd â chyflawniadau brenin goludog, oedrannus a ffôl. Ffolineb y brenin yw ei fod yn gwrthod gwrando ar gyngor. Yn ei sefyllfa fregus, gallai 'un ddod allan o garchar' hyd yn oed a chipio'r orsedd oddi arno (Preg. 4:13-14). Mae parodrwydd i wrando ar eraill yn un o nodweddion doethineb; ac yn ôl Llyfr y Diarhebion y mae'n sicrhau llwyddiant hefyd: 'Drysir cynlluniau pan nad oes ymgynghori, ond daw llwyddiant pan geir llawer o gynghorwyr' (Diar. 15:22).

Ar ddechrau ei deyrnasiad, er ei fod yn dlawd a dibrofiad, mae'r gefnogaeth a gaiff y bachgen gan bawb 'oedd yn byw ac yn rhodio dan yr haul' (Preg. 4:15), yn gwireddu'r ddihareb: 'Yn amlder pobl y mae anrhydedd brenin; ond heb bobl, dinistrir llywodraethwr' (Diar. 14:28). Ond daw agwedd besimistaidd yr awdur i'r brig unwaith eto. Er gwaethaf y fath gefnogaeth ysgubol, mae'r brenin newydd yn dioddef tynged yr hen frenin ac yn colli cefnogaeth: nid o angenrheidrwydd o achos ei ffaeleddau ond am fod ei ddeiliaid wedi blino arno ac yn dymuno newid. Nid yw'r clod a'r parch a'r bri sy'n seiliedig ar gymeradwyaeth boblogaidd yn para'n hir. Byrhoedlog fydd y llwyddiant cynnar; mae unrhyw obaith o barhau 'yn wagedd ac yn ymlid gwynt' (Preg. 4:16). Nid oes y fath beth â sefydlogrwydd mewn gwleidyddiaeth.

Daw tair enghraifft Feiblaidd i'r cof o'r hyn sydd gan y Pregethwr dan sylw. Roedd Solomon yn enwog am ei ddoethineb, ond cafodd ei farnu yn ei henaint am iddo fod yn anffyddlon i'r cyfamod a wnaed ar Sinai trwy osod llafur gorfod ar y bobl a dilyn duwiau estron (Gw. 1 Bren. 9:20-21;11:1-13). Yn fuan wedi iddo farw, aeth y frenhiniaeth ar chwâl am fod ei fab Rehoboam wedi gwrthod â gwrando ar yr henuriaid yn ei lys a erfyniai arno i 'ysgafnhau peth ar gaethiwed caled' ei dad a'r 'iau drom a osododd arnynt' (1 Bren. 12.4). Mae'r cyfeiriad at garcharor sy'n mynd o garpiau i gyfoeth yn ein hatgoffa am Joseff yn cael ei ryddhau o'i gadwyni: yn ddyn ifanc, cafodd ei benodi'n rheolwr yr Aifft am iddo brofi ei ddoethineb i Pharo (gw. Gen. 37-41).

Ond boed y Pregethwr yn meddwl am gymeriadau arbennig ai peidio wrth ddweud y stori am y bachgen a'r brenin, mae ei sylwadau yn berthnasol iawn ar ddechrau'r unfed ganrif ar hugain. Rydym yn byw mewn byd y mae arweinwyr oedrannus, ynfyd a pheryglus yn gwneud bywyd yn faich i'w deiliaid ynddo. Mae arweinyddiaeth llawer gwlad yn nwylo cadfridogion creulon, arlywyddion diegwyddor ac eithafwyr crefyddol digyfaddawd, a'r mwyafrif ohonynt wedi cyrraedd oed yr addewid. Un nodwedd sy'n gyffredin i bob un ohonynt yw'r defnydd a wnânt o rym i ffrwyno unrhyw wrthsafiad i'w hawdurdod. Mygir pob protest â dwrn dur. Y camddefnydd o rym gwleidyddol sydd wrth wraidd y protestiadau a'r gwrthryfel sy'n arwain at argyfwng mewn llawer gwlad.

Mae'r bwlch oedran rhwng llywodraeth sy'n heneiddio a phoblogaeth ifanc yn gwneud deialog yn anodd ac yn creu tensiwn rhwng gofynion y naill a gobeithion y llall. Llugoer yw ymateb sawl gwlad i alwad y to ifanc am fyd mwy diogel ar eu cyfer hwy a'u plant trwy roi'r sylw dyladwy i'r amgylchedd cyn ei bod yn rhy hwyr. Yn y gyflafan fwyaf yn Ewrop ers yr Ail Ryfel Byd, anfonwyd nifer fawr o fechgyn ifanc Rwsia, yn groes i'w hewyllys, i ymladd yn erbyn eu cymdogion yn Wcráin, gyda'r gorchymyn i ladd pawb yn ddiwahân. Nid oedd ddewis ond mynd, er eu bod yn brin o'r cyfarpar angenrheidiol a heb gael fawr o hyfforddiant. Yn Iran, mentrodd merched ysgol anufuddhau i orchmynion yr awdurdodau ynglŷn â beth i'w wisgo a beth i'w wneud. Fel y gellid disgwyl, yn lle gwrando a thrafod, ymateb yr henuriaid sy'n rhedeg y wlad yn enw Duw oedd curo, poenydio a charcharu'r protestwyr, a hyd yn oed saethu nifer yn farw.

Yn ôl un cyfrif, mae ymron 2 biliwn o bobl ifanc rhwng 10 a 22 yn y byd. Os yw dynoliaeth am oroesi, mae deialog rhwng y cenedlaethau'n hanfodol. Mae gan lawer o'n hieuenctid rywbeth o bwys i'w ddweud am y ffordd y dylid rhedeg y byd. Nid oes gan yr henoed fonopoli ar ddoethineb. Barn y Pregethwr yw mai gwell yw cael ein harwain gan rywun ifanc a doeth na chan deyrn hen a ffôl sy'n gwrthod derbyn cyngor ei lys ei hun.

❖ Cwestiynau i'w trafod

1. A yw'r dywediad 'mewn undod mae nerth' yn berthnasol yn achos Cristnogaeth gyfoes?

2. A ddylid rhoi mwy o le i lais yr ifanc mewn trafodaethau ynghylch materion cymdeithasol a dyfodol y blaned?

7. Gweddi, Gorthrwm a Golud
Y Pregethwr 5:1-17

Yn rhan gyntaf y bumed bennod hon (adnodau 1-7), mae'r Pregethwr yn cyfarch y darllenydd yn uniongyrchol am y tro cyntaf. Sylwer ar fodd gorchmynnol y berfau, sy'n dangos nad yw'r Pregethwr yn y cyd-destun hwn yn gwneud sylwadau ond yn rhoi cyfarwyddyd, os nad rhybudd, i'r sawl sy'n troi at Dduw mewn gweddi: 'gwylia dy droed', 'paid â bod yn fyrbwyll', 'paid ag oedi', 'cyflawna' dy addunedau, 'ofna di Dduw'. Diben y nifer o gyfeiriadau at Dduw yn yr adran (6 ohonynt o fewn 7 adnod) yw tanlinellu mai sail y gorchmynion ynghylch moesoldeb a bywyd rhinweddol yw parch at y Goruchaf. Wedi ymdrin â dyletswyddau ysbrydol pob crediniwr, aiff yr awdur ymlaen i sôn am y materol, megis tlodi, gorthrwm, cyfoeth a thrachwant (adnodau 8-17).

Mynychu'r Deml

Cefndir y cyfarwyddiadau yw'r Deml. Cymer yr awdur yn ganiataol fod ei ddarllenwyr yn mynd yno'n gyson. Serch hynny, cânt eu gorchymyn i beidio ag ymuno yn yr addoliad yn ddifeddwl: 'Gwylia dy droed pan fyddi'n mynd i dŷ Dduw' (5:1). Ceir sawl enghraifft yn y Llên Ddoethineb a'r proffwydi o athro'n rhybuddio disgybl rhag gwneud yr hyn na ddylai trwy ddweud wrtho am 'wylio ei droed'. 'Rho sylw i lwybr dy droed, i'th holl ffyrdd fod yn ddiogel. Paid â throi i'r dde nac i'r chwith, a chadw dy droed rhag y drwg' (Diar. 4:26-27). Gweler hefyd Diarhebion 1:15, 25:17; Eseia 58:13 a Jeremeia 2:25, lle mae cyfieithiadau cyfoes yn aralleirio'r testun; ond 'gwylia dy droed' sydd yn yr Hebraeg gwreiddiol.

Er mai prin yn y llyfr yw'r cyfeiriadau at addoli, mae'n ymddangos fod y Deml yn sefydliad o bwys yng ngolwg yr awdur. Arweiniodd hyn at y ddamcaniaeth ei fod yn ochri gyda'r Sadwceaid yn hytrach na'r Phariseaid, a'i fod o bosibl yn un ohonynt. Y Sadwceaid oedd y garfan offeiriadol o fewn Iddewiaeth y cyfnod, a'r haen uchaf o fewn y gymdeithas: hwy oedd yn gyfrifol am y Deml a'i gweithgareddau. Plaid y werin oedd y Phariseaid: eu cenhadaeth hwy oedd hybu bywyd rhinweddol trwy gadw gofynion y Gyfraith ar yr aelwyd. Pwyslais y Phariseaid ar feithrin ysbryd addolgar yn y cartref, yn ogystal ag yn y gynulleidfa, a alluogodd y grefydd Iddewig i oroesi cwymp Jerwsalem yn OC 70 pan ddinistriwyd y Deml.

Nodweddion addoliad

Ym marn y Pregethwr, mae gan addoliad cyhoeddus nodweddion arbennig y dylai pob crediniwr fod yn ymwybodol ohonynt wrth fynd o flaen Duw yn ei gysegr sanctaidd.

Gwrando ac aberthu

Mae mynychu'r Deml i wrando yn well na mynd yno i offrymu. Ni wyddom yn hollol ar beth yr oedd y gynulleidfa'n gwrando yn ystod yr addoliad, ond gellir tybio ei bod yn clywed y côr yn canu'r salmau ac yn clywed rhan o'r Ysgrythur yn cael ei ddarllen a'i esbonio mewn pregeth. Efallai fod cyfle hefyd i wrando ar yr henuriaid yn trafod ystyr a pherthnasedd rhai o ddeddfau Cyfraith Moses. Meddai Paul ganrifoedd yn ddiweddarach: 'O'r hyn a glywir y daw ffydd' (Rhuf. 10:17). Mae Martin Luther yn disgrifio eglwys fel *'mundhaus'* (tŷ'r geg); hynny yw, lle i wrando ar yr hyn a gaiff ei lefaru, ei ddarllen, ei annog, ei bregethu a'i esbonio. Beth bynnag a glywai'r addolwyr yn ystod addoliad y Deml, mae'r gymhariaeth gyda gwneud offrwm yn pwysleisio rhinwedd mynd yno i *wrando*.

Roedd aberthu'n rhan greiddiol o addoliad y Deml, fel ffordd o ddelio â phechod ac o fynegi diolch i Dduw am ei fendithion. Perthnasol yw nodi bod i'r gair Hebraeg *shâma,* a gyfieithir 'gwrando', ystyr ehangach na chlustfeinio. Mae gwrando ar Dduw yn cynnwys y syniad o dalu sylw i'r hyn a glywir, ac ufuddhau i'r hyn a orchmynnir. Yr ystyr hwn sydd i gyfrif am gyfieithiad yr *NEB* a'r *REB* o 5:1: *'Better draw near in obedience than offer the sacrifice of fools'*. Hynny yw, mae effeithiolrwydd aberth yn dibynnu ar gymeriad y sawl sy'n ei wneud. Felly, mae aberthau'r drygionus, neu ffyliaid nad ydynt yn sylweddoli eu bod yn pechu am na wyddant y gwahaniaeth rhwng da a drwg, yn ofer.

Wrth gymharu'r ddefod o wneud aberth â'r weithred o wrando, nid yw'r Pregethwr yn sarhau'r ddefod nac yn galw am ei dileu: galw y mae yn hytrach ar addolwyr i fod yn ddidwyll a deallus wrth ei harfer. Bron na chlywir yn ei lais arweinwyr crefyddol y genedl yn barnu addoliad arwynebol eu cyfoedion. Camgymeriad mawr yw tybio bod gwneud aberth yn gyfystyr â'r ddyletswydd sydd ar bawb i gadw gofynion moesol y Gyfraith. Meddai'r proffwyd Samuel wrth Saul pan oedd ar fin aberthu er mwyn dileu ei bechod o anufuddhau i Dduw: 'Gwell gwrando [yn yr ystyr o 'dderbyn gorchymyn'] nag aberth, ac ufudd-dod na braster hyrddod' (1 Sam. 15:22. Gw. hefyd Am. 5:21-24; Eseia 1:10-17; Mic. 6:6-8; Hos. 6:6). Gwneir y pwynt yn gryno yn Llyfr y Diarhebion: 'Y mae gwneud cyfiawnder a barn yn fwy derbyniol gan yr ARGLWYDD nag aberth' (Diar. 21:3). Mae fel petai'r Pregethwr yn dweud wrthym, "Paid byth ag anghofio hynna pan fyddi yn mynd i addoli".

Geiriau, geiriau, geiriau

Gwelsom eisoes wrth drafod y syniad fod tymor i bob peth, a'r cymal 'amser i dewi, ac amser i siarad' (3:7), mai un o nodweddion Llên Ddoethineb yw'r ymwybyddiaeth o rym geiriau. Gall parablu difeddwl arwain un i drybini. 'Genau'r ynfyd yw ei ddinistr, ac y mae ei eiriau yn fagl iddo'i hun' (Diar. 18:7), ond 'y sawl sy'n gwylio ei enau a'i dafod, fe'i ceidw ei hun rhag gofidiau' (21:23).

Yn unol â'r traddodiad doethineb, mae'r Pregethwr yn argymell ei ddarllenwyr nid yn unig i feddwl yn ofalus beth yn hollol i'w ddweud cyn gweddïo, ond hefyd i fod yn fyr eu geiriau (5:2). Mae Iesu'n dweud rhywbeth tebyg yn ei ddysgeidiaeth ar weddi: 'Peidiwch â phentyrru geiriau fel y mae'r Cenhedloedd yn gwneud: y maent hwy'n tybied y cânt eu gwrando am eu haml eiriau' (Math. 6:7). Er mai gweddi fer iawn a roddodd Iesu i'w ddilynwyr (Math. 6:9-13), mae cynulleidfaoedd wedi gorfod gwrando sawl gwaith ar weddi neu bregeth hirwyntog.

Rheswm diwinyddol a roddir dros beidio â bod yn amleiriog wrth weddïo: 'Y mae Duw yn y nefoedd, ac yr wyt ti ar y ddaear' (Preg. 5:2). Y mae esbonwyr yn anghytuno ynghylch y dehongliad cywir. Cyhudda rhai'r Pregethwr o heresi am awgrymu mai bod trosgynnol, difater, yw Duw, ac mai gwastraff amser yw galw arno am fod y pellter rhyngddo a'r byd a greodd yn ei gwneud yn amhosibl cysylltu ag Ef.

Caiff y Pregethwr ei gyhuddo gan eraill o wrthddweud yr Ysgrythur yn fwriadol. Oni roddodd Moses orchymyn i'r genedl i gydnabod fod Duw 'yn llond pob lle, presennol ym mhob man': 'Heddiw yr wyt ti i gydnabod ac i ystyried mai'r ARGLWYDD sydd Dduw yn y nefoedd uchod ac ar y ddaear isod' (Deut. 4:39)? Ar ei weddi wrth ddod i'r orsedd, mynegodd Solomon ei gred fod Duw'n gwrando arno ac yn clywed ei ddeisyfiadau, er ei fod yn preswylio 'yn y nef' (1 Bren. 8:27-30).

Esboniad pellach yw mai neges y Pregethwr yw y dylai credinwyr fod yn ddigon gwylaidd i amgyffred mawredd Duw a sylweddoli ei bod yn amhosibl dylanwadu arno trwy eiriau. Efallai mai dyna safbwynt y Salmydd hefyd: 'Y mae ein Duw ni yn y nefoedd; fe wna beth bynnag a ddymuna' (Salm. 115:3). Os felly, y wers i'r ffyddloniaid yw bod rhaid iddynt dderbyn beth bynnag y mae Duw wedi ei drefnu ar eu cyfer.

Sylw terfynol yr awdur ynglŷn â mynd i'r Deml i weddïo yw dweud fod pentyrru geiriau'n debygol o arwain at siarad lol, yn union fel y mae pryderon a ddaw yn sgil gorweithio'n achosi hunllef (5:3).

Gwneud adduned

Yn ogystal â gweddïo ac offrymu aberth, roedd gwneud adduned yn elfen bwysig o addoliad y Deml hefyd. Byddai'r addolwr yn addunedu i wneud neu ymatal rhag gwneud rhywbeth, un ai er mwyn ennill ffafr Duw neu er mwyn mynegi ffyddlondeb iddo. Nid oedd peidio ag addunedu'n bechod; ond o wneud adduned, roedd ei chadw'r un mor gysegredig â chadw llw.

Yn hyn o beth, nid yw'r Pregethwr yn gwneud dim mwy nag adleisio Cyfraith Moses, bron air am air: 'Os byddi'n gwneud adduned i'r ARGLWYDD dy Dduw, paid ag oedi cyn ei chyflawni; bydd yr ARGLWYDD dy Dduw yn sicr o'i hawlio gennyt, a byddi dithau yn euog o bechod. Pe bait heb addunedu, ni fyddet yn euog' (Deut. 23:21-22). Am fod perygl nid yn unig mewn oedi ond hefyd mewn torri adduned, roedd yn ofynnol i gymryd pwyll cyn addunedu gerbron Duw. Ceir yr un cyngor yn Llyfr y Diarhebion: 'Gall rhywun fynd i fagl wrth gysegru'n fyrbwyll, ac yna dechrau ystyried ar ôl gwneud addunedau' (Diar. 20:25).

Mae'n amlwg mai geiriau'r Gyfraith sydd gan y Pregethwr mewn golwg yn y cyd-destun hwn (Preg. 5:4-6). Mae'n rhybuddio rhag gwneud adduned ar frys heb ystyried yr oblygiadau. Mae'n pwysleisio'r perygl o oedi rhag cadw'r addewid. Oherwydd, o oedi byddai raid yn hwyr neu hwyrach wneud esgus dros beidio â chyflawni'r addewid. Ond ym mhle ac i bwy y gwneir yr esgus? Yn ôl dau gyfieithiad cynnar o'r Beibl, y Roeg a'r Syrieg, 'ym mhresenoldeb Duw'. Ond 'o flaen y cennad' sydd yn y gwreiddiol. Gan mai'r un gair a ddefnyddir yn yr Hebraeg am 'gennad' neu 'negesydd' *(mâlach)*, boed nefol neu ddaearol, mae'n bosibl mai 'angel' a olygir. Posibilrwydd arall yw mai'r 'cennad' yw'r offeiriad neu un o swyddogion y Deml sydd wedi galw heibio i ofyn pam yr oedi. Beth bynnag yr esboniad, esgus tila a fyddai'n sicr o ennyn llid Duw fyddai dweud mai 'camgymeriad' oedd yr adduned.

Anghyfiawnder

Mae'r Pregethwr wedi cyfeirio eisoes at ddagrau'r gorthrymedig am nad oedd neb o'u plaid (4:1). Yma, rhydd sylw pellach i'r pwnc trwy gymryd yn ganiataol fod annhegwch ac anghyfiawnder yn rhemp ym mhob talaith (5:8). Mae'n cynghori'r darllenydd i beidio 'â synnu at yr hyn sy'n digwydd' gan fod yr awdurdodau sy'n gyfrifol am gasglu treth oddi wrth y werin yn anonest. Mae swyddogion uwch yn 'gwylio', yn yr ystyr o warchod y swyddogion is, er mwyn i bawb gael cyfle i bluo'i nyth ei hun trwy godi gormod o dreth, a gwneud hynny gan osgoi cyhuddiad o lygredd. Mae'n bosibl hefyd mai'r hyn sydd ganddo mewn golwg yw anobaith y tlawd o gael gwrandawiad i'w achos gan y byddai pob apêl am gyfiawnder yn boddi mewn cors fiwrocrataidd. Yn ei farn ef, ni ellir disgwyl gwell dan drefn mor llwgr.

Mae dweud yn 5:9 fod 'cynnyrch y tir i bawb' a bod y brenin 'yn cael y tir sydd wedi ei drin' yn hynod annelwig. Nid oes gan yr un esboniwr eglurhad boddhaol. Golyga hyn fod cyfieithiadau cyfoes yn amrywio'n sylweddol. Mae cyfieithiad yr *REB*, '*The best thing for a country is a king whose own lands are well-tilled*', yn dibynnu ar ystyr amgen y gair *ithrôn*, a bodlonwn ar ei ddilyn trwy ei gyfieithu fel 'mantais' neu 'elw' neu 'y gorau' yn hytrach na 'digonedd' neu 'cynnyrch'.

Hynny yw, mae brenin sy'n ymddiddori'n fawr mewn amaethyddiaeth er sicrhau ffrwythlondeb ei dir âr ei hun yn debygol o annog, os nad helpu, ei ddeiliaid i wneud yr un modd gyda'u tir hwythau. Gan fod 'cynnyrch y tir i bawb', byddai hyn o fantais i'r gymuned gyfan. Wrth ddisgrifio teyrnasiad Usseia, brenin Jwda, mae'r hanesydd Beiblaidd yn gwneud sylw arbennig o'i lwyddiant ym myd amaeth ac yn ei ganmol am fod 'yn hoff o'r tir' (2 Cron. 26:10). Beth bynnag yr esboniad, mae cysylltiad yr adnod â'i chyd-destun yn ddirgelwch.

Ariangarwch

Sylwodd yr awdur eisoes nad yw cyfoeth yn rhoi boddhad i'r cybydd (Preg. 4:8). Yn ei fyfyrdod ar oferedd bywyd, mae'n troi unwaith eto at y sawl sy'n caru cyfoeth ac yn gwneud tri sylw (5:10-12). Yn gyntaf, nid yw'r ariangar byth yn fodlon ar yr hyn sydd ganddo: mae'r fath anfodlonrwydd 'yn wagedd' am nad yw casglu mwy a mwy o feddiannau a chyfoeth yn arwain i unman. Yn ail, rhoddir y rheswm am hynny: po fwyaf y cyfoeth, mwyaf niferus fydd y rhai sy'n debygol o ddod i ofyn am gymorth i gael dau ben llinyn ynghyd. Cyfieithiad y *GNB* o 5:11 yw: *'The richer you are the more mouths you must feed. All you gain is the knowledge you are rich'.* Ac yn drydydd, mae 'digonedd y cyfoethog yn ei rwystro rhag cysgu'n dawel' (5:12). Caiff ei gadw'n effro, un ai am ei fod yn poeni am ei arian neu am ei fod wedi bwyta gormod. Ond pa mor ysgafn bynnag y bo swper y gweithiwr, bydd ef yn sicr o gael noson o gwsg. Mae geiriau Paul yn un o'i lythyrau at Timotheus yn berthnasol: 'Os oes gennym fwyd a dillad, gadewch inni fodloni ar hynny. Y mae'r rhai sydd am fod yn gyfoethog yn syrthio i demtasiynau a maglau, a llu o chwantau direswm a niweidiol' (1 Tim.6:8-9).

Er mwyn rhoi coel ar ei sylwadau, mae'r Pregethwr yn cyfeirio at sefyllfa a welodd â'i lygaid ei hun trwy roi portread o gybydd yn dioddef o'r niwed y gall cyfoeth ei beri i'w berchennog (Preg. 5:13-14). Trwy fuddsoddi'n wael, collodd y cwbl fel nad oedd ganddo geiniog i'w enw. Nid collfarnu buddsoddi fel y cyfrwy a wna'r awdur ond tynnu sylw at 'ansicrwydd cyfoeth', fel y gwna Paul yn ei orchymyn i gyfoethogion ei oes (1 Tim. 6:17), gan ddangos pa mor wag yw bywyd y sawl nad yw'n meddwl am ddim ond arian. Gall methu â thrin ffortiwn yn llwyddiannus fod yn niweidiol nid unig i'r perchennog ond hefyd i'w deulu; ni fydd ganddo ddim i'w adael i'w fab.

Mae ystyr adnod olaf yr adran yn annelwig. Mae'r *BCND* yn dilyn y cyfieithiad Groeg sy'n dweud mai tynged y cybydd yw 'treulio'i ddyddiau mewn tywyllwch a gofid' (Preg. 5:17). Ond nodir ar waelod y dudalen mai 'a bydd yn bwyta [mewn tywyllwch a gofid]' sydd yn y testun Hebraeg. A dyna sydd yn *BWM:* 'Ei holl ddyddiau y bwyty efe mewn tywyllwch'. Mae'r *NRSV* a'r *NIV* yn cytuno â hynny: *'All his days he eats in darkness'*. Os dyna'r cyfieithiad cywir, daw Scrooge yn nofel Charles Dickens i'r meddwl, wrth i hwnnw fwyta'i swper ar ei ben ei hun am fod ei gybydd-dod a'i ariangarwch a'i agwedd grintachlyd wedi ei amddifadu o deulu a chyfeillion.

❖ Cwestiynau i'w trafod

1. Ydych chi'n credu fod yna sail i'r darlun o Dduw a rydd y Pregethwr i ni yn yr adran hon?

2. Pe baech yn ddigon ffodus i ennill ffortiwn, sut byddech yn ei drin?

8. Cwestiynau Dyrys

Y Pregethwr 5:18 – 6:12

O'r cyfnod cynnar yn hanes Cristnogaeth, derbyniwyd yn ddi-gwestiwn mai thema Llyfr y Pregethwr oedd anobaith dyn yn wyneb oferedd bywyd. Cyfrifid yr awdur yn sgeptig a gefnodd ar ddysgeidiaeth optimistaidd y doethion bod llwyddiant a hawddfyd yn dod i'r diwyd a'r rhinweddol sy'n parchu trefn y bydysawd, yn cadw'r Gyfraith ac yn ofni Duw. Defnyddid geiriau fel 'tynghediaeth', 'pesimistiaeth' a 'nihiliaeth' i ddisgrifio'i safbwynt. Dilynnir yr un trywydd i raddau gan esbonwyr cyfoes. Ym marn un ysgolhaig, casgliad o droednodiadau chwerw ac amheugar i Lyfr y Diarhebion yw'r llyfr. Mae ysgolhaig arall yn cyfeirio at ysbryd trallodus a gwangalon y llyfr gan ddychmygu'r awdur yn nofio ar ei ben ei hun yn erbyn llif ysgubol optimistiaeth Llên Ddoethineb Israel. Nid mynegi ffydd a gobaith a wna'r Pregethwr, ond dadrithiad.

Esboniad amgen

Er i'r dadansoddiad hwn ddal ei dir am ganrifoedd, mae nifer bychan ond dylanwadol o ysgolheigion yn ei wrthod erbyn hyn. Yn eu barn hwy, mae rhoi portread hollol besimistaidd o'r awdur yn gamarweiniol; dymunant weld darlun mwy cytbwys yn ymddangos. Yn ddiamau, thema fawr y llyfr yw anallu dyn i amgyffred natur a diben ei fodolaeth, ond maent o'r farn nad dyna swm a sylwedd y llyfr. Y mae ochr gadarnhaol i neges y Pregethwr.

Daw hyn i'r amlwg mewn o leiaf saith o adnodau na ellir eu cysoni ag agwedd gwbl negyddol at fywyd. Ynddynt, mae'r awdur yn arwain y darllenydd o ddigalondid i lawenydd trwy bwysleisio'r pleser sydd i'w gael mewn bywyd. Rhown sylw yn y man i un o'r adrannau hynny, Pregethwr 5:18-20. Yr ydym eisoes wedi gweld tair enghraifft o'r un safbwynt (2:24; 3:12; 3:22a), a cheir tair arall yng ngweddill y llyfr (8:15a; 9:7; 11:9a).

Mae nifer yr enghreifftiau'n dangos fod y dyhead dynol am fwynhad a llawenydd mewn bywyd yn thema gyson trwy'r llyfr. Maent yn annog y darllenydd i anghofio'i dreialon ac i fwynhau bywyd i'r eithaf. Awgryma'u harddull a'u cyd-destun nad troednodiadau mohonynt ond mynegiant eglur o bwnc sy'n agos at galon y Pregethwr. Sylwer ar ei ddull o ddatblygu ei thema trwy symud o'r *datganiad* yn yr enghraifft gyntaf (2:24) i'r *ddyletswydd* yn y ddwy olaf (9:7; 11:9). Ar ddechrau'r llyfr mynegir y ffaith seml mai'r hyn sy'n bwysig mewn bywyd yw cael pleser ym mhob agwedd ohono: 'Nid oes dim yn well i neb na bwyta ac yfed a chael mwynhad o'i lafur' (2:24). Ond erbyn y diwedd, mae'r traethiad wedi troi'n orchymyn wrth i'r awdur *erchi* pob llanc i fod yn llawen a mwynhau bywyd: 'Dos, bwyta dy fwyd mewn llawenydd, ac yf dy win â chalon lawen' (9:7); ac 'Ŵr ifanc, bydd lawen yn dy ieuenctid ... rhodia yn ôl dymunid dy galon' (11:9). Yng ngweddill yr adnodau perthnasol, mae'r awdur yn siarad o brofiad: 'Yr wyf yn gwybod ... Yna gwelais ... Dyma'r hyn a welais ... Yr wyf yn canmol llawenydd'. Mae pob un o'r cymalau hyn yn cadarnhau'r datganiad a wnaeth yn 2:24, nad 'oes dim yn well i neb na bwyta ac yfed a chael mwynhad o'i lafur'. Ym marn llawer o esbonwyr, yn yr adnodau hyn mae'r Pregethwr yn tanlinellu thema ganolog y llyfr, sef ceisio mwynhad a llawenydd mewn bywyd.

Rhodd Duw

Wedi dangos mai 'llafurio am wynt' a wna'r cybydd, mae'r Pregethwr, yn 5:18-20, yn ymhelaethu'n sylweddol ar y cyngor a roddodd eisoes i fwynhau bywyd: 'Y mae'n dda a gweddus i ddyn fwyta ac yfed, a chael mwynhad o'r holl lafur a gyflawna dan yr haul' (5:18). Dyletswydd dyn yw gwneud yn fawr o bob cyfle i gael pleser, nid yn unig am fod ei gyfnod ar y ddaear mor fyr ond am mai dyna ei *dynged*, oherwydd rhodd Duw i ddynoliaeth yw'r gallu i fwynhau pob agwedd o fywyd.

Ni all y darllenydd cyfoes ond bod yn falch o glywed mai rhodd Duw yw bwyd, diod a boddhad mewn gwaith. Ond y mae'r syniad mai dim ond trwy fod ymysg etholedigion Duw y bydd gan ddyn y *gallu* i fwynhau bywyd yn codi cwestiwn dyrys. Ai neges yr awdur yw nad oes gan yr unigolyn ryddid i ddewis mwynhau gwaith a phethau da'r byd hwn neu beidio, am fod ei fywyd wedi ei ragarfaethu? A yw'r ffaith fod Duw'n dewis rhai i dderbyn ei rodd yn golygu ei fod yn gwrthod eraill; ac os ydyw, ar ba sail y mae'n gwneud hynny? Pwy ohonom nad yw wedi dyfalu pam y mae un teulu'n eistedd i fwyta ac yfed a diolch i Dduw am ei roddion, ond teulu arall yn gorfod mynd i'r banc bwyd? Nid yw'r Pregethwr yn cynnig ateb.

Mantais yr erthyl

Yn y chweched bennod, mae'r awdur yn ailadrodd yr hyn a ddywedodd yn 5:13 wrth gyfeirio unwaith eto at 'ddrwg' a welodd 'dan yr haul'. Y 'drwg' yw sefyllfa ofidus yr unigolyn sydd 'heb gael gan Dduw y gallu i fwynhau' y cyfoeth a'r meddiannau a'r anrhydedd a roddwyd iddo. O ganlyniad, rhywun arall gaiff fwynhad ohonynt pan fydd farw (6:1-2). Nid 'anffawd flin', fel yn achos enghraifft gynharach (5:14), na *dewis* gweithio'n ddiarbed dros neilltuo amser i fwynhau bywyd, sy'n gyfrifol am y golled y tro hwn, ond Duw.

Ni allai'r awdur fod wedi pwysleisio helynt a siom un a dderbyniodd roddion gan Dduw yn fwy grymus nag wrth gymharu ei dynged ag erthyl; adlais bwriadol efallai o'r hyn a ddywedodd Job wrth felltithio dydd ei eni yn ei gŵyn i'w gyfeillion am ei gyflwr (gw. Job 3:16). Ond wrth wneud y gymhariaeth, ni ddywed y Pregethwr fod marw'n well na byw: dweud a wna mai gwell yw cyflwr yr erthyl sy'n mynd yn syth i lonyddwch tragwyddoldeb na bywyd hir y sawl na roddwyd iddo'r gallu i fwynhau 'daioni bywyd'.

Daw'r adran i ben gyda chwestiwn rhethregol sy'n disgwyl ateb cadarnhaol: 'Onid ydynt i gyd yn mynd i'r un lle?'(6:6). Os mai'r unig beth sydd gan oes hir, heb y gallu i fwynhau bywyd, i'w gynnig i ddyn yw gofid a gwae, pam na chydnabyddir mai gorau po fyrraf y bo? Mae hyn yn bwrw amheuaeth ar gywirdeb un o syniadau creiddiol yr Hen Destament, mai bendith yw byw'n hen. Fe welwn cyn diwedd y llyfr nad yw'r Pregethwr mor siŵr.

Hanner ffordd

Yn y Beibl Hebraeg, mae bwlch amlwg yn y testun rhwng adnodau 9 a 10 y chweched bennod. Ar ymyl y ddalen, ceir nodyn i'r perwyl mai dyma 'hanner y llyfr mewn adnodau', a bod 220 o adnodau cyn adnod 10, a'r un faint wedyn. Diben y bwlch a'r nodyn oedd helpu copïwyr y llawysgrifau cynnar i sicrhau nad aeth adnod ar goll.

Mae hanner cyntaf y llyfr yn diweddu fel y dechreuodd trwy fynegi agwedd yr awdur at fywyd mewn tri dywediad sy'n cadarnhau ei ddamcaniaeth mai 'gwagedd ac ymlid gwynt' yw'r cyfan. Mae'r cyntaf (6:7) yn debyg i ddihareb draddodiadol: 'Angen llafurwr sy'n gwneud iddo lafurio, a'i enau sy'n ei annog ymlaen' (Diar. 16:26). 'Eu genau', yr angen am fwyd, sy'n gyrru pobl i weithio. Ond nid ydynt elwach gan na 'ddiwellir eu chwant'. Yn hyn o beth, nid yw'r doeth yn rhagori ar y ffôl. Pa fantais sydd i'r tlawd o wybod sut i ymddwyn mewn cymdeithas os nad oes ganddo'r modd i gael digon i'w fwyta, ac os na chaiff gyfle i fwynhau bywyd? Rhaid i bawb ddysgu bodloni ar yr hyn sydd ganddynt, yn hytrach na blysio am yr hyn sydd allan o'u cyrraedd. Gwell aderyn mewn llaw na dau mewn llwyn.

Dirgelwch y duwdod

Yn Pregethwr 6:10, mae'r testun yn ailgydio mewn dwy o brif themâu'r llyfr, sef bod dirnad meddwl Duw yn amhosibl i gredinwyr, ac mai gorchwyl gwbl ddi-fudd yw ceisio deall cwrs y byd. Ni all dyn 'ddadlau ag un cryfach' na phobl. A chymryd mai at Dduw y mae'r 'un cryfach' yn cyfeirio, mae'r Pregethwr o'r un farn â Job. Cwyn chwerw Job yn ei ddadl â Duw yw ei fod yn gwrthod dod i lys barn i wrando arno a chael ei holi ganddo, er mwyn torri'r ddadl rhyngddynt ac esbonio i'r dioddefwr ei dreialon; ni all neb ddweud wrth Dduw, 'Beth a wnei?' (Job 9:12).

Serch hynny, cafodd Job yn y diwedd wrandawiad ac ateb i'w gyhuddiadau (Job 38 – 41). Ac er nad yw hyn yn datrys ei broblem, mae'n edifarhau. Nid y boddhad o gael ateb i'w gwestiynau sy'n arwain at edifeirwch ond y datguddiad o fawredd Duw. Ond nid dyna brofiad y Pregethwr. Ni chaiff hwnnw wrandawiad na datguddiad. Daw i'r casgliad unwaith eto mai ofer yw 'amlhau geiriau' mewn gweddi am ei fod ef ar y ddaear a Duw yn y nefoedd (gw. Preg. 5:2). Ei unig ymateb yw cydnabod ei anwybodaeth trwy ofyn cwestiynau rhethregol megis, 'Pa fantais ...? Pwy a ŵyr ... ? Pwy all ddweud ... ?' (6:11-12).

❖ Cwestiynau i'w trafod

1. Pa gwestiynau dyrys ynghylch bywyd a'r byd sy'n codi yn eich meddwl chi?

2. Beth y mae'r syniad fod Duw'n rhoi'r gallu i unigolion i fwynhau bywyd neu beidio yn ei olygu i chi?

9. Diarhebion a Sylwadau ar Fywyd Y Pregethwr 7:1-29

Mae Pregethwr 7:1-14 yn cynnwys nifer o ddiarhebion ac yn diweddu gyda gair o gyngor. Er bod amryw o ddiarhebion wedi ymddangos cyn hyn, dyma'r cyntaf o'r tri chasgliad sylweddol ohonynt a geir yn y llyfr. Mae cynnwys y casgliad hwn yn ymestyn o'r confensiynol, lle mae'r ystyr yn amlwg (7:1a, 5-9, 11-12), i'r enigmatig sydd angen eglurhad (7:1b-4, 10). Ceisiwn esbonio'r adnodau mwyaf dyrys.

Marwolaeth a galar

Mae'n hawdd deall pam fod cael 'enw da' yn fwy o werth i ddyn nag 'ennaint gwerthfawr' (7:1a). Mae'r Beibl Hebraeg yn llawn o hanesion am unigolion sy'n ymdrechu i wneud enw da neu enw mawr iddynt eu hunain. Meddai adeiladwyr Tŵr Babel wrth ei gilydd: 'Dewch, adeiladwn i ni ddinas, a thŵr a'i ben yn y nefoedd, a gwnawn inni enw' (Gen. 11:4). Addawodd Duw i Abraham y byddai yn ei wneud yn genedl fawr ac yn mawrygu ei enw (12:2). Pwysleisia'r doethion gyfrifoldeb yr unigolyn i sicrhau enw da iddo'i hun: 'Mwy dymunol yw enw da na chyfoeth lawer, a gwell yw parch nag arian ac aur' (Diar. 22:1).

Mae'n bosibl mai fersiwn arall o hen ddihareb yw hanner cyntaf Pregethwr 7:1, ac mai gwaith y Pregethwr ei hun yw'r ail hanner. Ond nid yw'r berthynas rhwng y ddau gymal yn glir o gwbl. Mae'r cyfochredd yn awgrymu bod cysylltiad ym meddwl yr awdur rhwng enw da a marwolaeth, a rhwng ennaint gwerthfawr a genedigaeth. Roedd yn arferiad ymysg yr Eifftiaid a'r Groegwyr i eneinio plant ar eu genedigaeth fel arwydd o hapusrwydd, iechyd a hir oes. Ond ym marn y Pregethwr, mae 'dydd marw yn well na dydd geni'.

Y peth gorau a all ddigwydd i unrhyw un, wrth nesáu at oed yr addewid ac edrych yn ôl dros ei fywyd, yw cael boddhad o'r hyn a gyflawnodd, a bod yn falch o'r teulu a fagodd. Dim ond wedi iddo farw y caiff pob un yr hyn y mae'n gobeithio amdano, sef enw da, sy'n well na'r 'ennaint gwerthfawr' a gysylltir â genedigaeth. Mynegir yr un syniad gan Iesu fab Sirach yn ei gynghorion i'w ddisgyblion: 'Paid â galw neb, cyn iddo farw, yn wynfydedig; wrth ei blant yr adwaenir dyn' (Ecclus. 11:28). 'Os myn glod, bydd farw' medd yr hen ddihareb Gymraeg.

Pam ei bod yn well mynd i angladd nag i barti (Preg. 7:2)? Am fod angladd yn gyfle i bawb ystyried ei dynged. 'Felly dysg ni i gyfrif ein dyddiau, inni gael calon ddoeth' yw gweddi'r Salmydd (Salm. 90:12): deisyfiad i ni sylweddoli nid yn unig pa mor fyr yw ein hoes ond hefyd mai Duw a'i rhoddodd i ni, ac mai Ef sydd wedi pennu ei hyd. Dylai hyn esgor ar ddiolchgarwch am fywyd ac ysgogi'r awydd i wneud yn fawr o'r posibiliadau a berthyn iddo. Daw cyfle i wneud hyn bob tro yr awn i dŷ galar am ein bod yn cael ein hatgoffa yno mai meidrol ydym. Daw'r dywediad Lladin adnabyddus *memento mori,* 'cofia dy ddiwedd', i'r cof.

Yn ôl Pregethwr 7:3, mae 'tristwch yn well na chwerthin'. Caiff gwerth neu ddiben tristwch a dioddefaint ym mywyd yr unigolyn gryn sylw gan y doethion, a mwy nag un eglurhad. Gall poen fod yn fodd gan Dduw i *ddisgyblu* dynoliaeth. Neges ei dri chyfaill i Job, wrth iddo eistedd ar domen ludw'n crafu ei gornwydydd, yw y dylai dderbyn ei gyflwr yn wylaidd a diolchgar am mai 'dedwydd y sawl a gerydda Duw, ac na wrthyd ddisgyblaeth yr Hollalluog' (Job 5:17). Cyngor tebyg sydd yn Llyfr y Diarhebion: 'Fy mab, paid â diystyru disgyblaeth yr ARGLWYDD, a phaid â digio wrth ei gerydd; oherwydd ceryddu'r un a gâr y mae'r ARGLWYDD, fel tad sy'n hoff o'i blentyn' (Diar. 3:11-12).

Ond gall Dduw ddefnyddio poen a thrallod hefyd i *brofi* dilysrwydd ffydd y crediniwr ynddo. Yn ei ddisgrifiad o dynged eneidiau'r cyfiawn, dywed awdur Doethineb Solomon: 'Er eu disgyblu ychydig, mawr fydd eu hennill am fod Duw wedi eu profi a'u cael yn deilwng ohono ef ei hun. Fel aur mewn tawddlestr y profodd hwy' (Doeth. 3:5-6). Meddai'r Salmydd: 'Mor dda yw imi gael fy ngheryddu ['fy nghystuddio' sydd yn *BWM*], er mwyn imi gael dysgu dy ddeddfau!' (Salm. 119:71).

Daw'r casgliad o ddiarhebion i ben gyda dwy adnod (Preg. 7:13-14) sy'n ailadrodd yr hyn a ddywedwyd eisoes yn 1:15 a 3:11. Gan na ellir herio grym y Duw hollalluog, nid oes gan ddynion ddewis ond derbyn beth bynnag a ddaw i'w rhan mewn bywyd; nid oes modd newid y drefn. Rhaid dygymod â'r da a'r drwg fel ei gilydd, oherwydd 'Duw a wnaeth y naill beth a'r llall'. Rhaid cydnabod na ellir fyth ddarogan y dyfodol a gwybod yr hyn y mae Duw am ei wneud. Nid oes ddewis ond dweud gyda'r emynydd mai

> Trwy ddirgel ffyrdd mae'r uchel Iôr
> Yn dwyn ei waith i ben.

Ym marn Robert Gordis, un o ysgolheigion Beiblaidd blaenllaw'r ugeinfed ganrif, mae'r adnodau hyn yn cynnwys talfyriad gwych o feddylfryd y Pregethwr. Ond mae'r syniad fod Duw'n gyfrifol nid yn unig am y da mewn bywyd, ond am y drwg hefyd, yn anodd ei dderbyn. O'i osod yng nghyd-destun y Beibl cyfan, mae'n gwbl groes i ddysgeidiaeth gyson y Salmydd sy'n galw ar gredinwyr i foli'r Arglwydd ac i ddiolch iddo 'am mai da yw' (Salm. 136:1. Gw. hefyd 100:5; 135:3).

Y llwybr canol

Yn Pregethwr 7:15-18, caiff dysgeidiaeth draddodiadol y doethion, bod y drefn yn gwobrwyo'r da ac yn cosbi'r drwg, ei gwrthod gan yr awdur. Yn ei farn ef, naïf ac afrealistig yw dweud bod 'cyfiawnder yn amddiffyn rhag angau' (Diar. 11:4. Gw. hefyd 10:2). Fel awdur Salm 73, mae'r Pregethwr yn methu â deall pam fod y dieuog yn marw'n ifanc a'r 'drygionus yn cael oes faith yn ei ddrygioni' (Preg. 7:18), sef y gwrthwyneb i'r hyn a ddisgwylid gan Dduw cyfiawn a thrugarog.

Mae'n ymateb i'r broblem trwy gynghori math o gymedroldeb, tebyg i'r syniad Groegaidd o Athrawiaeth y Cymedr Euraid *(The Doctrine of the Golden Mean),* sef y cymhelliad i ddilyn y llwybr canol mewn bywyd: peidio â bod yn rhy dda nac yn rhy ddrwg, gan fod i'r ddau begwn hynny eu hanfanteision. Am iddo ymdrechu'n ormodol i fod yn dda, caiff y ffanatig hunangyfiawn sy'n ddall i'w ffaeleddau ei hun, ei osgoi gan ei gymdogion. Os yw am fynd ati i wneud mwy o ddrygioni, bydd y dihiryn yn wynebu'r gosb eithaf pe bai'n cael ei ddal.

Nid rhoi llai o bwyslais ar fod yn gyfiawn, na chymeradwyo gwneud o leiaf rhywfaint o ddrygioni, a wna'r awdur ond derbyn na fedr neb fod yn gwbl gyfiawn a dibechod, nac yn gwbl rydd o dramgwyddo eraill. Cyngor y Pregethwr yw i ni wneud y gorau a fedrwn trwy ddilyn y llwybr canol, gan ddal gafael ar y naill a'r llall, a dibynnu ar Dduw i roi arweiniad a'r gallu i ymdopi. *'Avoid both extremes. If you have reverence for God, you will be successful anyway'* yw cyfieithiad y *GNB* o 7:18.

Gan nad oes neb yn gwbl gyfiawn, dylai pob un fod yn oddefgar pan wêl eraill yn troseddu. Dylai meistr wrthod gwrando ar glebran ei gymdogion bod ei weision yn ei felltithio; gallai eu coelio beri iddo ddial yn ddiachos ar y gweision. Ond hyd yn oed pe baent wedi ei dramgwyddo, nid oes ganddo le i weld bai arnynt gan ei fod yntau'n siŵr o fod wedi 'melltithio eraill lawer gwaith' (7:22). Nid yw'r gwas yn fwy euog na'i feistr.

Ond er gwneud ymgais deg i ddatrys cyfrinach bywyd trwy arfer doethineb, mae'r Pregethwr yn gorfod cydnabod ei anwybodaeth: 'Y mae'r hyn sy'n digwydd yn bell ac yn ddwfn iawn; pwy a all ei ganfod?' (7:24). Os na fedr y Pregethwr fod yn ddoeth a deallus, pa obaith sydd gan neb arall? Mae'r syniad fod doethineb allan o gyrraedd meidrolion yn thema gyson yn Llên Ddoethineb y cyfnod wedi'r Gaethglud. 'O ble y daw doethineb? a phle mae trigfan deall?' yw cwestiwn Job (Job 28:20). Cwestiwn tebyg sydd gan Baruch: 'Pwy sydd wedi cael hyd i dreigle doethineb? Pwy sydd wedi mynd i mewn i'w thrysorfa hi?' (Bar. 3:15; gw. hefyd Ecclus. 24:28-29). Duw yw'r unig eithriad. Y mae ef 'yn deall ei ffordd; y mae ef yn gwybod ei lle' (Job 28:23. Gw. hefyd Bar. 3:29-37).

Un dyn mewn mil

Yna, mae'r Pregethwr yn troi ei sylw at 'rywbeth' sydd, yn ei olwg ef, yn 'chwerwach na marwolaeth', sef 'gwraig sydd â'i chalon yn faglau a rhwydau, a'i dwylo'n rhwymau' (Preg. 7:26). O osod yr adnod yn ei chyd-destun, daw rhai esbonwyr i'r casgliad fod y Pregethwr yn casáu gwragedd. Dywed iddo bendroni'n hir a chwilio'n ddyfal am ddoethineb, a'i chael yn unig mewn 'un dyn ymhlith mil', ond nid yn 'yr un wraig' (7:27-28). Ni chawn wybod beth sy'n gwneud yr un dyn mewn mil mor gymeradwy, ond cymerir mai cyfeiriad ydyw at gymeriad gwerth ei halen, dibynadwy, doeth a theilwng o barch. Caiff y dehongliad hwn gefnogaeth ymysg cynghorion Iesu fab Sirach: 'Gad i lawer gyfarch gwell iti, ond i un o bob mil dy gynghori' (Ecclus. 6:6).

Nid gwaith anodd yw croniclo statws israddol merched yn niwylliant patriarchaidd y Dwyrain Canol. Yn ôl un dehongliad o stori'r Creu, arweiniodd Efa'i gŵr i bechu am ei bod yn rhy wan i wrthod y demtasiwn o fwyta ffrwyth y goeden yng nghanol yr ardd (Gen. 3:1-5). Yr esboniad hwn yw sail y gwaharddiad yn Israel gynnar ar ddyn i briodi merch estron, am y byddai hi'n ei hudo i droi oddi wrth yr Arglwydd ac addoli duwiau eraill (gw. e.e. Deut. 7:1-4; Num. 25; Esec. 8:14-15). Eithriadau yw'r ddwy estrones Rahab a Ruth a gaiff glod am ddewis addoli Duw Israel.

Daw'r agwedd negyddol at ferched i'r brig eto yn yr Apocryffa a'r Testament Newydd. 'O wraig y tarddodd pechod, ac o'i hachos hi yr ydym oll yn marw', meddai Iesu fab Sirach (Ecclus. 25:24). Yn ei lythyr at Timotheus, mae Paul yn gwahardd gwragedd rhag 'hyfforddi, nac awdurdodi ar y gwŷr' am mai Efa, nid Adda, 'a dwyllwyd ... a chwympo drwy hynny i drosedd'. Unig obaith merch o gael ei hachub yw 'trwy ddwyn plant' (1 Tim. 2:12-15).

Wrth gyfrif pob gwraig yn waeth hyd yn oed na marwolaeth (Preg. 7:26), nid eithriad mo rhagfarn y Pregethwr at fenywod yn gyffredinol. Ond mae'r defnydd o'r fannod yn yr Hebraeg gwreiddiol, '*y wraig* sydd â'i chalon yn faglau a rhwydau, a'i dwylo'n rhwymau', yn cynnig dehongliad amgen. Nid merched yn gyffredinol a olygir, ond dosbarth arbennig. Yr un sydd mewn golwg yw'r 'ddynes estron a'i geiriau dengar' a gaiff lawer o sylw yn Llyfr y Diarhebion (Diar. 2:16-19; 5:3-6; 9:13-18).

Bwriad y *femme fatale* hon, sydd 'wedi ei gwisgo fe putain ... weithiau ar y stryd, weithiau ar y sgwâr, yn llercian ym mhob cornel', yw hudo llanc ifanc i 'ymgolli mewn cariad tan y bore' gyda hi, tra bo'i gŵr oddi cartref. Mae'r llanc yn ei 'dilyn heb oedi, fel ych yn mynd i'r lladd-dy, fel carw yn neidio i'r rhwyd ... heb wybod fod ei einioes mewn perygl' (Diar. 7:10-12, 18-22). Pa syndod mai cyngor tad i'w fab yw: 'Paid â chwennych ei phrydferthwch, a phaid â gadael i'w chiledrychiad dy ddal' (6:25)? Gan fod y Pregethwr yn dweud nad oes gan neb ond yr 'un sydd dda yng ngolwg Duw', sef y sawl sy'n foesol a chrefyddol, obaith o ddianc o'i rhwyd, barn y mwyafrif o esbonwyr bellach yw mai dosbarth arbennig sydd ganddo mewn golwg, yn hytrach na merched yn gyffredinol.

Yn wyneb y siomedigaeth o gael ond 'un dyn ymhlith mil' a oedd yn dderbyniol iddo, daw'r awdur i'r casgliad nad Duw sy'n gyfrifol am ffaeleddau dynoliaeth.

Creodd Duw bobl 'yn uniawn', ond aeth pob un ar gyfeiliorn trwy 'geisio llawer o gynlluniau' (Preg. 7:29). Awgrymir mai 'cynllwynion' *(intrigues)* yn hytrach na 'chynlluniau' *(plans)* yw'r cyfieithiad gorau yn y cyd-destun, er mwyn cael cyferbyniad mwy addas i 'uniawn'. *'God made human beings straightforward, but they have devised many schemes'* sydd gan y *NRSV*. Mae'n debyg mai stori Gardd Eden oedd gan y Pregethwr mewn golwg, a'i fod yn rhoi llais i'r syniad mai anufudd-dod Adda ac Efa oedd yn gyfrifol am ddod â phoen a llafur i'r byd.

❖ Cwestiynau i'w trafod

1. A ydych yn credu mai pwrpas poen a thrallod yw disgyblu dioddefwyr a phrofi diffuantrwydd eu ffydd?

2. Pam ac ym mha ffyrdd y mae'r agwedd Gristnogol at ferched wedi newid yn ystod y ganrif a aeth heibio?

10. Defod, Tynged, Damwain a Dameg

Y Pregethwr 8:1 – 9:12

Mae wythfed bennod Llyfr y Pregethwr yn agor gyda dau gwestiwn rhethregol: 'Pwy sydd fel y doeth?' Neb. 'Pwy sy'n deall ystyr pethau?' Y doeth. Yna, nodir effaith llesol doethineb ar olwg allanol dyn (Preg. 8:1). Mae doethineb yn gwneud i 'wyneb rhywun ddisgleirio' ac yn trawsnewid ei wedd i fod yn fwy tirion a llai bygythiol. Yn y traddodiad Beiblaidd, mae wyneb disglair yn cyfleu ymddygiad rhadlon a thrugarog. 'Bydded Duw yn drugarog wrthym a'n bendithio, bydded llewyrch ei wyneb arnom', yw gweddi'r Salmydd wrth ofyn am nodded y Goruchaf (Salm. 67:1. Gw. hefyd 31:16; 80:3,7,19; Num. 6:25). Gwneir yr un honiad am y galon hefyd gan y doethion: 'Y mae calon dyn yn newid gwedd ei wyneb, naill ai i'w llonni neu i'w thristáu. Y mae wyneb siriol yn arwydd o galon mewn hawddfyd' (Ecclus. 13:25-26).

Defodau'r llys brenhinol

Er bod agwedd y doethion at y frenhiniaeth yn amwys, maent yn ymwybodol o lid y brenin ac yn barod iawn i gydnabod ei rym a'i awdurdod. Cynghorant bawb i osgoi ei dramgwyddo: 'Fy mab, ofna'r ARGLWYDD a'r brenin; paid â bod yn anufudd iddynt, oherwydd fe ddaw dinistr sydyn oddi wrthynt, a phwy a ŵyr y distryw a achosant ill dau?' (Diar. 24:21-22).

Nid yw'r Pregethwr yn ceisio cyfiawnhau grym y brenin, ond y mae yntau hefyd yn pwysleisio bod y grym hwnnw'n real. Y mae'r fath 'awdurdod yng ngair y brenin' fel na fedr neb ei herio trwy ofyn iddo egluro'r hyn a wna (Preg. 8:4). Dyletswydd pawb yw ufuddhau iddo a chadw ei orchmynion yn ddi-gwestiwn 'o achos y llw i Dduw' (8:2). Mae'r cyfieithiad yn awgrymu bod ufudd-dod yn ofynnol am fod ei ddeiliad, wrth wneud llw i'r brenin yn enw Duw, wedi addo bod yn deyrngar iddo.

Ond 'o achos *llw Duw*' sydd yn y testun Hebraeg gwreiddiol: hynny yw, y llw a wnaeth Duw ynglŷn â'r frenhiniaeth pan sefydlodd hi. Gwas Duw oedd y brenin a eneiniwyd i wneud ei ewyllys. Esboniad amgen, felly, yw bod y sawl sydd ar yr orsedd yn hawlio parch am mai sefydliad dwyfol yw'r frenhiniaeth.

Mae Paul yn adleisio'r un syniad wrth annog yr eglwys yn Rhufain i 'ymostwng i'r awdurdodau' am eu bod 'wedi eu sefydlu gan Dduw'. Mae'r sawl sy'n eu gwrthsefyll yn 'gwrthwynebu sefydliad sydd o Dduw' ac 'yn sicr o dynnu barn arnynt eu hunain' (Rhuf. 13:1-2).

Gan fod y doethion yn Israel gynnar yn aelodau o'r llys brenhinol, roedd bod yn gyfarwydd â defodau'r llys, a'u cadw, o bwys iddynt. Rhaid gwybod sut i ymddwyn ym mhresenoldeb y brenin. 'Paid â rhuthro o'i ŵydd' (Preg. 8:3) rhag iddo dybio fod rhyw anfadwaith ar droed, na bod yn bengaled os gofynnir am dy farn mewn achos y mae ef yn ei gefnogi ond nad yw'n dy blesio di. Dim ond i ti ofalu cadw ei orchmynion, byddi'n ddiogel. Defnyddia dy ddoethineb i benderfynu pa bryd a sut i wneud yr hyn sy'n ofynnol. Gwylia dy gyfle gan fod 'amser a ffordd i bob gorchwyl' (8:6).

Ond er ceisio cynorthwyo'r sawl sy'n gweithio i'r brenin er mwyn llwyddo mewn bywyd, daw'r awdur i gasgliad digon digalon. Mae'r dyfodol yn dywyll. Ni allwn wybod beth a ddigwydd, ac nid oes neb a fedr ei ddarogan i ni: 'Ni all neb reoli'r gwynt' na dewis dydd ei farw (8:8). Cyfieithiad o'r Hebraeg *rûach* yw 'gwynt'; ond mae mwy nag un ystyr i'r gair. Gall hefyd olygu 'ysbryd' ac 'anadl'. Yn y cyd-destun, mae'n bosibl mai 'ysbryd', yn yr ystyr o *life-force* neu *life-breath*, fyddai'r cyfieithiad mwyaf addas. Gan na all neb reoli ei fywyd, nid oes ganddo 'awdurdod dros ddydd marwolaeth'. Aralleiriad y *GNB* o gymal cyntaf yr adnod yw: '*No one can keep from dying or put off the day of death'*.

Cyfeiriad pellach at yr anochel yw dweud nad oes modd 'bwrw arfau mewn rhyfel'. Yn wahanol i'r rhai a gâi eu hesgusodi rhag mynd i ryfel yn ôl Cyfraith Moses (gw. Deut. 20:5-8), ni chaiff neb y fraint o beidio ag ymladd yn erbyn marwolaeth; mae hon yn frwydr na ellir ei hosgoi. Ni all y drwgweithredwr chwaith osgoi canlyniadau ei ddrygioni pan ddaw o flaen ei well.

Daw'r Pregethwr â'i sylwadau ar y frenhiniaeth i ben trwy gydnabod fod y sawl sydd mewn awdurdod yn debygol o gamddefnyddio'i rym ar draul eraill. Mae'n sylwi, fel y gwnaeth o'r blaen wrth weld y tlawd a'r diamddiffyn yn cael eu gorthrymu (gw. 5:8), fod y grymus 'yn arglwyddiaethu ar ei gymrodyr i beri niwed iddynt', trwy godi'r dreth er mwyn pluo'i nyth ei hun mae'n debyg (8:9).

Y da a'r drwg

Ni wêl y Pregethwr unrhyw arwydd o gwbl fod y drefn o gosbi'r drygionus a gwobrwyo'r da yn ôl eu gweithredoedd yn gweithio. O safbwynt moes a chyfiawnder, mae'r byd â'i draed i fyny. O gael cymorth y cyfieithiad Groeg i ddeall testun cymhleth yr Hebraeg gwreiddiol, daw ysgolheigion i'r farn mai rhywbeth tebyg i hyn yw ystyr 8:10: 'Gwelais y drygionus yn cael eu claddu'n barchus, a'r galarwyr, wrth adael y lle sanctaidd ar ôl yr angladd, yn eu canmol yn y ddinas lle'r oeddent wedi cyflawni trosedd'. Pa ryfedd i'r awdur ddod i'r casgliad fod 'hyn hefyd yn wagedd', hynny yw, yn annealladwy.

Nid oes dim mwy gwrthun i'r Pregethwr na gweld y drygionus yn llwyddo ac yn osgoi eu haeddiant. Mae'n gweld fod gan bob teyrn ei gefnogwyr a phob teicŵn ei edmygwyr. Ond er i'r drygionus 'wneud drwg ganwaith' a chael y fendith o 'fyw yn hir' (8:12a), mae'n aros yn ddi-gosb yn ei ddrygioni am na chafwyd dedfryd digon buan ar ei drosedd. Pwy, tybed, sydd dan y llach y tro hwn? Un ai'r brenin am fod mor ddi-hid ac aneffeithiol, neu efallai Duw ei hun am ohirio'r ddedfryd. Mae pobl yn euog o wneud drwg, ond rhaid i eraill dderbyn peth o'r bai am hyn gan fod y drefn o gosb a gwobr wedi dymchwel.

Yn annisgwyl, mae 8:12b-14 yn gwrth-ddweud yr hyn a ddywedwyd eisoes. Mae esbonwyr yn cynnig dwy ffordd o ddeall honiad yr awdur ei fod yn gwybod y bydd 'y rhai sy'n ofni Duw ac yn ei barchu' yn cael eu gwobrwyo, a phechaduriaid yn cael eu cosbi. Awgrymir yn gyntaf ei fod yn ei benbleth yn ymdrechu i ddal gafael ar optimistiaeth y proffwydi a'r doethion, bod y da'n ffynnu a'r drwg yn dioddef. Ac yn ail, awgrymir mai ychwanegiad at y testun gwreiddiol a geir yma: cyfraniad, o bosibl, gan olygydd sy'n anghytuno â'r awdur ac yn benderfynol o beidio â cholli golwg ar y ddiwinyddiaeth draddodiadol.

Pa ddehongliad bynnag sydd gywir, daw'r awdur yn ôl ar unwaith at ei brif thema: mae'r hyn sydd yn digwydd yn gwbl groes i'r hyn a ddylai ddigwydd, a'r cyfiawn yn dioddef a'r anghyfiawn yn llwyddo. Gan fod bywyd mor anwadal, ni all wneud dim mwy na chymell pawb i wneud y gorau o'r gwaethaf trwy 'fwyta ac yfed a bod yn llawen' (8:15).

Daw'r adran i ben trwy ailadrodd elfen sylfaenol o gred y Pregethwr (8:16-17), sef nad yw'n bosibl i ddyn ddirnad bwriad Duw yn yr hyn sy'n digwydd ar y ddaear, er iddo ymdrechu'n ddi-baid i chwilio, a mynd heb gwsg am ddyddiau wrth wneud hynny. Mae'r ateb y tu hwnt i'r doeth hyd yn oed.

Tynged pawb

Natur anchwiliadwy meddwl Duw a gaiff sylw'r awdur yn yr adnodau nesaf hefyd (9:1-3). Wedi ystyried y mater yn fanwl, daw i'r casgliad fod gweithredoedd y cyfiawn a'r doeth 'yn llaw Duw'. Yr ystyr tebygol yw mai Duw, nid hwy eu hunain, sy'n penderfynu eu tynged. Ond gan ei bod yn amhosibl i neb ddarogan y dyfodol a deall meddwl Duw, nid oes modd gwybod 'prun ai cariad ai casineb sy'n ei aros'. 'Yr un peth sy'n digwydd i bawb', pwy bynnag y bo neu beth bynnag a wna yn ystod ei fywyd, fel y dangosir gan nifer o gyferbyniaethau. Boed rhywun yn dda neu'n ddrwg, yn lân neu'n aflan, yn aberthu neu beidio, yn cymryd llw neu'n gwrthod gwneud hynny, tynged pawb yw marwolaeth.

Ac yntau wedi dod i gasgliad mor drist, byddai'n rhesymol tybio bod y Pregethwr yn barod i dderbyn iddo gael ei drechu yn ei ymdrech i wneud synnwyr o fywyd, a'i fod yn digalonni. Ond nid felly y mae. Er iddo daranu yn erbyn tynged y ddynoliaeth, gwêl lygedyn o oleuni i'r rhai 'a gyfrifir ymysg y byw'. Mynega ei gred trwy ddyfynnu dihareb: 'y mae ci byw yn well na llew marw' (9:4). Yn y traddodiad Beiblaidd, anifail aflan yw'r ci, ac fe'i defnyddir i ddisgrifio un sy'n ddirmygus a ffiaidd: 'Fel ci yn troi'n ôl at ei gyfog, felly y mae'r ffŵl sy'n ailadrodd ei ffolineb' (Diar. 26:11; 2 Ped. 2:22). Symbol o rym ac awdurdod Duw yw'r llew (gw. Hos. 5:14; 13:7-8). Ond er mai brenin yr anifeiliaid ydyw, ni fydd ei statws brenhinol o unrhyw fantais iddo pan fydd farw.

Neges yr awdur yw mai gwell, ar bob cyfrif, yw bywyd na marwolaeth. Serch hynny, yr unig fantais sydd gan y byw dros y meirw yw eu bod yn gwybod y byddant hwythau farw. Ond mae dweud nad 'yw'r meirw yn gwybod dim', a'u bod yn diflannu heb goffa amdanynt a heb wobr yn y byd a ddaw (9:6), yn gwbl annerbyniol gan rai o'i gyfoedion. Gwêl awdur Doethineb Solomon gysylltiad agos rhwng bywyd rhinweddol ac iachawdwriaeth: 'Y mae eneidiau'r cyfiawn yn llaw Duw ... am fod Duw wedi eu profi a'u cael yn deilwng ohono ef ei hun' (Doeth. 3:1-5. Gw. hefyd Luc 16:23; 2 Cor. 5:10).

Calon lawen

Hyd yn hyn, cynghorion fu sylwadau'r Pregethwr wrth gymeradwyo llawenydd. Ond yma, mae'n newid ei arddull ac yn *gorchymyn* mwynhad: 'Dos, bwyta dy fwyd mewn llawenydd, ac yf dy win â chalon lawen, oherwydd y mae Duw eisoes yn fodlon ar dy weithredoedd' (9:7). Gan fod pawb yn gwybod eu tynged, dylent brysuro'n ddi-oed i wneud yn fawr o bob pleser sydd gan fywyd i'w gynnig. Y cyfiawnhad dros y gorchymyn yw bod Duw eisoes, yn ei ras, wedi cymeradwyo hyn yn y gorffennol pell. Mae gan ddynoliaeth benrhyddid i fwynhau bywyd am mai dyna ewyllys Duw ar ei chyfer o'r dechrau. Cyfieithiad y *GNB* o'r cymal annelwig ar ddiwedd 9:7 yw: *'It's all right with God'*.

Dyletswydd y sawl sy'n ufuddhau i'r gorchymyn yw gwisgo gwyn a rhoi olew ar ei ben. Yn ogystal â bod o fudd i ymladd gwres yr haul mewn hinsawdd gynnes, roedd dillad gwyn yn gysylltiedig â chynnal gwledd i gadw gŵyl ac yn symbol o burdeb. Gwyn oedd dillad y saint (2 Esdr. 2:40) a dillad Iesu ar fynydd y gweddnewidiad (Math. 17:3); a gwisg wen 'fel eira' oedd gan yr angel a dreiglodd y maen oddi wrth y bedd ar fore'r atgyfodiad (Math. 28:3).

Roedd y sawl a allai ei fforddio'n defnyddio olew neu ennaint i leddfu llid croen sych. Yn ogystal â lleddfu poen, roedd yn symbol o lawenydd, cyfeillgarwch, croeso ac esmwythâd. Mae'r Salmydd yn diolch i Dduw am eneinio'i ben ag olew ac yn cymharu bywyd y rhai sy'n byw'n gytûn ag 'olew gwerthfawr ar y pen' (Salm. 23:5; 133:2). Canmolodd Iesu'r wraig a'i croesawodd i bryd o fwyd yn nhŷ un o'r Phariseaid trwy iro ei draed ag ennaint (Luc 7:46).

Argymhelliad a geir yn y gorchmynion hyn i fanteisio ar bob agwedd o fywyd yn ei lawnder, yn cynnwys bywyd priodasol, ac i gael pleser trwy fod yn ddyfal ym mhob gorchwyl. *Carpe diem;* gwna'n fawr o'r hyn sydd gan bob dydd i'w gynnig gan nad oes fwynhad na chyfle i wneud unrhyw fath o waith yn nhrigfan y meirw, Sheol (9:9-10).

Hap a damwain

Yn null y doethion o ystyried pwnc yr oeddent eisoes wedi rhoi sylw iddo, yn y gobaith o gael goleuni pellach arno, mae'r Pregethwr 'unwaith eto' yn cnoi cil dros yr hyn a welodd 'dan yr haul' gan danseilio'r sicrwydd o lwyddiant y mae pobl yn glynu wrtho (9:11). Nod y cyflym yw ennill y ras; nod y milwr yw ennill y rhyfel; nod y deallus yw cael digon o gyflog i'w gynnal; nod y gwybodus, sy'n deall sut i drin yr awdurdodau, yw ennill eu ffafr. Ond nid oes sicrwydd y bydd yr un ohonynt yn llwyddo. Pam? Am mai 'damwain a hap' yn hytrach nag uchelgais ac ymdrech a haeddiant sy'n cael y gair olaf. Ar wahân i farwolaeth, yr unig beth arall sy'n sicr mewn bywyd yw ffawd. Yn rhith adfyd disymwth, mae'n chwalu gobeithion ac yn rhwystro pob ymgais, a hyd yn oed yn dod â bywyd i ben, 'fel y delir pysgod mewn rhwyd ac adar mewn magl' (9:12).

❖ Cwestiynau i'w trafod

1. Pa mor realistig yw *gorchymyn* y Pregethwr i bawb yn ddiwahân fwynhau bywyd am mai dyna ewyllys Duw?

2. A ellir cyfiawnhau anufudd-dod i'r awdurdodau sifil?

11. Dameg a Diarhebion
Y Pregethwr 9:13 – 10:20

Ni ellir canfod unrhyw thema benodol yn yr adran hon: mae'r Pregethwr yn dilyn patrwm llenyddol llyfrau eraill Llên Ddoethineb, megis Llyfr y Diarhebion a Doethineb Iesu fab Sirach (Ecclesiasticus), trwy ddweud stori a gwneud ambell sylw personol a dyfynnu nifer o ddiarhebion. Efallai mai ei fwriad oedd gwarchod treftadaeth ddiwinyddol y doethion wrth roi ar gof a chadw rai o'u dywediadau, gan eu defnyddio'n sail i fyfyrdod. Mae diarhebion degfed bennod Llyfr y Pregethwr yn cynnwys amrywiaeth eang o bynciau, ac fe'u rhennir yn dri chasgliad er hwylustod: adnodau 1-3, adnodau 4-7 ac adnodau 8-20.

Dirmygu doethineb

Mae'n bosibl mai bwriad y stori agoriadol (9:13 – 10:1), sy'n diweddu gyda thair dihareb, yw rhoi enghraifft o ddiffyg parch at farn y tlawd mewn unrhyw drafodaeth, ynghyd â'r niwed y gall yr ynfyd ei wneud mewn cymdeithas. Caiff y ddau bwnc gryn dipyn o sylw gan y doethion.

'Pan fydd dyn cyfoethog yn llefaru, bydd pawb yn ddistaw, ac yn canmol ei araith i'r cymylau. Pan fydd dyn tlawd yn llefaru, gofynnant, "Pwy yw hwn?" Ac os digwydd iddo faglu, rhônt help iddo syrthio' (Ecclus. 13:23). Mae'r Pregethwr yn ymhelaethu ar y sylw hwn gan Iesu fab Sirach mewn dameg neu stori fach am ddyn tlawd a doeth a achubodd ddinas a oedd yn dioddef dan warchae brenin nerthol: 'Ac fe waredodd ef y ddinas trwy ei ddoethineb; eto ni chofiodd neb am y dyn tlawd hwnnw' (Preg. 9:15).

Mae cyfieithiad amgen o 'gwaredodd' yn bosibl yn ôl rheolau gramadeg Hebraeg sef, '*gallai'r* dyn tlawd fod wedi gwaredu'r ddinas' pe bai'r trigolion wedi cofio amdano. *'He could have saved the town. But no one thought about him'* sydd yn *GNB*. Mae llawer o esbonwyr yn ffafrio'r cyfieithiad am ei fod yn fwy cyson â chynnwys yr adnod ganlynol sy'n dweud fod doethineb y dyn tlawd wedi cael 'ei dirmygu, a neb yn gwrando ar ei eiriau'.

Mae'r stori'n arwain at y casgliad a fynegir mewn tair dihareb (9:16 – 10:1). Mae'r gyntaf yn pwysleisio gwerth a grym doethineb. Mae mwy o werth mewn gair o gyngor tawel gan y gwybodus a'r pwyllog nag yng ngeiriau bygythiol llywodraethwr sy'n rhefru 'ymysg ffyliaid'. Tystiodd hanes i hyn lawer gwaith. Yn ystod yr Ail Ryfel Byd, roedd y gyferbyniaeth rhwng Dietrich Bonhoeffer ac Adolph Hitler yn amlwg iawn. Mae geiriau tawel y diwinydd enwog a garcharwyd ac a ddienyddiwyd am wrthwynebu polisi'r Natsïaid wedi goroesi; ond pwy all ddyfynnu cymal o areithiau ymfflamychol Hitler?

Dangos pa mor fregus ac mor hawdd ei chlwyfo yw doethineb a wna'r ail ddihareb. Mae gweithredu'n ddoeth yn amlwg yn gwneud mwy o synnwyr na mynd i ryfel, ond mewn diwylliant ar ddisberod mae doethineb yn achos coll yn nwylo ynfytyn. Gall ffŵl neu bechadur ddadwneud 'llawer o ddaioni'. Adleisio hyn a wna'r drydedd ddihareb trwy ddefnyddio'r gallu i synhwyro arogleuon i danlinellu grym dinistriol ffolineb (10:1). Fel y mae 'ychydig lefain yn lefeinio'r holl does' (1 Cor.5:6), mae'r gwrthwyneb yn wir: gall ychydig iawn o bryfed diwerth lygru potiad cyfan o bersawr gwerthfawr a pheri drewdod. Gall gair annoeth yr un modd ddod â chyfeillgarwch agos i ben; gall un achos o odineb arwain at ysgariad. Cymaint haws yw difetha rhywbeth na'i greu.

Y doeth a'r ffôl

Nid gwleidyddiaeth sydd mewn golwg wrth i'r Pregethwr ddweud bod 'calon y doeth yn ei arwain i'r dde, ond calon y ffôl yn ei droi i'r chwith' (Preg. 10:2). I'r meddwl Hebreig, y galon oedd tarddle deall, bwriad ac ewyllys. Mewn sawl diwylliant, gan gynnwys Israel gynnar, defnyddir y dde a'r chwith yn symbolau o'r da a'r drwg, y moesol a'r anfoesol, y grymus a'r gwan.

Yn Saesneg, mae *'right'* yn gyfystyr â geiriau megis 'priodol' a 'cyfiawn'. Mae deheulaw Duw 'yn llawn o gyfiawnder' (Salm. 48:10). Yn ei law dde hefyd y mae nerth 'a ddryllia'r gelyn' wrth achub ei bobl o gaethiwed yr Aifft (Ex. 15:6). Enwodd Jacob yr ieuengaf a'r ffefryn o'i holl feibion 'Benjamin', sy'n golygu 'mab y ddeheulaw'. Pan ddyrchafwyd Crist i'r nefoedd, eisteddodd ar ddeheulaw Duw (Ac. 2:33-34). Gwreiddyn y gair Saesneg *'sinister'* yw'r gair Lladin am 'yr ochr chwith'. Mewn darluniau cynnar o'r Croeshoeliad, portreadir yr Iddewon a'r Rhufeiniaid ar y chwith i Iesu a'i ddilynwyr ar y dde – ochr y doeth a'r daionus. Wrth ddilyn cymhellion ei galon sy'n 'ei droi i'r chwith', ni all y ffôl guddio'i ddiffyg synnwyr cyffredin a'i ynfydrwydd pan fydd ymysg pobl; maent yn amlwg i bawb (Preg. 10:3).

Mae 10:4 yn ymwneud unwaith eto â sut i ymddwyn yn y llys brenhinol. Cyngor y Pregethwr i'r sawl sydd wedi ennyn llid llywodraethwr yw peidio â dychryn, neu fynd i'r pwd ac ymddiswyddo, ond derbyn cerydd yn dawel ac amyneddgar am mai dyna'r ffordd orau i liniaru dicter. Mae awdur Llyfr y Diarhebion yn cytuno: 'Y mae ateb llednais yn dofi dig'; 'Ag amynedd gellir darbwyllo llywodraethwr'; 'Y mae llid brenin yn gennad angau, ond fe'i dofir gan yr un doeth' (Diar.15:1; 25:15; 16:14). Er nad yw agwedd y deiliad yn golygu ei fod yn rhydd o gyfrifoldeb am ei drosedd, mae ei ymateb i ddicter y brenin yn brawf ei fod yn barod i dderbyn cerydd. Trwy ymddwyn yn ddigynnwrf a dangos fod ganddo hunan hyder, mae'r doeth yn llwyddo i arbed sefyllfa anodd rhag mynd yn waeth.

Yn yr adnodau nesaf, mae'r awdur unwaith eto'n tynnu sylw at ddrwg a welodd 'dan yr haul' (Preg. 10:5-7). Mae'n priodoli'r drygioni i ffynhonnell annisgwyl, sef 'camgymeriad' llywodraethwr diffaith. Pwy bynnag oedd y rheolwr, drysodd trwy ei flerwch y *status quo* trwy roi swyddi cyfrifol i ymgeiswyr diegwyddor ac annheilwng. O ganlyniad, newidiodd y ffŵl a'r cyfoethog eu lle; felly hefyd y gwas a'r meistr.

Sylwer mai'r cyfoethog, ac nid y doeth, sy'n cyferbynnu â'r ynfyd yn y cyd-destun hwn. Mae'n bosibl mai'r rheswm am hyn yw bod y doethion yn ochelgar rhag unrhyw newid ym mhatrwm byw cymdeithas a fyddai'n tarfu ar y drefn ac yn gyrru'r byd o'i go'. Wedi'r cwbl, roeddent hwy eu hunain yn mwynhau breintiau byd y boneddigion. Ceir sawl enghraifft ohonynt yn dangos eu safbwynt ceidwadol. Ymysg y 'tri pheth sy'n cynhyrfu'r ddaear' a'r 'pedwar na all hi eu dioddef' y mae 'gwas pan ddaw yn frenin ... a morwyn yn disodli ei meistres' (Diar. 30:21-23. Gw. hefyd 19:10).

Achos ac effaith

Mewn nifer o gasgliadau bychan ac annibynnol o ddywediadau, mae Pregethwr 10:8-20 yn canolbwyntio ar yr hyn a elwir yn Saesneg *'the destiny-producing deed'* sef, y cysylltiad anochel rhwng achos ac effaith, megis: 'Y mae'r un sy'n cloddio pwll yn syrthio iddo' (10:8). Mae'r posibilrwydd y gall un sydd â'i fryd ar greu trap ar gyfer rhywun arall gael ei ddal yn ei fagl ei hun yn thema gyson o fewn Llên Ddoethineb: 'Bydd yr un sy'n camarwain yr uniawn i ffordd ddrwg yn syrthio ei hun i'r pwll a wnaeth' (Diar. 28:10). 'A gloddio ffos, fe syrth iddi; a osodo fagl, fe'i delir ynddi' (Ecclus. 27:26. Gw. hefyd Diar. 26:27; Salm. 7:15; 9:15; 35:7-8).

Ond o fewn rhestr y gorchwylion cyffredin – cloddio pwll, chwalu clawdd, symud cerrig a hollti coed – nid oes awgrym o fwriad drwg. Y neges syml yw bod angen cymryd pwyll wrth wneud gwaith peryglus. Os yw trap yn cau ar yr un a'i gwnaeth, neidr yn brathu wrth i amaethwr chwalu ei nyth, cerrig yn gwasgu'r sawl sy'n eu symud, coed yn anafu'r sawl sy'n eu hollti, ac os yw bwyell yn ddi-fin, nid ar Dduw na neb arall y mae'r bai ond ar y gweithiwr ei hun. Diffyg gofal a diffyg paratoad sydd i'w gyfrif am bob anffawd a ddaw i'w ran. Byddai parodrwydd i dderbyn hyfforddiant mwy trylwyr yn ei grefft wedi ei achub gan fod 'medr ['doethineb' yn yr Hebraeg gwreiddiol] yn dod â llwyddiant' (10:10). Dim ond trwy alw ar fedr y swynwr gyda'i bib a'i gawell y gall y perchennog gael gwared â neidr sy'n llechu yn ei dŷ, cyn iddi frathu.

Yn y casgliad nesaf (10:12-15), mae'r Pregethwr yn ei ail-adrodd ei hun unwaith eto wrth symud oddi wrth beryglon gwaith at werth a pheryglon geiriau. Gwerthfawrogir geiriau'r doeth am eu bod yn creu cytgord rhwng cymdogion; ond mae'r ffôl yn ei ddifa'i hun am na fedr reoli ei dafod. Er iddo barablu'n ddi-baid, mae'n dechrau ac yn diweddu pob sgwrs 'mewn ynfydrwydd llwyr' am nad yw'n gwybod pryd i dewi. Arwydd pellach o'i ffolineb yw ei gred fod ganddo'r gallu i wneud yr hyn na all neb arall ei wneud, sef darogan y dyfodol. Arwydd arall eto yw ei ysfa i orweithio er mwyn cael mwy o gyfoeth. Mae mor flinedig erbyn diwedd y dydd nes iddo anghofio'r ffordd adref!

Gwleidyddiaeth yw pwnc rhan olaf y bennod (10:16-20). Cyferbynnu gwlad hapus â gwlad anhapus a wneir yn adnodau 16 a 17 trwy sylwi fod urddas, aeddfedrwydd ac ymddygiad llywodraethwr yn dylanwadu ar deyrnas gyfan: 'Gwae di, wlad, pan fydd gwas yn frenin arnat'. Gall methiant brenin dibrofiad i gadw rheolaeth ar ei ddeiliaid arwain nid yn unig at ansefydlogrwydd ond at agwedd ddiofal ymhlith ei dywysogion. Yn lle mynd i'w gwaith, esgeulusant eu dyletswyddau gwleidyddol trwy dreulio'r bore'n gwledda, sy'n arwydd digamsyniol o afradlonedd yn ôl y proffwyd Eseia: 'Gwae'r rhai sy'n codi'n fore i ddilyn diod gadarn ... nid ystyriant waith yr ARGLWYDD nac edrych ar yr hyn a wnaeth' (Es. 5:11-12). Neges debyg sydd gan y fam frenhines yn Llyfr y Diarhebion i'w mab, Lemuel brenin Massa: 'Nid gweddus i frenhinoedd yfed gwin, ac nid gweddus i reolwyr flysio diod gadarn, rhag iddynt yfed, ac anghofio'r hyn a ddeddfwyd, a gwyrdroi achos y rhai gorthrymedig i gyd' (Diar. 31:4-5).

Ond gwyn fyd gwlad pan fydd ei brenin 'yn fab pendefig' (Preg. 10:17): ac yntau wedi ei drwytho mewn gwleidyddiaeth o'i ieuenctid bydd yn llai tebygol o gamddefnyddio'i nerth. Bydd ganddo agwedd wahanol iawn i'r sawl a gododd yn uwch na'i dras ac sy'n methu ag ysgwyddo cyfrifoldeb. Mae aelodau llys llywodraethwr cymwys yn debygol o'i barchu trwy wledda 'ar yr amser priodol', gan ofalu nad ydynt yn meddwi'n ddilywodraeth ond yn ymddwyn yn gymedrol er eu lles eu hunain. Mae'n amlwg nad oes gan y Pregethwr, o ran egwyddor o leiaf, unrhyw wrthwynebiad i fywyd bras yr uchelwyr, cyn belled â'i fod yn cydymffurfio â'r drefn. Y mae amser priodol i wledda, ond nid y bore yw hwnnw.

Mae'n bosibl y bwriadwyd i'r ddwy ddihareb yn 10:18-19 gynnig sylwadaeth ar yr adnodau blaenorol (16-17). Gellir eu dehongli fel cyfeiriad at yr awdurdodau. Mae'r 'diogi' a'r 'llaesu dwylo' sy'n peri i adeilad fynd â'i ben iddo'r un mor andwyol yn achos teyrnas; nid oes unrhyw beth mwy dinistriol, ac nid oes angen dim arall i'w dymchwel.

Roedd gan Israel brofiad o swyddogion diog a diegwyddor. Cânt eu barnu'n llym gan y proffwydi am eu segurdod a'u hunanoldeb a'u difaterwch. Yn ei alarnad dros y genedl, mae Amos yn lladd ar y pendefigion am 'orwedd ar welyau ifori ... canu maswedd i sain y nabl ... yfed gwin fesul powlennaid' ac iro eu hunain 'â'r olew gorau; ond heb boeni am ddinistr Joseff' (Am. 6:4-7. Gw. hefyd Eseia 5:22-23; 28:7-8). Mae'r Pregethwr yn barod iawn i gydnabod fod gwledd a gwin yn 'llonni bywyd' (Preg. 10:19). Ond gan mai 'hael yw Hywel ar bwrs y wlad', dyletswydd y cyfranogwyr yw ystyried cost y gwledda a bod yn llai hunanol, er mwyn i'r arian gael ei wario ar achosion mwy teilwng.

'Paid â chablu Duw, na melltithio pennaeth o blith dy bobl' yw un o orchmynion

Cyfraith Moses (Ex. 22:28). Yr oedd perthynas Israel â Duw trwy'r cyfamod ar Sinai yn hawlio parch nid yn unig tuag ato Ef, ond hefyd at y sawl a etholwyd ganddo i arwain ei genedl etholedig. Ond nid dyletswydd yr unigolyn i ufuddhau i'r Gyfraith sydd mewn golwg gan y Pregethwr yn 10:20. Galwad ydyw yn hytrach i ddefnyddio synnwyr cyffredin ac i sylweddoli pa mor beryglus yw melltithio'r brenin a'r cyfoethog, hyd yn oed allan o glyw pobl eraill, am fod ganddynt ym mhob man ysbiwyr ac achwynwyr sy'n barod iawn i gario straeon. Mae gair yn debyg i aderyn: unwaith y caiff ei ollwng yn rhydd, mae'n anodd iawn ei ddal. (Tybed mai'r adnod hon yw tarddiad yr idiom, 'Mi soniodd 'deryn bach wrthyf'?)

Mae 'gan y cloddiau glustiau', ac felly'r peth doethaf fydd ymatal rhag beirniadu'r brenin a'i gynghorwyr, er bod yr awdur a'i ragflaenwyr wedi gwneud hynny'n ochelgar ambell dro (gw. e.e. 4:13-16; 5:8-9; Diar. 28:15-16; 29:4.) Dyma gyngor addas i drigolion llawer gwlad heddiw; mae'r un mor hawdd i ennyn llid arweinydd heddiw. Nid oes gan ganran sylweddol o boblogaeth y byd ddewis ond cymryd geiriau'r Pregethwr o ddifrif a pheidio â beirniadu'r awdurdodau ar goedd os ydynt am osgoi cael eu hystyried yn fradychwyr a'u dedfrydu i dreulio blynyddoedd maith yn y carchar, neu hyd yn oed eu dienyddio.

❖ Cwestiynau i'w trafod

1. Pa enghreifftiau a ddaw i'ch meddwl o rai'n cael, neu wedi cael, eu cosbi am herio'u llywodraeth trwy alw am barch at hawliau dynol a rhyddid i fynegi barn yn gyhoeddus?

2. Trafodwch y syniad fod 'arian yn ateb i bopeth' (10:19).

12. Cynghorion Terfynol
Y Pregethwr 11:1 – 12:14

Ar wahân i'r crynodeb yn 12:9-14, cymysgedd o anogaeth a myfyrdod yw rhan olaf Llyfr y Pregethwr. Ffrâmwaith llenyddol y testun yw nifer o argymhellion (11:1-2, 6, 9-10 a 12:1-7) yn gymysg â darnau myfyrgar a disgrifiadol sy'n ymhelaethu arnynt (11:3-5 a 7-8). Yn y bôn, ail-bobi pynciau a drafodwyd eisoes a wna'r awdur wrth gynghori'r darllenydd i fyw er mwyn heddiw trwy ymroi'n ddi-oed i wneud yr hyn sydd o bwys yn y presennol. Mae hynny'n cynnwys manteisio ar bob cyfle i gael y mwyniant gorau posibl mewn bywyd gan na all neb ragweld y dyfodol.

Anogaeth i fentro

Fel yn achos llawer o adnodau eraill y llyfr, mae ystyr 11:1-2 yn annelwig. Un esboniad o'r anogaeth yn yr adnod gyntaf i'r darllenydd 'fwrw' ei 'fara ar wyneb y dyfroedd' er mwyn ei gael yn ôl ymhen amser, yw mai cyngor ydoedd yn wreiddiol i farsiandwr ddefnyddio'r fasnach dramor i werthu a phrynu stoc. Byddai llogi llong i fynd â'i nwyddau i farchnadoedd ym mhellafoedd daear gan ddod â nwyddau eraill yn ôl adref yn broffidiol i'w fusnes. O gyfieithu'r ferf Hebraeg *shâlach* ag 'anfon', mae'r ystyr sylfaenol hwn i'r gair yn fwy addas na 'bwrw' yn y cyd-destun. Dyna awgrym y *GNB*: *'Invest your money in foreign trade, and one of these days you will make a profit'*.

Ond yn ôl y dehongliad traddodiadol, a goleddwyd gan esbonwyr Iddewig a Christnogol, galwad yw'r ddihareb i sylweddoli cymaint yw'r wobr i'r sawl sy'n effro i anghenion pobl lai ffodus nag ef ei hun. Trwy rannu ei gyfoeth ag eraill sy'n dioddef adfyd, caiff y sawl sy'n elusengar a hael y boddhad o dderbyn eu gwerthfawrogiad am wneud gwahaniaeth mor sylweddol i'w bywyd.

Yn y nofel *Animal Dreams* gan Barbara Kingsolver, mae Hallie wedi mynd i Nicaragua i helpu'r tlodion. Meddai mewn llythyr at ei chwaer yn America: *'Wars and elections are both too big and too small to matter in the long run. The daily work – that goes on, it adds up. It goes into the ground, into crops, into children's bellies and their bright eyes. Good things don't get lost.'* Dyna neges y Pregethwr: nid yw daioni byth yn mynd i golli.

Mae'r esboniad o 11:2 yn dibynnu ar yr hyn a benderfynwyd ynglŷn ag ystyr yr adnod flaenorol. Os mai'r farchnad fyd-eang yw'r cefndir tebygol, ceir yma gyngor i'r sawl sy'n dewis manteisio arni i fentro llogi amryw o longau: 'Rhanna dy gyfran rhwng saith neu wyth'. Pe bai un llong yn suddo mewn storm, neu fod morladron yn dwyn y cargo, byddai ei nwyddau yn ddiogel yn y lleill. Yn nhermau'r byd modern, mae'n gyngor priodol ynglŷn â defnyddio sawl banc i fuddsoddi enillion, rhag ofn i'r banc sy'n cadw'r arian fynd i'r wal.

Ond mae'r un egwyddor yn berthnasol mewn achos o elusengarwch. I'r sawl sydd am rannu ei amser a'i dalent yn ogystal â'i eiddo ag eraill mewn cyfyngder, mantais fydd dewis amryw o bobl i elwa o'i haelioni, fel bod mwy nag un ar gael i dalu'r pwyth yn ôl pe byddai angen hynny. Oherwydd ni ŵyr neb 'pa drychineb a ddaw ar y ddaear' (8:2). Gall hyd yn oed y cymwynaswr mwyaf hael ddioddef argyfwng annisgwyl a gorfod dibynnu ar ewyllys da cymdogion i ymdopi. Beth bynnag fo'r cyd-destun, peidio â rhoi'r wyau i gyd yn yr un fasged yw'r neges.

Mae'r adnodau dilynol (11:3-6) yn ymhelaethu ar ddirgelwch y bydysawd a therfyn gallu a gwybodaeth yr hil ddynol. Gellir dibynnu ar gael tywydd addas i hau a medi, ac eto mae byd natur uwchlaw pob ymdrech i'w ddofi. Fel y clywsom eisoes, 'ni all neb reoli'r gwynt' rhag iddo chwythu'r had i bob cyfeiriad (8:8). Daw'r cymylau â glaw yn ei dro, ond gwastraff amser yw chwilio'r awyr am arwydd er mwyn gwybod a ddylid gohirio'r cynhaeaf rhag difetha'r cnwd. Ofer disgwyl am ddyfodol delfrydol ar draul y presennol. Ni ddylai neb osgoi gwneud yr hyn sy'n angenrheidiol yn y gobaith o gael yr holl atebion. Taro tra bo'r haearn yn boeth yw'r cyngor.

Dirgelwch arall yw datblygiad plentyn yng nghroth ei fam. Ni all neb ddirnad 'sut y daw bywyd i'r esgyrn yng nghroth y feichiog' (11:5), er i hyn ddigwydd i bob creadur byw. Ond nid yw anwybodaeth yn arwain at ymgadw rhag cenhedlu plant. Mae'r un peth yn wir mewn amaethyddiaeth. Mae'r awdur yn cynghori'r amaethwr i 'hau ei had yn y bore' a pheidio 'â gorffwys cyn yr hwyr' (11:6). Gall hyn olygu un ai weithio'n ddiwyd trwy'r dydd neu hau ddwywaith ym mhob tymor, yn gynnar a hwyr, er na ŵyr neb beth fydd y canlyniad. Nid oes gan ddynoliaeth obaith gwybod bwriad Duw.

Dymuniad y galon

Mae cyngor y Pregethwr i'r ifanc yn dechrau gyda rhagarweiniad byr yn 11:7-8: 'Pleser i'r llygaid yw gweld yr haul'. Ni all neb wadu mor ddymunol yw edrych allan ar y byd ar fore braf. Mae'r un peth yn wir am fore oes. Dyletswydd dyn, petai'n byw hyd yn oed 'am flynyddoedd maith', yw dal gafael ar bleserau a llawenydd ei blentyndod, gan gofio bod cyfnod hir yn y bedd yn ei aros. Nid bygythiad yw tywyllwch diddiwedd Sheol, ond cymhelliad i fanteisio ar bob cyfle i fwynhau bywyd.

Wrth gynghori gŵr ifanc i wneud yr hyn a fynno, 'rhodia yn ôl dymuniad dy galon a'r hyn a wêl dy lygaid' (11:9), mae'n amlwg nad oes gan y Pregethwr unrhyw broblem gyda dyheadau dynol. Ond mae ei agwedd yn creu penbleth i'r rabiniaid am fod Cyfraith Moses yn cymryd agwedd tra gwahanol. Yn ôl y Gyfraith, dyletswydd Israel yw cadw 'holl orchmynion yr ARGLWYDD' a pheidio â 'phuteinio trwy fynd ar ôl y pethau y mae eich calonnau a'ch llygaid yn chwantu amdanynt' (Num. 15:39). Er mwyn bod yn ffyddlon i'r Gyfraith, mae'r cyfieithiad Groeg o'r Hen Destament wedi ychwanegu dau air at ail gymal Pregethwr 11:9 sy'n newid yr ystyr yn llwyr: 'rhodia yn ôl dymuniad dy galon yn *ddi-fai* ac *nid* yn ôl yr hyn a wêl dy lygaid'.

Sylwer ar y defnydd a wna'r awdur o'r modd gorchmynnol, 'bydd lawen ... bydded iti fwynhad ... rhodia ... symud' (10:9-10), i ddatgan ei gymeradwyaeth o gael pleser yn ystod llencyndod. Mae'n fater o frys, oherwydd daw'r cyfnod maith yn Sheol, lle nad oes fwynhad na llawenydd, ar warthaf pob un yn fuan iawn. Yr un yw cyngor Iesu fab Sirach: 'Fy mab, ... paid â'th amddifadu dy hun o ddiwrnod o fwynhad, na cholli un dim o'r hyfrydwch yr wyt yn ei chwennych ... rho, a derbyn, a difyrra dy hun, oherwydd ofer yw ceisio moethau yn Nhrigfan y Meirw' (Ecclus. 14:11-16).

Mae dilyn dymuniad y galon hefyd yn fater o egwyddor, oherwydd dyna ewyllys Duw, fel y gwelsom eisoes yn 9:7. Ond yn y cyd-destun hwn, mae'r dehongliad yn dibynnu ar newid y gair sy'n cydio cymal olaf 10:9 wrth weddill yr adnod. Yn lle '*ond* cofia y bydd Duw yn dy alw i farn am hyn i gyd', darllener '*a* chofia y bydd Duw...'. Mae'r cyfieithiad hwn yn bosibl am mai un gair sydd gan yr Hebraeg am y ddau gysylltair. Felly, yn hytrach na'i rybuddio rhag y gormodedd a fyddai'n ennyn llid dwyfol, atgoffa'r darllenydd o'i *ddyletswydd* i fwynhau bywyd am mai dyna ewyllys Duw a wna'r testun. 'Yn y byd a ddaw', meddai'r Talmwd, 'gelwir ar bob un ohonom i roi cyfrif am wrthod mwynhau'r holl bethau da a drefnodd Duw ar ein cyfer mewn bywyd'.

Mae'r dehongliad hwn yn gyson â chyfieithiad amgen o dri gair yn 11:10. Yn lle 'dicter' a 'blinder' awgrymir 'pryder' a 'phoen'. *'Anxiety'* a *'pain'* sydd yn yr *NRSV*; *'discontent'* a *'troubles'* sydd yn y *NEB*. Gwell hefyd fyddai cyfieithu *hebel* gyda 'darfodedig' yn lle 'oferedd' gan fod hyn yn ei gwneud yn glir mai cymhelliad yw ail hanner yr adnod i wneud yr hyn a orchmynnir yn yr hanner cyntaf.

Nid dweud a wna'r Pregethwr fod ieuenctid yn ofer neu ddisynnwyr, ond dweud ei fod 'fel cysgod yn mynd heibio' (Salm. 144:4. Gw. hefyd Job 7:16). *'Don't let anything worry you or cause you pain. You aren't going to be young very long'*, sydd gan y *GNB*. Rhaid taro tra bo'r haearn yn boeth. Y dehongliad cadarnhaol hwn o'r testun cyfan yn 11:7-10 sy'n arwain amryw o esbonwyr cyfoes i dderbyn casgliad Robert Gordis mai ym meddwl y Pregethwr *'the enjoyment of life becomes the highest dictate of life'*.

Ein cartref bythol

Mae'r awdur bellach yn hen ac wedi cael cyfle i fyfyrio ar ei brofiadau. Daeth yr amser iddo grisialu ei feddyliau a throsglwyddo ffrwyth ei fyfyrdod i'r genhedlaeth nesaf. Yn dilyn ei anogaeth i ŵr ifanc i fwynhau bywyd, cyngor olaf y Pregethwr yw iddo gofio'i Greawdwr. Caiff y gorchymyn i 'gofio' Duw, sy'n golygu cydnabod ei gymorth mewn cyfyngder, gwrando ar ei lais a gwneud ei ewyllys, le amlwg yn y Gyfraith (gw. Deut. 8:11-20). Dyletswydd y llanc yw cofio Duw cyn iddi fynd yn rhy hwyr, cyn iddo golli blas ar fyw am fod ei olwg yn dirywio a threialon yn pentyrru'n ddirybudd, fel cymylau yn 'dychwelyd ar ôl y glaw' (12:1-2).

Er i'r ystyr fod yn dywyll ar brydiau, esboniad posibl o weddill yr adran yw mai disgrifiad, ar ffurf alegori, o'r corff dynol yn heneiddio sydd yma (12:3-5). 'Ceidwaid y tŷ' yw'r coesau sy'n dioddef o gricymalau; 'y dynion cryf' yw'r breichiau sy'n dechrau colli eu nerth; y merched yn methu malu 'am eu bod yn ychydig' yw'r dannedd sy'n pydru ac yn disgyn allan; 'y rhai sy'n edrych trwy'r ffenestri' yw'r llygaid sy'n dioddef o gataractau. Pan fydd sŵn y stryd a'r felin a chân yr adar 'yn distewi', mae'n bryd chwilio am gymorth clyw. Mae 'llecyn uchel a pheryglon ar y ffordd' yn fygythiad; rhaid gochel rhag cael pendro, neu syrthio a thorri aelod. Cyfeiriad yw'r 'pren almon', sy'n troi o binc i wyn wrth aeddfedu, at liw'r gwallt yn newid. Y ceiliog rhedyn, neu'r locust, sy'n 'ymlusgo'n feichus' am ei fod wedi gorfwyta wrth reibio'r tir, yw'r henoed sy'n cael eu caethiwo gan flinder a llesgedd.

Arwyddion yw'r rhain i gyd fod rhywun yn nesáu at ddiwedd oes. Gan ei fod 'ar fynd i'w gartref bythol', daw'r galarwyr proffesiynol a logid mewn angladdau ynghyd yn y stryd, yn barod i roi llais i alar y gymuned.

Symbol arall sy'n gysylltiedig â marwolaeth ym meddwl yr awdur yw dinistr celfi cyffredin (12:6): llestr aur yn malu am fod y llinyn arian sy'n ei ddal wrth y nenfwd yn torri; piser wrth y ffynnon yn malurio; olwyn i godi dŵr o'r pydew yn torri. Yna, gydag ymadrodd sy'n adlais o stori'r Creu yn Genesis 2 – 3, mynegir tynged anochel dynoliaeth. Bydd y corff yn dychwelyd i'r ddaear y crëwyd ef ohoni a'r 'anadl einioes' a anadlodd Duw iddo'n mynd yn ôl at yr Un a'i rhoddodd.

Daw'r Pregethwr â'i sylwadau i ben gyda'r un arwyddair a ddefnyddiodd ar ddechrau'r bennod gyntaf: 'Gwagedd llwyr, gwagedd yw'r cyfan'. Fel y gwelsom, mae'r gair creiddiol 'gwagedd' yn ymddangos amryw o weithiau yng nghorff y llyfr, a'r neges gyson yw mai 'gwagedd llwyr yw'r cyfan'. Mae ailadrodd y syniad a'i ddewis fel diweddglo'n rhoi ar ddeall i'r darllenydd nad llyfr yw hwn sy'n cynnwys datblygiad, datrys problemau, dod i benderfyniad terfynol a chynnig ateb i gwestiynau dyrys. Ar ddiwedd y llyfr, mae popeth mor ofer a gwag ag ydoedd ar ei ddechrau.

Nid bod bywyd ei hun yn ofer. Gwnaeth yr awdur hynny'n glir sawl gwaith wrth annog mwynhau o fewn rheswm bleserau syml bywyd, fel cyfeillach y bwrdd bwyd a hyd yn oed gwaith. Ond mae'n ein harwain i wynebu'r ffaith nad oes 'o dan yr haul' ateb i gwestiynau megis beth yw ystyr bywyd, pam fod y diniwed yn dioddef, sut y mae'r byd yn gweithio – neu pam y mae'n methu â gweithio.

Epilog

Samuel ben Meir, ysgolhaig Iddewig enwog a oedd yn byw yn Ffrainc yn yr Oesoedd Canol, oedd y cyntaf i sylwi ar bresenoldeb ffrâm olygyddol i Lyfr y Pregethwr. Yn ei farn ef, dengys y cyfeiriad at yr awdur yn y trydydd person mai ychwanegiad at y llawysgrif wreiddiol yw'r ddwy adnod gyntaf a'r chwe adnod olaf: sylwadau awdur arall, yn hytrach na geiriau'r Pregethwr ei hun, sy'n agor ac yn cloi' llyfr (1:1-2 a 12:9-14). Mae rhai esbonwyr yn priodoli'r geiriau hynny i un o'i gyn-ddisgyblion. Efallai i'r awdur farw cyn gorffen y gwaith.

Ond nid awduraeth yr epilog, yn gymaint â'i gynnwys a'i amcan, sydd o wir ddiddordeb mewn unrhyw astudiaeth o'r llyfr. Nid pwy a'i hysgrifennodd yw'r cwestiwn llosg, ond pa sail sydd i'r ddamcaniaeth iddo ddylanwadu ar y derbyniad a'r dehongliad a roddwyd i'r gwaith cyfan. A gyfrannodd yr epilog at y broses o ganoneiddio Llyfr y Pregethwr ganrifoedd yn ddiweddarach, gan sicrhau iddo'i le yn y Beibl?

Mae'r adran olaf yn rhannu'n ddwy ran: adnodau 9-11 ac adnodau 12-14. Yn y rhan gyntaf, mae'r golygydd yn tynnu sylw at weithgarwch proffesiynol yr awdur gan ei bortreadu fel un a chanddo swydd gydnabyddedig o fewn y gymdeithas. Rhydd iddo'r teitl canmoliaethus 'doeth', a'i ddisgrifio fel 'un sy'n dysgu deall i'r bobl'. Mae'n awyddus i ddangos na chafodd ei alltudio o gwmni'r doethion ac na ddiarddelwyd ei ddysgeidiaeth er iddo feirniadu a herio'r traddodiad doethineb.

Ond mae'r golygydd am i'r darllenydd sylweddoli hefyd fod yr awdur yn fwy nag athro a llenor. Yn ei ddisgrifiad ohono, rhydd bwyslais arbennig ar ei allu beirniadol. Nid cymhwyster i lenydda a chyfathrebu yw unig nodwedd y llyfr. Ceir ynddo hefyd dystiolaeth eglur o ddawn y Pregethwr i fesur a chloriannu ei dreftadaeth lenyddol. Mae'n 'pwyso', 'chwilio' a 'gosod mewn trefn' lawer o ddiarhebion, yn ogystal â cheisio 'cael geiriau dymunol' (h.y. addas) a 'chywir' ar gyfer pob achlysur.

Y mae lle i'w syniadau mewn casgliad o eiriau'r doethion am eu bod fel 'symbylau' a 'hoelion' sy'n pigo'r gydwybod, yn deffro chwilfrydedd ac yn annog y darllenydd i ystyried pwrpas bywyd. Ond peidied neb â thybio mai'r

Pregethwr ei hun, na'r traddodiad y perthyn iddo, yw'r awdurdod terfynol. Mae ei eiriau ef, fel geiriau ei gyd-athrawon, 'wedi eu rhoi gan un bugail', sef Duw. Duw yw ffynhonnell pob dysgeidiaeth, ac o'r ffynhonnell ddihalog hon y tardd cyfraniad y Pregethwr yntau, meddai'r golygydd.

Yn ail hanner yr epilog mae'r golygydd yn gorchymyn ei ddisgybl, 'fy mab', i beidio ag ychwanegu at y llyfr. Ar wahân i'r ffaith fod 'astudio dyfal' yn waith blinderus, nid oes angen dweud mwy am y pynciau a drafodwyd. Mae ymdriniaeth gynhwysfawr y Pregethwr wedi dweud yr hyn sy'n angenrheidiol. Cymeradwyaeth yw'r gwaharddiad, gyda'r bwriad o hybu cydnabod y llyfr fel y gair olaf ynghylch bywyd a marwolaeth. A rhag ofn bod unrhyw amheuaeth ynglŷn â dilysrwydd a gwerth y gwaith yn dal i lechu ym meddwl y darllenydd, mae'r golygydd yn crynhoi neges y llyfr mewn un frawddeg: 'Wedi clywed y cyfan, dyma swm y mater: ofna Dduw a chadw ei orchmynion' (12:13).

Gwelir bod yr epilog yn rhan allweddol o Lyfr y Pregethwr. Ynddo, mae'r golygydd yn ceisio sicrhau derbyniad i'r gwaith a lle iddo yn y Beibl. Gŵyr fod dysgeidiaeth yr awdur yn ymylu droeon ar anuniongrededd, a bod modd i rai ei ystyried yn andwyol i'r ffyddloniaid. Os oedd y llyfr am apelio at yr Iddew traddodiadol a bodloni'r sawl a oedd yn gyfrifol am bennu cynnwys yr Ysgrythur Lân, roedd rhaid 'cywiro' rhai o'r syniadau gyda diweddglo derbyniol. Mewn gair, apologia yw'r epilog gan gyn-ddisgybl sy'n benderfynol o amddiffyn ei athro.

❖ Cwestiynau i'w trafod

1. Pa mor hawdd yw byw i heddiw, byw yn y presennol, a pheidio â phoeni am y dyfodol?

2. I ba raddau y mae'r disgrifiad o eiriau'r Ysgrythur fel 'symbolau' a 'hoelion' sy'n herio, yn deffro cydwybod ac yn annog myfyrdod, yn wir yn eich profiad chwi?

13. Llyfr y Pregethwr mewn Dau Draddodiad

Cyn dod â'n hastudiaeth i ben trwy grynhoi diwinyddiaeth y Pregethwr, rhown sylw i agwedd y rabiniaid at y llyfr ac i'r defnydd arbennig a wnaed ohono gan y Tadau Eglwysig cynnar a'r Diwygwyr Protestannaidd.

Y Traddodiad Iddewig

Prin yw ein gwybodaeth am y broses o ffurfio'r Beibl yn un cyfanwaith. Yn ôl un ddamcaniaeth, cynhaliodd yr awdurdodau Iddewig gyngor yn Jamnia, dinas ar yr arfordir i'r de o Jaffa, tua OC 90 i benderfynu pa lyfrau oedd yn deilwng o gael eu cynnwys yn yr Hen Destament. Fel yn achos llyfrau eraill, fel Eseciel ac Esther a Chaniad Solomon, bu trafod brwd ymhlith y rabiniaid er mwyn ceisio penderfynu a oedd Llyfr y Pregethwr yn addas ar gyfer y ffyddloniaid ai peidio. I dorri'r stori'n fyr, nid â chwarae bach yr enillodd ei le yn yr Ysgrythur. Er i'w gefnogwyr lwyddo yn y diwedd i'w gynnwys yn y canon, bu gwrthwynebiad chwyrn iddo am resymau a ymddangosai'n ddigon teilwng o safbwynt Iddewiaeth uniongred y dydd.

Nodweddion negyddol

Un nodwedd a flinai'r rabiniaid oedd y *gwrthddywediadau* cyson yng nghorff y llyfr. Dilynir amheuaeth mewn un testun gyda sylw hollol uniongred yn y nesaf. Pa synnwyr oedd mewn haeru 'nad oedd pleser yn dda i ddim' (2:2) un funud, a'i ganmol y munud nesaf (8:15)? Ac onid oedd yr honiad fod 'tristwch yn well na chwerthin' (7:3), nid yn unig yn gwrth-ddweud yr anogaeth i fwynhau bywyd (5:19), ond hefyd yn mynd yn gwbl groes i'r graen trwy wadu un o brofiadau sylfaenol bywyd?

Nodwedd arall oedd *digalondid affwysol* y llyfr. Sut ellid cyfiawnhau'r rhygnu parhaus ar y thema nad yw pob agwedd o fywyd yn ddim ond 'gwagedd ac ymlid gwynt' (1:14)? A gwaeth fyth, onid rhyfyg noeth oedd dweud nad oedd neb yn cael elw 'o fod yn ddoeth' (2:15)? Roedd gwneud y fath ddatganiad ynfyd yn ymylu ar heresi ac yn gwbl groes i'r traddodiad Iddewig.

Ond gofid pennaf ei wrthwynebwyr oedd agwedd y Pregethwr at *Gyfraith Moses*. Ar brydiau, mae'r awdur yn ymddangos fel pe bai'n llwyr anwybyddu, os nad yn gwadu, dysgeidiaeth y Pumllyfr. Yn Numeri 15:39, erchir i'r Israeliaid barchu deddfau'r Arglwydd a pheidio â dilyn eu chwantau eu hunain. Os cadwant y gorchmynion mewn cof, ni fydd perygl iddynt anghofio'u Duw; ac yn iaith y Beibl ei hun, ni fyddant yn 'puteinio' trwy fynd ar ôl y pethau y mae eu calonnau a'u llygaid yn chwantu amdanynt. Yn ôl yr esbonwyr Iddewig, yr oedd y llygaid a'r galon yn arwain at bechod, am fod yr hyn a wêl y llygaid a'r hyn a chwennych y galon yn ysgogi'r unigolyn i weithredu yn ôl ei chwant. Dyletswydd pob un, felly, oedd cadw ei galon a'i lygaid dan reolaeth.

Ond nid dyna gyngor y Pregethwr. Yn ei orchmynion i'r ifanc, mae'n anwybyddu'r Pumllyfr a thraddodiad y Tadau. Er enghraifft: 'Dos, bwyta dy fwyd mewn llawenydd, ac yf dy win â chalon lawen, oherwydd y mae Duw eisoes yn fodlon ar dy weithredoedd' (9:7). 'Bydded iti fwynhad yn nyddiau dy lencyndod; rhodia yn ôl dymuniad dy galon a'r hyn a wêl dy lygaid' (11:9). Nid oedd modd cysoni anogaethau o'r fath i fyw bywyd penchwiban â gofynion moesol Cyfraith Moses.

O ystyried agwedd negyddol yr awdur at rai o brif syniadau Iddewiaeth, yn enwedig ei agwedd at yr optimistiaeth arwynebol sy'n nodweddu llyfr fel Diarhebion, hawdd yw deall y gwrthwynebiad a fynegwyd i'w waith. Ond nid eiddo'r wrthblaid y gair olaf. Yr oedd nifer sylweddol o arweinwyr rabinaidd yn cefnogi'r Pregethwr ac yn gweld neges gadarnhaol yn ei waith; ac fel y tystia presenoldeb ei lyfr yn y Beibl, hwy oedd y mwyafrif pan aethpwyd â'r achos i bleidlais.

Nodweddion cadarnhaol

A chymryd i ystyriaeth agwedd mor negyddol oedd gan y Pregethwr at ei dreftadaeth grefyddol, sut y cafodd ei lyfr, sydd i bob golwg yn tanseilio'r ffydd, le yn y Beibl ochr yn ochr â llyfrau Amos, Eseia a'r Salmau, heb sôn am Gyfraith Moses? Beth sydd i gyfrif am gefnogaeth carfan ddylanwadol o'r rabiniaid cynnar a'i hachubodd rhag mynd i ebargofiant? Y mae o leiaf ddwy ffactor berthnasol: awduraeth y llyfr a chynnwys crefyddol y llyfr.

Fel y gwelsom yn y bennod gyntaf, mae'r traddodiad Iddewig yn priodoli'r llyfr i'r brenin *Solomon.* Roedd y ffaith mai awdur Llyfr y Diarhebion, un o gewri llenyddol y genedl, oedd yn gyfrifol am y gwaith yn ddigon i gyfiawnhau ei gynnwys ymhlith llyfrau'r Beibl. Pwy a feiddiai gyhuddo Solomon, pensaer y Deml yn Jerwsalem, o anuniongrededd?

Er bod awduraeth Solomon yn ffactor dylanwadol yn y drafodaeth, yr oedd yr *elfen grefyddol* yn y llyfr hefyd o gymorth iddo gael ei dderbyn gan yr awdurdodau. Ar waethaf ei besimistiaeth a'i aml wrthddywediadau, mae'r awdur ambell dro'n awgrymu *nad* gwagedd yw'r cwbl. Er enghraifft, mae'n ategu hen gred sylfaenol Israel trwy ddweud fod 'Duw yn rhoi doethineb, deall a llawenydd i'r sawl sy'n dda yn ei olwg' (2:26).

Yn yr un modd, mae adnod olaf y llyfr yn taro tant traddodiadol wrth gyfeirio at y gred mewn cosb a gwobr. Nid syniad y Pregethwr o Dduw'n trin y da a'r drwg fel ei gilydd, a'i honiad mai'r 'un peth yw tynged pawb' (gw. 9:1-3), sy'n cloi'r gwaith ond y gred fod 'Duw yn barnu pob gweithred, hyd yn oed yr un guddiedig, boed dda neu ddrwg' (12:14).

Ond yr adnod fwyaf trawiadol o safbwynt cred ac uniongrededd yw 12:13. Ynddi, mae'r golygydd yn crynhoi neges y Pregethwr wrth ddweud mai prif ddyletswydd pob crediniwr yw ofni Duw a chadw ei orchmynion. Beth mwy a fedrai unrhyw athro ei ddweud wrth ei ddisgybl, neu bregethwr wrth ei gynulleidfa? Yn sicr, nid oedd yr un sylw'n fwy derbyniol i'r Iddew uniongred na hwn. Os mai dyma graidd y llyfr, pa wrthwynebiad a allai fod iddo?

Cydnabyddiaeth barhaol

Parhaodd y ddadl rhwng y rabiniaid ynglŷn â chymhwyster y llyfr i fod yn rhan o Feibl yr Iddew am ganrifoedd wedi Cyngor Jamnia. Ond nid oedd gan neb yr awdurdod i newid dyfarniad y Cyngor ynglŷn â chynnwys yr Ysgrythur. Wedi cau'r canon yn swyddogol, nid oedd modd troi'r cloc yn ôl a thynnu llyfr ohono nac ychwanegu'r un ato.

Ond er nad oedd pawb yn unfryd, roedd Llyfr y Pregethwr wedi ei gynnwys yn addoliad y Synagog erbyn y chweched ganrif Oed Crist. Hyd heddiw, caiff ei ddarllen yn gyhoeddus yn ei grynswth yn un o'r gwasanaethau yn ystod Gŵyl y Pebyll; arferiad sydd wedi sicrhau lle amlwg a pharhaol iddo o fewn y traddodiad Iddewig. Gŵyl yw hon a gedwir am saith diwrnod bob hydref. Ynghyd â'r Pasg ac Wythnosau (Pentecost), Pebyll yw un o dair prif wyliau'r Iddewon. Fel gyda'r ddwy arall, gŵyl bererindod oedd hon yn wreiddiol. Dyletswydd pob Iddew oedd dod i'r Deml yn Jerwsalem i ddiolch i Dduw am ei ofal cyson dros ei bobl yn ystod y deugain mlynedd y buont yn byw mewn pebyll wrth grwydro'r anialwch rhwng yr Aifft a Chanaan. Roedd hefyd yn ŵyl o ddiolchgarwch am y cynhaeaf olewydd a grawnwin (gw. Deut. 16:16; Sech. 14:16; Io. 7:1-4). Wedi dinistr y Deml yn OC 70, daeth hon, fel y ddwy arall, yn ŵyl i'w chadw yn y cartref a'r synagog.

Yn y deddfau ynglŷn â'r prif wyliau, mae Cyfraith Moses yn gorchymyn yr Israeliad, ynghyd â'i gaethwas a'i gaethferch, y dieithryn, yr amddifad a'r weddw i 'lawenhau' ar Ŵyl y Pebyll a bod 'yn wirioneddol lawen' (Deut. 16:14-15). I gydymffurfio â'r ddeddf, rhoddir pwyslais yn ystod yr ŵyl ar fwynhau prydau bwyd yng nghwmni cyfeillion a pherthnasau mewn pabell fach a godir dros dro yn yr ardd neu wrth ochr y tŷ i gofio taith ddeugain mlynedd y cyndadau yn yr anialwch. Anogaeth y Pregethwr i wneud yn fawr o bob cyfle i gael pleser mewn bywyd, yn enwedig trwy fwynhau bwyd a diod, a ysgogodd y rabiniaid i ddewis ei lyfr fel testun addas ar gyfer dathlu Gŵyl y Pebyll. Er mwyn i'r darlleniad orffen ar nodyn gobeithiol, caiff 12:13 ei ddarllen eilwaith; hynny yw, ar ôl yr adnod olaf.

Y traddodiad Cristnogol

Er bod awduron y Testament Newydd yn gwneud defnydd cyson o'r Hen Destament ac yn dyfynnu adnodau o sawl llyfr, aeth ymron ddwy ganrif heibio cyn i'r Eglwys Gristnogol ddangos unrhyw ddiddordeb yn Llyfr y Pregethwr. Efallai fod diffyg ffydd yr awdur a'i agwedd besimistaidd at fywyd wedi creu embaras i'r awdurdodau a'u gwneud yn anfodlon i fynd ati i ddehongli'r llyfr a chynnwys darlleniadau ohono mewn gwasanaethau.

Ond erbyn ail hanner y drydedd ganrif, roedd y diwinyddion wedi bathu dull arbennig o drin yr Hen Destament, sef ei alegoreiddio. Golygai hyn anwybyddu'r ystyr llythrennol a thurio dan wyneb y testun i ganfod ynddo, yn eu tyb hwy, arwyddocâd dyfnach a phwysicach. Chwilio yr oeddent am ystyr ysbrydol a fyddai'n rhagfynegi neu gadarnhau neges yr Efengyl. Yr arloeswyr oedd y Tadau cynnar.

Yr Eglwys Fore

Trwy alegoreiddio geiriau'r Pregethwr, gwêl disgyblion Origen o Alexandria, diwinydd o fri ac un o hoelion wyth yr Eglwys yn ail hanner y drydedd ganrif, neges ysbrydol ar ymron bob tudalen. Er enghraifft, yn yr anogaeth gyson i gael pleser mewn bywyd trwy fwynhau pethau materol fel bwyd a diod, gwelant gyfeiriad at fwydo'r enaid, nid y corff. Gan fod y corff yn milwrio yn erbyn yr enaid, ystyr ysbrydol yw'r unig ddehongliad addas i Gristion. Cyfeirio a wna'r Pregethwr at ddyletswydd y crediniwr i fwydo'i enaid trwy fyfyrio, addoli, gweddïo a darllen yr Ysgrythur.

Ond y mwyaf dylanwadol o'r esbonwyr cynnar oedd Jerôm, a ysgrifennodd esboniad ar y llyfr tua chanrif yn ddiweddarach. Y mae ef yn mynd â'r alegoreiddio ymhellach. Gwêl yntau ystyr ysbrydol yn y gorchymyn i fwynhau bwyd a diod, ond yn fwy penodol fel cyfeiriad at y bara a'r gwin yn sacrament Swper yr Arglwydd. Yn y Rhagarweiniad i'w gyfrol, mae'n cynnig esboniad o arwyddair y Pregethwr mai 'gwagedd ac ymlid gwynt' yw'r cwbl sy'n digwydd dan yr haul. Dywed iddo ddarllen y llyfr i Blesilla, merch ifanc o Rufain, i'w darbwyllo i droi cefn ar fywyd yn y byd, sy'n ddim ond 'oferedd', a mynd yn lleian.

Ym marn Jerôm, ac yn ei eiriau ef ei hun, ymgais i annog *'contemptus mundi'* (dirmygu'r byd) yw neges lywodraethol y llyfr. Cafodd y dehongliad hwn o agwedd negyddol y Pregethwr at y byd a'i bethau ddylanwad pellgyrhaeddol ar arweinwyr y mudiad mynachaidd am ganrifoedd yn yr Oesoedd Canol. Wrth geisio gwahaniaethu rhwng 'y pethau a siglir' a'r 'deyrnas ddi-sigl' a addawodd Duw i'w ffyddloniaid (Heb. 12:28), gwnâi'r mynaich ddefnydd helaeth o Lyfr y Pregethwr.

Y Diwygiad Protestannaidd

Pan gyfieithodd Martin Luther y Beibl o'r Lladin i'r Almaeneg, gwrthododd gynnwys rhai llyfrau ynddo am ei fod yn eu hystyried yn anaddas, ond ni ddewisodd gynnwys Llyfr y Pregethwr yn eu mysg. I'r gwrthwyneb, roedd ganddo feddwl mawr o neges amserol y llyfr. Rhwng Gorffennaf a Thachwedd 1526, traddododd 27 o ddarlithoedd er mwyn mynd trwyddo â chrib man. Casglwyd y darlithoedd gan ei fyfyrwyr, i'w golygu a'u cyhoeddi mewn cyfres o esboniadau ar y Beibl. Ynddynt, mae Luther yn defnyddio sylwadau'r Pregethwr i hybu ei ymgais i drawsnewid diwinyddiaeth Gristnogol trwy ymosod ar arferion crefyddol yr Eglwys Gatholig Rufeinig, barnu ei dehongliad o'r Testament Newydd a dilorni egwyddorion mynachaeth.

Mae'n cyhuddo diwinyddion yr Oesoedd Canol o gam-ddeall neges y Pregethwr. Caiff Jerôm ei farnu am weld yn y llyfr alwad i'r Cristion droi cefn ar gymdeithas a mynd i fyw mewn distawrwydd ac unigedd yn y diffeithwch, fel y gwnaeth arloeswyr mynachaeth yn yr Aifft, am ei bod yn amhosibl byw bywyd Cristnogol llawn yn y byd. O'r ffynhonnell hon, meddai Luther, y tarddodd syniadau diwinyddol y mynachlogydd a'r urddau crefyddol cyn ymledu fel dilyw trwy'r Eglwys gyfan.

Ym meddwl Luther, cyfeirio at natur y galon ddynol sydd byth yn fodlon ar roddion grasol Duw a wna 'oferedd' a 'gwagedd' – neu pa gyfieithiad bynnag a roddir i *hebel*. Felly, ni ddylid credu fod angen dirmygu'r byd a greodd Duw ar gyfer dynoliaeth er mwyn ei wasanaethu. Dyletswydd y Cristion yw gwneud ei ran mewn bywyd cyhoeddus, ysgwyddo cyfrifoldebau cymdeithasol, priodi a magu teulu. Ym marn Luther, bwriad y Pregethwr oedd tawelu meddwl ei ddarllenwyr trwy eu hannog i ddysgu byw'n fodlon yn y presennol a pheidio â phoeni am y dyfodol.

Mae'n nodi dwy adnod greiddiol yn y cyd-destun hwn, sef 2:24 a 5:20: 'Nid oes dim yn well i neb na bwyta ac yfed a chael mwynhad o'i lafur. Yn wir gwelais fod hyn yn dod oddi wrth Dduw'; 'Yn wir ni fydd [dyn] yn meddwl yn ormodol am ddyddiau ei fywyd, gan fod Duw yn ei gadw'n brysur â llawenydd yn ei galon'. Sylw Luther yw mai yn yr adnodau hyn y mae prif neges y llyfr, a'i bod yn neges a ailadroddir sawl gwaith ynddo.

❖ Cwestiynau i'w trafod

1. Yn eich barn chwi, a oes llyfrau yn y Beibl na ddylent fod wedi cael lle ynddo? Os oes, dywedwch pa rai, a pham eu bod yn annerbyniol.

2. Ar ôl darllen y llyfr yn weddol fanwl, pa ddehongliad o brif neges y Pregethwr sy'n apelio atoch – un Jerôm ynteu un Luther?

Diwinyddiaeth y Pregethwr

Nid oes fawr o ddiben ceisio gosod y Pregethwr yn daclus o fewn traddodiad crefyddol Israel. Er iddo ddweud 'Amen' wrth rai o'r elfennau amlycaf ynddo, mae eraill wedi colli'r grym i'w argyhoeddi o'u gwirionedd. Sawl tro, mae'n troi cefn ar ei dreftadaeth ddiwinyddol gan wrthod derbyn rhai o syniadau creiddiol yr Hen Destament. Ond gwna hynny'n onest a diffuant trwy roi sylw manwl i'r Ffydd y magwyd ef ynddi. Mae ganddo'r hyder a'r gonestrwydd i ddweud fwy nag unwaith na fedr dderbyn rhyw athrawiaeth neu'i gilydd am nad yw'n gwneud unrhyw synnwyr iddo. Wedi gwneud ei brotest, mae'n ymdopi â'r hyn sydd ar ôl ac yn ceisio byw'n gyfrifol yng ngoleuni'r hyn sy'n dderbyniol ganddo.

Yn sicr, nid yw sylwadau'r Pregethwr at ddant pawb. Serch hynny, gall llawer uniaethu ag ef heddiw. Mae gan lawer eu hamheuon, er iddynt gael eu meithrin ar aelwydydd crefyddol a'u trwytho yn y traddodiad Beiblaidd. Maent yn dal i gredu yn Nuw, er iddynt sylweddoli ei fod yn fwy anodd deall ei ffyrdd nag y tybiasant ar un adeg. Ymdrechant i fyw yn ôl safonau Cristnogol, ond nid yw perthyn i gynulleidfa ac addoli'n gyson yn apelio atynt am nad yw o leiaf rhai o'r athrawiaethau sylfaenol yn canu cloch. Mae'n rhwydd iawn i bobl sy'n gadarn yn y Ffydd eu barnu a'u dilorni, ond mae'n bosibl y byddai'n fwy buddiol i'r bobl hynny agor trafodaeth onest â hwy, a'u calonogi trwy egluro iddynt fod ganddynt gyd-deithiwr yn y Beibl sy'n fyw iawn i'r tensiwn rhwng ffydd ac amheuaeth.

Yng ngweddill y bennod, rhown sylw i bedwar pwnc a drafodir gan y Pregethwr. Mae'n mynegi ei amheuon yn y ddau gyntaf a'i gred yn y ddau arall.

Dirgelwch Duw

Er i'r Pregethwr gyfeirio at Dduw dros ddeg ar hugain o weithiau, nid yw byth yn ei alw wrth ei enw priod, 'Arglwydd' *(Yahweh).* Nid yr achubwr grymus a arweiniodd ei bobl o gaethiwed yr Aifft na'r bugail tyner a'r tad trugarog sy'n gofalu am y difreintiedig yw Duw'r Pregethwr. Er iddo'i adnabod fel crëwr y byd a rhoddwr pob rhodd, megis bwyd a diod a hyd yn oed gwaith, ni wêl unrhyw arwydd ei fod yn Dduw cyfiawn sy'n cosbi'r drwg ac yn gwobrwyo'r da. Yn ei brofiad ef, y gwrthwyneb sydd wir (Preg. 8:14). Mae ei fwriad ar gyfer dynoliaeth yn ddirgelwch llwyr iddo. Nid yw'n amau fod Duw ar waith yn y byd, ond ni all hyd yn oed y diwinydd mwyaf goleuedig esbonio'i weithredoedd: 'Gwelais y cyfan a wnaeth Duw. Eto, ni all neb ddirnad yr hyn a wneir dan yr haul. Er iddo ymdrechu i chwilio, ni all ddirnad; ac er i'r doeth feddwl ei fod yn deall, nid all yntau ddirnad' (8:17. Gw. hefyd 3:11; 6:12; 7:14; 11:5).

Er y dylai pob crediniwr fynychu addoliad cyhoeddus, ni wêl y Pregethwr fod modd i neb gysylltu'n uniongyrchol â Duw, un ai i gwyno neu i erfyn am gymorth. Gan fod Duw yn y nefoedd a'i fod yntau ar y ddaear, caiff y darllenydd ei gynghori i fod yn fyr ei eiriau' (5:2), sydd cystal â dweud nad yw unrhyw gyfathrach bersonol rhwng y Crëwr a'i greadigaeth yn bosibl. Dyna pam y mae cri'r gorthrymedig yn atseinio trwy'r entrychion, ond ni chlywir gair i'w cysuro. O ganlyniad, yn wahanol iawn i'r Salmydd a Job, nid yw'r Pregethwr byth yn cyfarch Duw mewn gweddi. Mae'n annhebygol hefyd y byddai'n ymuno'n rheolaidd â'r dorf a âi i'r Deml i aberthu ac i ganu Haleliwia.

Ond er bod ffyrdd a natur Duw y tu hwnt i'w ddeall, nid yw'r Pregethwr yn gwadu ei fodolaeth. Nid anghrediniwr mohono. Wedi'r holl chwilio a dyfalu, mae ganddo Dduw y mae'n credu ynddo, Duw y mae'n rhaid iddo'i barchu. Ond nid yw ei gred yn ei arwain i addoli'r Duw hwnnw, nac yn cyffwrdd â'i fywyd mewn unrhyw ffordd uniongyrchol. Duw pell i ffwrdd sydd ganddo, nad yw'n debygol o ymyrryd yng nghwrs y byd.

Yn dilyn darlith ar Lên Ddoethineb Israel mewn cynhadledd yn America rai blynyddoedd yn ôl, gofynnodd aelod o'r gynulleidfa i Roland Murphy, un o esbonwyr Beiblaidd blaenllaw'r ugeinfed ganrif, beth oedd ei farn ef o'r disgrifiad o'r Pregethwr fel 'yr amheuwr mawr'. Cafodd ateb ar ei union. 'Yr amheuwr mawr? Na! Y *crediniwr* mawr oedd y Pregethwr. Daliodd i gredu, er na welai unrhyw sail na sylwedd dros wneud hynny.' Byddai ei ffydd yn canu cloch gydag awdur y Llythyr at yr Hebreaid, sy'n diffinio ffydd fel y 'sicrwydd o bethau na ellir eu gweld' (Heb. 11:1).

Doethineb

Roedd gan sylwadau negyddol y Pregethwr amryw o ffynonellau. Un ohonynt oedd y ffaith na fedrai doethineb ateb holl gwestiynau dyrys dyn. Credai ei ragflaenwyr o blith y doethion fod meithrin doethineb a dysg yn fanteisiol i bawb ym mhob amgylchiad. Yn eu barn hwy, gallai unrhyw un wybod pa lwybr a fyddai'n sicrhau bywyd ffyniannus, ac o'i wybod ei gymryd. Yr unig beth angenrheidiol i ddyn oedd dod i ddealltwriaeth drylwyr o'r drefn. Ac o gadw ati, byddai'n llwyddo ym mhopeth a wnâi.

Ond fel y gwelsom wrth fynd trwy'r testun, methodd y fath optimistiaeth â darbwyllo'r Pregethwr. Ni wêl ef sut y gall yr unigolyn reoli ei dynged trwy ddefnyddio dim ond dysg a deall i wybod beth i'w wneud. Mae bywyd yn fwy cymhleth na dealltwriaeth doethineb gonfensiynol ohono. Mae'r Pregethwr yn ddrwgdybus iawn hefyd o unrhyw un sy'n honni ei fod wedi datrys dirgelwch bywyd. Mae'n barod iawn i gydnabod fod doethineb yn dod â llawer o fanteision i ddynoliaeth, ond mae'n argyhoeddedig fod yna ffiniau na fedr eu croesi.

Y ffin gyntaf yw marwolaeth. Wrth gyferbynnu'r doeth a'r ffôl, mae'n sylwi 'mai'r un peth yw tynged y ddau ... yn wir, marw y mae'r doeth fel y ffôl' (Preg. 2:14-16). Gan fod yr un peth am ddigwydd iddo yntau ag i'r ffôl, mae'n gofyn iddo'i hun, 'Pa elw a gaf o fod yn ddoeth?' (2:25). Ac mae'r ffaith fod dyn ac anifail yn mynd i'r un lle'n ei arwain i ddyfalu i ble mae ysbryd y ddau'n mynd: 'Pwy sy'n gwybod a yw ysbryd dynol yn mynd i fyny ac ysbryd anifail yn mynd i lawr i'r ddaear?' (3:21). Pwy a ŵyr? Nid doethineb. Yng nghartref y meirw 'nid oes gwaith na gorchwyl, deall na doethineb' (9:10). Ni all doethineb fynd â neb gydag unrhyw sicrwydd y tu hwnt i ffin derfynol bywyd.

Yr ail ffin yw ein gwybodaeth o Dduw a'n dealltwriaeth o'i fwriad ar gyfer y byd a'i bobl. Mae'r Pregethwr yn derbyn fod gan ddoethineb gyfraniad pwysig i'w wneud i fywyd yr unigolyn a'r gymdeithas. Ond ni all ddatrys y dirgelwch sy'n gysylltiedig â'r duwdod. Nid ymosod ar ddoethineb fel y cyfryw, na rhybuddio'i ddarllenwyr rhag gwneud pob ymdrech i'w cheisio, a wna'r awdur ond gwrthod yr honiad bod ganddi'r ateb i gwestiynau sylfaenol bywyd. Nid yw'n amau fod bwriad penodol y tu cefn i bopeth sy'n digwydd, na bod Duw'n gwybod beth ydyw. Ond Duw yn unig a ŵyr; ffolineb yw meddwl yn wahanol. Rhaid cydnabod fod doethineb yn dod â ni at ffin arall, gan ein gadael yn syllu i'r gwacter.

Cyfiawnder

Er bod awduron Llên Ddoethineb yn cyfeirio'u cynghorion at yr unigolyn yn hytrach na'r genedl, nid ydynt yn anwybyddu'r ffaith fod dynion yn perthyn i'w gilydd ac o raid yn dibynnu ar ei gilydd. Mae'r unigolyn yn gorfod byw o fewn terfynau cymdeithas. Ond nid oes obaith iddo wneud hynny'n llwyddiannus os yw cymdeithas yn dadfeilio trwy ei hunanoldeb a'i ffolineb ef ei hun. Ni all neb ffynnu mewn bywyd os yw ei gymydog yn dioddef o dlodi, gormes, newyn, afiechyd, neu unigrwydd.

Dyletswydd gyntaf dyn yw gofalu am y bobl sy'n fyr o'i freintiau ef. O safbwynt y doethion, nid un sy'n ei gadw ei hun yn ddilychwin oddi wrth y byd yw'r dyn cyfiawn, ond yr un sy'n cyfrannu hyd eithaf ei allu i'r gymdeithas y mae'n rhan ohoni trwy sicrhau lle blaenllaw i gyfiawnder a barn. Caiff y cyfiawn barch gan ei gyd-ddyn am ei fod yn ymwybodol o anghenion eraill ac yn ymdrechu i'w diwallu. Meddai Llyfr y Diarhebion: 'Pan fydd y cyfiawn yn llywodraethu, llawenha'r bobl ... Y mae'r cyfiawn yn gwybod hawliau'r tlodion' (Diar. 29:2,7).

Yng nghyd-destun pwyslais y Pregethwr ar gymdeithasu a chreu partneriaeth, mae'r cyfeiriad at gryfder rhaff deircainc (gw. Preg. 4:9-12) yn ei osod yn gadarn yn y traddodiad doethineb. Saif gyda'r doethion hefyd wrth iddo gydymdeimlo â'r gorthrymedig a chwyno am eu cyflwr. Serch hynny, caiff ei farnu gan esbonwyr am beidio â chymryd camau ymarferol i leddfu dioddefaint y difreintiedig a herio'r awdurdodau trwy alw, fel y gwna'r proffwydi, am i farn lifo 'fel dyfroedd a chyfiawnder fel afon gref' (Am. 5:24). Ond os nad oedd ef ei hun yn dioddef gorthrwm, ac mae'n annhebyg ei fod, mae'n bosib iddo wneud ei ran dros ddioddefwyr mewn modd ymarferol yn yr amser a oedd ganddo dros ben o ysgrifennu ei lyfr. Pwy a ŵyr? Beth bynnag, rhaid diolch iddo am adrodd fwy nag unwaith y ffeithiau ynglŷn â'r 'holl orthrymderau' sydd yn y byd, a rhwbio'n trwynau ynddynt.

Mwynhad

Yn ddiamau, un o themâu amlwg Llyfr y Pregethwr yw anallu dyn i amgyffred natur a diben ei fodolaeth. Ond nid dyna swm a sylwedd ei neges. Ar o leiaf saith achlysur, mae'n arwain y darllenydd o ddigalondid i lawenydd ac yn ei annog i fwynhau bywyd. Er iddo gredu mai 'gwagedd yw'r cwbl', nid yw'n ystyried fod y fath agwedd negyddol yn gwrth-ddweud ei gyngor i fwyta ac yfed a bod yn llawen. I'r gwrthwyneb. Ei gydnabyddiaeth fod i ddoethineb ei ffiniau, bod ffyrdd Duw'n annealladwy ac mai byr yw bywyd dyn sy'n ei arwain i geisio hynny o fwynhad sydd bosibl tra'i fod ar y ddaear.

Gan na fedr dyn fyth ddirnad pwrpas Duw, dylai wneud yn fawr o'r wybodaeth sydd ganddo a chofio mai rhodd gan Dduw i'r ddynoliaeth yw'r gallu i fwynhau bywyd. Dyletswydd dyn yw derbyn y rhodd yn ddiolchgar a rhoi lle i bleser mewn bywyd, gan mai dyna ewyllys y Crëwr ar gyfer ei greadigaeth. Nid yw dyn ddim elwach o ddyfalu pam y mae Duw'n gweithredu fel hyn, ond â chymryd fod bywyd yn werth ei fyw, mwynhaed ef, gan na ddaw cyfle arall.

Mae'r elfen faterol a'r sylw a roddir i bethau'r byd hwn yn haeddu sylw am eu bod mor wahanol i'r syniad o fywyd fel pererindod, y pwyslais amlwg o fewn y traddodiad Cristnogol ar fywyd fel taith i fyd a bywyd gwell. Meddai'r Llythyr at yr Hebreaid, 'Oherwydd nid oes dinas barhaus gennym yma; ceisio yr ydym, yn hytrach, y ddinas sydd i ddod' (Heb. 13:14). Dyma rybudd rhag rhoi gormod o bwyslais ar y materol; rhybudd amserol a phwysig. Ond y mae wedi arwain rhai Cristnogion blaenllaw i bwysleisio'r dyfodol ar draul y presennol.

Cymerwch wledydd Prydain yn y bedwaredd ganrif ar bymtheg er enghraifft. Gwyddom fod safon byw'r gweithiwr cyffredin yn druenus o isel. Pan ofynnwyd am well telerau, cyndyn iawn oedd yr Eglwys sefydledig i gefnogi achos y gweithiwr. Diau fod amryw o resymau am ei hagwedd, ond un oedd ei chred mai pererin oedd y Cristion ar daith trwy fywyd: pen y daith oedd o bwys, nid y daith ei hun. Mynegir y syniad droeon yn emynau'r cyfnod:

Pererin wyf ar daith,
  a'm ffordd yn faith a phell,
Yn ceisio mynd a minnau'n wan,
  tua gwlad a thrigfan well.

Arglwydd gad im dawel orffwys,
  dan gysgodau'r palmwydd clyd,
Lle yr eistedd pererinion
  ar eu ffordd i'r nefol fyd.

Emynau oedd y rhain a genid gydag arddeliad yn oes Fictoria pan oedd plant 10 oed yn mynd i lawr y pyllau glo, a dynion a merched yn gweithio am y nesaf peth i ddim mewn ffatrïoedd afiach. Yn America, dysgwyd y caethwas du i ganu: '*This world is not my home, I'm just a passing through*'. Prif gyfraniad yr Eglwys oedd annog y ffyddloniaid i fyfyrio ar y gwynfyd i ddod, a thrwy hynny ddygymod â'u cyfyngderau.

Ond pwyslais gwahanol iawn sydd gan y Pregethwr. Y byd hwn, nid y byd a ddaw, a gaiff ei sylw: yr hyn sy'n gwneud bywyd yn bleserus, megis bwyd a diod, cwmni câr a chyfaill, a ffrwyth llafur. Mae pethau materol yn cyfrif; a dim ond pan fo raid byw hebddynt y gwelwn eu gwerth. Mae Cristnogaeth wedi tueddu erioed i ddibrisio'r materol; ond gwelir ôl y Pregethwr pan rydd sylw iddo.

Er bod yr awdur yn cymeradwyo pleser, byddai wedi synnu o weld neb yn camddehongli ei agwedd i'r fath raddau nes ei hystyried yn wahoddiad i afradlonedd a phlesera direol. Yn rhith y brenin Solomon, dywed iddo ddarganfod trwy brofiad nad oedd gormod o ddim, boed win, gordderchwragedd, caethweision, cantorion, tai, tir neu winllannoedd yn rhoi gwir foddhad. Ei neges yw: cymryd bob dydd ar y tro, a manteisio ar y cyfle i fwynhau'r holl bethau da sydd yn y byd, ond peidio â mynd dros ben llestri.

Fel y gwelsom, aiff Robert Gordis mor bell â honni mai hon yw dysgeidiaeth sylfaenol y llyfr. Os yw ar y trywydd iawn, ac mae llawer o esbonwyr yn credu ei fod, mae pwyslais cyson y Pregethwr ar gael mwyhad mewn bywyd, ynghyd â'i agwedd gadarnhaol at y byd a'i bethau, yn gosod ei lyfr heb amheuaeth yn nhraddodiad y doethion. Dywed y traddodiad hwn fod bywyd yn werth ei fyw a bod pethau materol yn cyfrif: rhoddion Duw ydynt i ddyn er ei les a'i fwyniant. Ein dyletswydd yw diolch amdanynt, gwneud yn fawr ohonynt, a sicrhau bod eraill yn mwynhau'r un breintiau. Nodyn calonogol i ddod â'n hastudiaeth i ben.

❖ Cwestiynau i'w trafod

1. Wedi darllen Llyfr y Pregethwr, a ydych yn teimlo'i fod yn rhan addas o'r Ysgrythur i'w gynnwys mewn oedfa a chylch trafod Cristnogol?

2. A yw'r ddamcaniaeth mai mwynhau bywyd yw prif neges y llyfr yn peri i chi weld sylwadau'r Pregethwr mewn goleuni newydd?

LLYFRYDDIAETH DDETHOL

Ruth

Bush, F.W., **Ruth, Esther: Word Biblical Commentary,** 1996, Word Books: Dallas TX.

Campbell, E. F., **Ruth: A New Translation with Introduction, Notes and Commentary,** 1975, Doubleday: Garden City.

Fuerst, W.J., **The Books of Ruth ... Lamentations,** The Cambridge Bible Commentary, 1975, CUP: Caergrawnt.

Hals, R. M., **The Theology of the Book of Ruth**, 1969, Fortress Press: Philadelphia.

Hubbard, R.L., **The Book of Ruth,** 1988, Eerdmans: Grand Rapids.

James, Carolyn C., **The Gospel of Ruth,** 2008, Zondervan: Grand Rapids.

Larkin, K. J. A., **Ruth and Esther,** 1996, Sheffield Academic Press: Sheffield.

O'Tuama, P. & Jordan, G., **Borders and Belonging. The Book of Ruth: A Story for our Times,** 2021, Canterbury Press: Norwich.

Sakenfeld, K. D., **Ruth,** Interpretation: A Bible Commentary for Teaching and Preaching, 1999, WJK Press: Louisville.

Van Wolde, E., **Ruth and Naomi**, 1997, SCM Press :Llundain.

Y Pregethwr

Brown, William P., **Ecclesiastes,** Interpretation: A Bible Commentary for Teaching and Preaching, 2000, WJK Press: Louisville.

Christianson, E. S., **Ecclesiastes Through the Centuries**, 2012, Wiley-Blackwell: Rhydychen.

Fox, M. V., **A Time to Tear Down and a Time to Build Up,** 1999, Eerdmans: Grand Rapids.

Gordis, Robert, **Koheleth: The Man and his World,** 3ydd. Arg. 1968, Schocken: Efrog Newydd.

Jones, Gareth Lloyd, **Doethineb Israel,** 1990, Gwasg Prifysgol Cymru: Caerdydd.

Kidner, Derek, **The Message of Ecclesiastes,** 1976, Inter-Varsity Press: Leicester.

Kushner, Harold, **When All You've Ever Wanted Isn't Enough: The Search for a Life that Matters,** 1986, Summit: Efrog Newydd.

Limburg, James, **Encountering Ecclesiastes: A Book for our Time,** 2006, Eerdmans: Grand Rapids.